Karl Otfried Müller, Emil Heitz

Geschichte der griechischen litteratur bis auf das Zeitalter Alexanders

Zweiter Band, erste Hälfte

Karl Otfried Müller, Emil Heitz

Geschichte der griechischen litteratur bis auf das Zeitalter Alexanders
Zweiter Band, erste Hälfte

ISBN/EAN: 9783741172816

Hergestellt in Europa, USA, Kanada, Australien, Japan

Cover: Foto ©Andreas Hilbeck / pixelio.de

Manufactured and distributed by brebook publishing software (www.brebook.com)

Karl Otfried Müller, Emil Heitz

Geschichte der griechischen litteratur bis auf das Zeitalter Alexanders

KARL OTFRIED MÜLLERS

GESCHICHTE

DER

GRIECHISCHEN LITTERATUR

BIS AUF

DAS ZEITALTER ALEXANDERS.

NACH DER HANDSCHRIFT DES VERFASSERS HERAUSGEGEBEN

VON

DR. EDUARD MÜLLER.

VIERTE AUFLAGE,

MIT ANMERKUNGEN UND ZUSÄTZEN BEARBEITET

VON

EMIL HEITZ,
PROFESSOR AN DER K. WILHELMS-UNIVERSITÄT STRASSBURG.

ZWEITER BAND.

ERSTE HÄLFTE.

STUTTGART.

VERLAG VON ALBERT HEITZ.

1882.

KARL OTFRIED MÜLLERS

GESCHICHTE

DER

GRIECHISCHEN LITTERATUR.

ZWEITER BAND.

ERSTE HÄLFTE.

Inhaltsverzeichnis.

Zweiter Band.

Erste Hälfte.

Seite

Siebenundzwanzigstes Kapitel.
Die Komödie 1

Achtundzwanzigstes Kapitel.
Aristophanes 22

Neunundzwanzigstes Kapitel.
Die übrigen Dichter der älteren, die mittlere und neuere Komödie . . 56

Dreifsigstes Kapitel.
Lyrische und epische Poesie in dieser Periode 84

Einunddreifsigstes Kapitel.
Die athenische Staatsberedsamkeit vor der Einwirkung der Rhetorik . . 99

Zweiunddreifsigstes Kapitel.
Die sophistische Redekunst 110

Dreiunddreifsigstes Kapitel.
Die erste kunstmäfsige Staats- und Gerichtsberedsamkeit bei den Athenern 122

Vierunddreifsigstes Kapitel.
Die politische Geschichtschreibung des Thukydides 137

Fünfunddreifsigstes Kapitel.

Die neue Ausbildung der Redekunst durch Lysias 163

Sechsunddreifsigstes Kapitel.

Isokrates 176

Register 191

Siebenundzwanzigstes Kapitel.

Die Komödie.

Nachdem wir die eine Gattung des Dramas, die **Tragödie**, in ihrer Entwickelung und Entartung fast bis an die Grenze, wo die Poesie ganz aufhört Poesie zu sein, verfolgt haben: gehen wir in Gedanken wieder bis zu ihrer Wurzel zurück, indem wir betrachten wollen, wie der geschwisterliche Stamm der Komödie, aus demselben Boden seine Nahrung ziehend, von derselben wärmenden und belebenden Atmofphäre gezeitigt, doch so ganz anders gestaltete Zweige und Früchte hervortrieb.

Der Gegensatz, in dem Tragödie und Komödie stehen, ist nicht mit diesen Gattungen des Dramas zuerst hervorgetreten; er ist so alt, wie die Poesie. Neben dem Edlen und Grofsen mufste das Gemeine und Schlechte schon, um jenes in seinem Wesen heller zu machen, als Folie, erscheinen [1]). Ja in demselben Mafse, in welchem der Geist die Vorstellungen einer vollkommneren Ordnung, Schönheit und Kraft, als die eben erscheinende, in der Welt und dem Menschenleben in sich nährte und ausbildete, wurde er fähiger und geschickter das Schwächliche und Verkehrte in seiner ganzen Art und Weise zu fassen und in seinen Kern und Mittelpunkt hinein zu treffen. An sich freilich ist das Schlechte und Verkehrte kein Gegenstand der Poesie, aber indem es in die Vorstellungen eines Geistes auf-

---

[1]) [Vgl. Aristoteles Poetik. K. 2.]

genommen wird, der von dem Grofsen und Schönen erfüllt ist, erhält es selbst eine Stelle in einer Welt des Schönen und wird poetisch. Es liegt in der bedingten und beschränkten Existenz des Menschengeschlechts, dafs diese Richtung des Geistes es jederzeit mit der baren Wirklichkeit zu thun hat, während die ihr entgegengesetzte sich mit freier, schöpferischer Kraft ein eigenes Reich der Phantasie gebaut hat; das wirkliche Leben ist von jeher ein überreicher Stoff für die Komik gewesen, und wenn die Poesie auch dabei sich oft erfundener Figuren von einer Gestalt, wie sie die Wirklichkeit nicht aufweist, bedient hat, so meint sie damit doch immer wirkliche Erscheinungen, Zustände, Menschen oder Menschenklassen; das Schlechte und Verkehrte wird nicht erfunden, sondern die Erfindung geht nur darauf hinaus es in seiner Wahrheit ans Licht zu bringen. Ein Hauptmittel der komischen Darstellung ist der Witz, den wir in seiner echten Bedeutung als eine überraschende Aufdeckung des Verkehrten, eine blitzähnliche Beleuchtung des Schlechten und Thörichten durch ein darüber hinstreifendes Licht des Geistes zu fassen glauben. Am wirklich Heiligen, Erhabenen, Schönen haftet kein Witz; der Gegenstand des Witzes wird in gewissem Sinne immer durch ihn schlecht gemacht: aber eben so wenig kann der Witz dies Geschäft vollbringen, wenn er nicht sich selbst auf einem höheren, vollkommneren Standpunkte befindet, von dem aus er seine Geschosse schleudert. Selbst der gemeinste Witz der Menschen, der kleine Thorheiten und Irrungen des geselligen Lebens zu seinem Gegenstande macht, bedarf das Bewufstsein der wahren Lebensklugheit und gesellschaftlichen Feinheit zur Basis. Je versteckter eine Verkehrtheit ist, je mehr sie sich in den Schein des Rechten und Trefflichen hüllt, um desto komischer ist sie, wenn sie plötzlich durchschaut und aufgedeckt wird: eben weil dann mit dem Verkehrten das Wahre und Gute am schärfsten ins Licht tritt.

Wir brechen diese allgemeinen ästhetischen Betrachtungen ab[1]), die nicht eigentlich in unserer Aufgabe liegen und hier nur den Zweck haben auf das Zusammengehörige und Ent-

---

[1]) *Vgl. die Gegenbemerkungen in der Recension dieses Werkes von Th. Bergk, Deutsche Jahrbücher 1842, S. 270. 272—274.

sprechende in der tragischen oder erhabenen und der komischen Poesie aufmerksam zu machen. Suchen wir den geschichtlichen Boden wieder zu gewinnen: so begegnen wir dem Komischen schon in der epischen Poesie, teils in Verbindung mit dem heroischen Epos, wo es aber natürlich nur an gewisse Stellen pafst¹), teils schon in abgesonderter Ausbildung, wie im Margites. Die Lyrik, im weiteren Sinne des Worts, hat in den Iamben des Archilochos Meisterwerke einer leidenschaftlichen Verspottung und Verhöhnung hervorgebracht, die in Form und Inhalt auf die dramatische Komödie den gröfsten Einflufs ausgeübt haben²). Aber erst in dieser dramatischen Komödie hat der Spott und Witz diese grofsartigen Formen, diese unbeschränkte Freiheit, diesen — wie man wohl sagen darf — begeisterten Schwung in der Darstellung des Gemeinen und Verwerflichen erhalten, der jedem Freunde des Altertums bei dem Namen des Aristophanes sogleich gegenwärtig erscheint. Der attische Genius hatte in jener glücklichen Epoche, in welcher sich noch die volle Kraft der nationalen Ideen, die Wärme edler Empfindungen mit jener klugen, feinen, tiefeindringenden Beobachtung des menschlichen Lebens vereinigt, welche die Athener unter den Griechen fortwährend auszeichnete — hier die Form gefunden, in welcher er das Schlechte und Thörichte nicht blofs am einzelnen Individuum aufweisen, sondern in Massen zusammengedrängt angreifen und überwinden und in die inneren Werkstätten der verkehrten Richtungen der Zeit verfolgen konnte.

¹) Wie die Episode des Thersites und die ganze komische Scene mit dem betrügenden und betrogenen Agamemnon in die vorbereitende und spannende Partie der Ilias gehört. Die Odyssee hat mehr Elemente des Satyrdramas (wie im Polyphem), als der eigentlichen Komödie: das Satyrische bringt rohe, sinnliche, halbtierische Menschlichkeit in Berührung mit dem Tragischen, es stellt nicht menschliche Verkehrtheit, sondern den Mangel eigentlicher Menschlichkeit mit den erhabenen Gestalten der Heroen zusammen: während das Komische es mit den Schäden der civilisierten Menschheit zu thun hat. Von Hesiods komischer Ader s. oben Kap. 11. Vom Margites ebend. [Vgl. Bernhardy, Jahrbücher für wissensch. Kritik 1844, S. 257 ff. und Hartung, Wiener Jahrbücher 1844, S. 113 ff. Der französische Übersetzer widmet der Verteidigung der Ansicht O. Müllers einen längeren Exkurs.]

²) [Mit den iambischen Dichtern setzt schon Aristoteles die Komödie in nähere Beziehung. Poet. K. 4.]

Die Möglichkeit der Bildung dieser grofsartigen Formen gab auch hier wieder der Bakchuskult. Durch ihn erhielt die Phantasie jenen kühnen Schwung, durch den wir schon oben die Entstehung des Dramas überhaupt erklärt haben. Je näher die attische Komödie ihrem Ursprunge steht, je mehr hat sie von der eigentümlichen geistigen Trunkenheit, die sich bei den Griechen in allem kundthut, was sich an den Dionysos anschliefst, in Tanz, Gesang, Mimik und Bildnerei. Die Lust und Ausgelassenheit der Bakchusfeste gab allen Bewegungen der Komödie eine gewisse groteske Keckheit, etwas Grandioses in seiner Art, wodurch auch das Gemeine in der Darstellung in eine poetische Region hinaufgehoben wurde: zugleich gewährte dieselbe Festlust der Komödie eine entschiedene Befreiung von den Gesetzen des Anstandes und der sittlichen Würde, die in jener Zeit sonst noch sehr streng aufrecht erhalten wurden. »Fern von diesen Orgien«, ruft Aristophanes, »wer nicht in die Bakchischen Mysterien des Stierverschlingenden Kratinos eingeweiht worden«[1]: so nennt der grofse Komiker seinen Vorgänger, indem er ihn durch den Beinamen, den er ihm gibt, mit dem Bakchus selbst vergleicht. Ein späterer Schriftsteller[2] sieht die ganze Komödie als ein Produkt der Trunkenheit, der Geistesbetäubung und der Ausgelassenheit der Dionysischen Nachtfeier an; und wenn dabei auch der bittere und strenge Ernst verkannt wird, der so oft im Hintergrunde des kecken und zügellosen Spafses steht: so wird doch dadurch erklärt, wie die Komödie alle Schranken der gewöhnlichen Sitte und der geselligen Rücksichten vor sich niederwerfen konnte. Man dachte sich das Ganze wie einen tollen Schwank eines antiken Karnevals; war die Zeit der Ausgelassenheit und allgemeinen Trunkenheit vorbei, schüttelte man die Erinnerung von allem, was man dort gesehen und erfahren, wieder von sich ab — wenn nicht eben ein tieferer

---

[1] Frösche V. 356. [Nach dem Scholiasten hatte Sophokles den Dionysos ταυροφάγος in der Tyro genannt. Vgl. Fragm. 602 Nauck.]

[2] Eunapius Vitae Sophist. Aedes. p. 38 ed. Boisson., der dadurch die Darstellung des Sokrates in den Wolken erklärt. Während des Agons der Komödie selbst wurde geschmaust und gezecht; auch den einziehenden und abziehenden Chören wurde Wein eingeschenkt. Philochoros bei Athen 11, p. 464 ff.

Ernst des komischen Dichters in dem Herzen verständiger Zuhörer [1]) einen Stachel zurückgelassen hatte.

Natürlich war es eine andere Seite des vielgestaltigen Dionysoskultus, an welche sich die Komödie anschloss, als die, welche der Tragödie den Ursprung gab. Die Tragödie, sahen wir, ging von den Lenäen aus, dem Bakchischen Winterfeste, welches ein schwärmerisches Mitempfinden mit den scheinbaren Leiden der Naturgottheit erweckte und nährte: die Komödie knüpft sich nach allgemeiner Überlieferung an die kleinen oder ländlichen Dionysien an (τὰ μικρά, τὰ κατ' ἀγροὺς Διονύσια), das Schlufsfest der Weinlese, an dem eine jauchzende Freude über den unerschöpflich strotzenden Reichtum der Natur sich in allem möglichen Mutwillen kundthat. Ein Hauptteil eines solchen Festes war der Komos oder das Trinkgelage, den man sich natürlich weit weniger geordnet und feierlich denken mufs, als den Komos, an welchem Pindars Epikomien gesungen wurden (Kap. 15), sondern sehr belebt und rauschend, aus wilden Zechern, lärmendem Gesang, trunkenem Tanze bunt gemischt. Nach athenischen Urkunden, welche die Komödie an den ländlichen Dionysien unmittelbar mit dem Komos verbinden [2]), läfst sich nicht zweifeln, dafs die Komödie ihrem Namen nach ein Komosgesang war, wiewohl andere schon im Altertum ihn als Dorfgesang deuteten [3]), der Sache nach nicht übel, aber doch offenbar unrichtig.

Mit dem Bakchischen Komos, der sich von einem rauschenden Festmahle in ein schwärmendes Herumziehen auflöste, war seit alten Zeiten ein Gebrauch verbunden, der der Komödie zunächst ihre Entstehung gab. Das Symbol der Zeugungskraft der Natur wurde von diesem schwärmenden Zuge herumgetragen

---

[1]) Der σοφοί, die den γελῶντες entgegengesetzt werden, Aristoph. Ekklesiaz. 1155.

[2]) S. die Anführungen Kap. 21. ὁ κῶμος καὶ οἱ κωμῳδοί. So wird die Feier der grofsen oder städtischen Dionysien beschrieben: aber offenbar ist dies von den ländlichen Dionysien ausgegangen.

[3]) Von κώμη. Dadurch stützten nach Aristoteles Poetik K. 3 die Peloponnesier ihre Ansprüche auf die Erfindung der Komödie, weil bei ihnen Dörfer κῶμαι, in Attika δῆμοι hiefsen. [Vgl. Diomedes 3, p. 485: comoedia dicta ἀπὸ τῶν κωμῶν.]

und dabei ein lustigbegeistertes Lied an den Gott, welchem diese Naturkraft inwohnt, den Bakchus selbst, oder einen seiner Genossen oder Begleiter, abgesungen. Solche phallophorische oder ithyphallische Lieder waren in verschiedenen Gegenden von Griechenland in Gebrauch; die Alten geben allerlei Nachrichten von den bunten Gewändern, den Verhüllungen des Gesichts durch Masken oder dicke Blumenkränze, den Zügen und Gesängen dieser Komossänger[1]). Den attischen Gebrauch schildert Aristophanes in den Acharnern aufs anschaulichste; der ehrliche Dikäopolis feiert dort die ländlichen Dionysien bei allgemeinem Kriege allein in tiefem Frieden auf seinen Erbgütern; er hat mit seinen Knechten geopfert und rüstet nun den geheiligten Zug, indem er die Tochter als Kanephore das Körbchen tragen läfst, hinter ihr den Sklaven den Phallos erheben heifst, und — während die Frau vom Dache der Prozession zusehen mufs — selbst das Phallosliedlein anstimmt »O Phales, Bakchos Spielgesell, Zechbruder du, Nachtschwärmer du« — mit jener sonderbaren Mischung von Ausgelassenheit und ernsthaftfrommem Wesen, wie sie nur in jenen Naturreligionen des Altertums möglich war[2]).

Nun gehörte es aber wesentlich zu dem Ritus dieser Bakchusfeste, dafs, wenn das Lied selbst gesungen war, das den Gott als den Anführer aller Lustigkeit begrüfste, der ausgelassene Mutwille der lustigen Schwarmgesellen dann ein Ziel an dem ersten besten suchte, der ihm entgegenkam, und die arglos zuschauende Menge mit einem möglichst reichen Strom von Witzen überschüttete, deren Keckheit das Fest selbst rechtfertigte. Wenn die Phallophoren in Sikyon in ihrem bunten Schmucke im Theater zusammengetreten waren und den Bakchus mit einem Liede begrüfst hatten, liefen sie auf die Zuschauer zu und verhöhnten, wen sie eben Lust hatten[3]). Wie eng diese Verhöhnungen sich an das Bakchuslied anschlofsen, wie sie wesentlich

---

[1]) Semus bei Athenäos 14, p. 621. 622 und die Lexikographen Hesychios und Suidas in mehreren dahin einschlagenden Artikeln. Phallophoren, Ithyphallen, Autokabdaloi, iambistae sind verschiedene Gattungen dieser Possenreifser.
[2]) [Acharner V. 257 ff.]
[3]) [Semus bei Athenäus 14, p. 622, c. Vgl. O. Müller, Dorier B. 2, S. 340.]

mit dazu gehörten, sieht man noch ganz deutlich bei dem Chore in Aristophanes Fröschen. Dieser Chor besteht nach der Fiktion des Dichters aus eleusinischen Eingeweihten, welche den mystischen Dionysos-Iakchos als den Urheber der festlichen Lust und den Führer zu einem seligen Leben in der Unterwelt feiern. Aber dieser Iakchos ist ja als Dionysos zugleich der Gott der Komödie, und die Scherze, welche den Teilnehmern jener Weihen als Ausdruck ihrer Befreiung von allem Kummer des Lebens geziemten, gehörten auch zu den ländlichen Dionysien und hatten in der Komödie ihren höchsten, kühnsten Aufschwung genommen: dies berechtigt den Dichter, den Chor der Mysten als eine blofse Maske für den komischen Chor zu behandeln und ihn vieles reden und singen und im allgemeinen so auftreten zu lassen, wie es nur dem komischen Chor zukommt[1]). Und so ist es auch ganz in der Weise der ursprünglichen, ältesten Komödie, dafs der Chor, nachdem er wiederholt in schönen Liedern die Demeter und den Iakchos gefeiert — den Gott, der ihm vergönnt, ungestraft zu tanzen und zu scherzen — unmittelbar darauf, ohne irgend einen näheren Anlaſs, sich in Spott gegen ein beliebiges Individuum ausläfst: »Behagts, dafs wir gemeinsam den Archedem verhöhnen« u. s. w.[2]).

Diese lyrische (von Archilochos Iamben dem Ursprung und der Form nach nicht so sehr verschiedene) Urkomödie mag in vielen Gegenden von Griechenland gesungen worden sein; so wie sie auch nach der Entwickelung der dramatischen Komödie sich noch an vielen Orten forterhielt.[3]) In welchen Stufen-

---

[1]) Vgl. unten Kap. 28.
[2]) [Aristophanes Frösche V. 517.] Wenn Aristoteles Poet. 4 sagt, dafs die Komödie ἀπὸ τῶν ἐξαρχόντων τὰ φαλλικά ausgegangen sei: so wird dabei auch an diese improvisierten Späfse gedacht, welche besonders der Vorsänger des Phallosliedes ausbringen mochte.
[3]) Die Existenz einer lyrischen Komödie und Tragödie, neben der dramatischen, ist in neuerer Zeit besonders aus den böotischen Inschriften (Corpus Inscript. Graecar. n. 1584) geschlossen, aber von andern Seiten lebhaft bestritten worden. Lassen wir aber auch die Erklärung der böotischen Urkunden hier ganz bei Seite: so geht schon aus Aristoteles Poet. 4: τὰ φαλλικά, ἃ ἔτι καὶ νῦν ἐν πολλαῖς τῶν πόλεων διαμένει νομιζόμενα, die Fortdauer der Lieder hervor, aus denen die dramatische Komödie erwuchs, so wie auch

folgen sich daraus nun das dramatische Lustspiel entwickelte, können wir nur aus der Form dieses Dramas selbst, welches noch immer viel von seiner ursprünglichen Beschaffenheit behauptete, und allenfalls aus der Analogie der Tragödie, abnehmen: denn an bestimmten Überlieferungen und Nachrichten über diese Fortschritte hatten die Alten selbst bedeutenden Mangel. Aristoteles sagt, dafs die Komödie sich im Anfange sehr verborgen hielt[1]), weil man sie für keine ernsthafte und wichtige Sache nahm: auch habe der komische Dichter erst spät seinen Chor durch den Archonten von Staatswegen erhalten; bis dahin seien die Chortänze der Komödie freiwillige gewesen[2]). Die Ikarier, die Bewohner eines attischen Demos, der der Sage nach den Bakchus in diesen Gegenden zuerst aufgenommen hatte und ohne Zweifel seine ländlichen Dionysien mit besonderem Eifer beging, rühmten sich die Komödie erfunden zu haben; Susarion sollte hier zuerst mit einem Chore aus Ikariern, die sich ihre Gesichter mit Hefen beschmiert (daher der Name der Hefensänger oder Trygoden) um den Kampfpreis eines Korbes Feigen und eines Kruges Wein gekämpft

---

ἰθύφαλλοι in der Zeit der Redner in Athen auf der Orchestra getanzt wurden. Hyperides bei Harpokr. v. Ἰθύφαλλοι. Dahin gehören entschieden auch die Komödien des Lindiers Antheas, nach [Philodemus bei] Athenäus Ausdruck 10, p. 445, b: Er dichtete Komödien und vieles Andere in der Weise von Gedichten, was er seinen Mitschwärmern, welche den Phallus mit ihm trugen, vorsang. Vgl. comment. de reliq. comoed. Attic. scrips. Th. Bergk Lips. 1838, p. 272.

[1]) [Der Ausdruck ist hier mindestens ungenau. Es heifst bei Aristoteles: αἱ μὲν οὖν τῆς τραγῳδίας μεταβάσεις, καὶ δι᾽ ὧν ἐγένοντο, οὐ λελήθασιν· ἡ δὲ κωμῳδία διὰ τὸ μὴ σπουδάζεσθαι ἐξ ἀρχῆς ἔλαθεν. καὶ γὰρ χορὸν κωμῳδῶν ὀψέ ποτε ὁ ἄρχων ἔδωκεν, ἀλλ᾽ ἐθελονταὶ ἦσαν. Damit soll offenbar gesagt werden, dafs weil der Komödie anfangs keinerlei Beachtung von Staatswegen zugewandt wurde, und demnach es an denjenigen epigraphischen Aufzeichnungen fehlte, wie sie für die Tragödie vorhanden waren, über die von ihr durchlaufenen Entwickelungsstufen sicheres sich nicht ermitteln läfst. Auf Grund dieser Bemerkung des Aristoteles mufs der Wert alles dessen, was aus späterer Zeit über die älteste Geschichte der Komödie berichtet wird, als ein sehr zweifelhafter betrachtet werden. Vgl. Usener, rh. Mus. B. 31, S. 422 ff. und von Wilamowitz Möllendorf, die megarische Komödie, im Hermes B. 9, S. 340 ff.]

[2]) Poetik 5. Vgl. oben Kap. 23.

haben. Sehr beachtenswert ist die Nachricht, dafs dieser Susarion eigentlich kein Attiker, sondern ein Megarer aus Tripodiskos gewesen sei [1]); sie wird durch allerlei Überlieferungen und Winke der Alten bestätigt, aus denen man abnehmen kann, dafs den Doriern von Megara eine besondere Lach- und Spottlust inwohnte, welche allerlei Schimpf- und Possenspiele, voll jovialer Lustigkeit und derber Späfse, hervorbrachte. Nimmt man dazu, dafs auch der berühmte sicilische Komiker Epicharm früher in Megara in Sicilien, einer Niederlassung der Megarer an den Grenzen Attikas, als in Syrakus wohnte und diese sicilischen Megarer sich nach Aristoteles die Erfindung der Komödie eben so gut aneigneten, wie die Nachbarn Attikas [2]), so mufs man wohl glauben, dafs in diesem dorischen Völklein ganz besondere Witzfunken lagen, welche in die empfänglichen Gemüter anderer dorischen so wie der attischen Volksmasse geworfen das komische Talent zu rascher Entwickelung brachten.

Jedoch steht in Attika dieser Susarion, der schon in Solons Zeit, um Olymp. 50, bedeutend früher als Thespis, geblüht haben soll [3]), sehr isoliert da; es vergeht lange Zeit, ehe man von einer weiteren Ausbildung der Komödie durch namhafte Dichter hört. Man wird sich darüber auch nicht verwundern, sobald man sich erinnert, dafs die langdauernde Tyrannenherrschaft des Peisistratos und seiner Söhne dazwischen liegt, die es um ihrer Sicherheit und ihres Ansehens willen schwerlich dulden konnten, dafs der komische Chor, wenn auch immer unter der Maske der Bakchischen Trunkenheit und Tollheit, sie vor der gesamten Bürgerschaft Athens verhöhnte [4]); die Komödie im

---

[1]) Dorier B. 2, S. 350 (*2te Ausg. S. 343). [Die Nichterwähnung des Susarion von Seiten des Aristoteles verbietet offenbar demselben irgend welchen bedeutenderen Anteil an der Ausbildung der Komödie zuzuschreiben. Die von ihm erwähnten Verse, bei Tzetzes in Cramers Anecd. Oxon. t. 3, p. 336, sind entschieden unecht. Vgl. darüber v. Wilamowitz a. a. O. S. 338.]
[2]) [Poetik. K. 3.]
[3]) Marmor Parium Ep. 39.
[4]) [Wenn Bernhardy gr. Litteraturg. B. 2, 2, S. 517 von dem angeblichen megarischen Komödiendichter Mäson, von dem später die Rede sein wird, sagt: »Mäson mufs sehr beliebt und ein Mitglied des Dichterkreises am Hofe der Pisistratiden gewesen sein«, so beruht dies auf einer völlig aus der Luft gegriffenen Vermutung Schneidewins. Vgl. Kap. 29.]

Sinne der damaligen Athener konnte nur von republikanischer Freiheit und Gleichheit grofsgezogen werden. Daher blieb so lange die Komödie ein obskures Spiel ausgelassener Landleute, wofür kein Archon sorgte, wozu sich kein bestimmter Verfasser bekannte: wiewohl sie gerade in dieser bescheidenen Dunkelheit rasche Fortschritte machte und ihre dramatische Form vollständig entwickelte. Die namhaften Dichter der Komödie empfingen sie daher in einer bestimmten Form [1]). Diese Dichter waren Chionides, den Aristoteles als den ersten attischen Komödiendichter anerkennt (wobei er den Myllos und einige andere Komiker, die keine schriftlichen Werke hinterliefsen, unberücksichtigt läfst), und von dem eine andere glaubwürdige Nachricht berichtet, dafs er acht Jahre vor dem Perserkriege (Ol. 73, 1, v. Chr. 488) Stücke aufzuführen angefangen habe [2]). An ihn reiht sich Magnes, auch aus jenem vom Bakchus geliebten Demos Ikaria gebürtig, der das athenische Volk lange Zeit mit seinen heitern und mannigfachen Erfindungen ergötzte [3]). Demselben Zeitalter der Komödie gehört Ekphantides an, der dem megarischen Possenspiele noch so nahe stand, dafs er es ausdrücklich in einem seiner Stücke bemerkte: »er führe nicht den Gesang der megarischen Komödie auf; er habe sich geschämt, sein Drama megarisch zu machen« [4]).

---

[1]) Aristot. Poet. 5: ἤδη δὲ σχήματά τινα αὐτῆς ἐχούσης οἱ λεγόμενοι αὐτῆς ποιηταὶ μνημονεύονται.

[2]) Suidas v. Χιωνίδης. Dann mufs freilich Aristoteles Poet. 3 (oder ein späterer Interpolator, nach Fr. Ritter) im Irrtum sein, der den Chionides viel später als Epicharm setzt. [Vgl. Lorenz, Epicharm S. 55. Die unter Chionides Namen erhaltenen Fragmente, bei Meineke Fragm. com. gr. t. 2, p. 5 s., scheinen unecht.]

[3]) [Auf einen Sieg des Magnes bezieht sich das Bruchstück einer didaskalischen Inschrift. Vgl. Fr. Leo, ein Sieg des Magnes, rh. Mus. n. F. B. 33, S. 139 ff. und Th. Bergk, Verzeichnis der Siege dramatischer Dichter in Athen, ebend. B. 34, S. 292 ff. Nach letzterem fiel dieser Sieg zwischen Ol. 79, 1 und 80, 2.]

[4])   Μεγαρικῆς
κωμῳδίας ᾆσμ' οὐ διειμ'· ἐσχυνόμην
τὸ δρᾶμα Μεγαρικὸν ποιεῖν,

nach der gewifs richtigen Anordnung dieses Fragments (bei Aspasios zu Aristot. Nikom. Ethik 4, 2) von Meineke Historia critica comicorum Graecorum p. 22. [Anders G. Hermann:

Die Komödie.

Der zweiten Periode der Komödie gehören Dichter an, welche in der letzten Zeit vor dem peloponnesischen Kriege und während desselben blühten. Kratinos starb Olymp. 89, 2, v. Chr. 423, in sehr hohem Alter; er scheint nicht viel jünger als Äschylus gewesen zu sein, dessen Stelle er ungefähr unter den komischen Dichtern behauptet; doch treffen alle Nachrichten über seine dramatischen Dichtungen in seine spätere Lebenszeit und man kann nur so viel von ihm sagen, dafs er in seinen Komödien sich nicht scheute, den Perikles auf dem Gipfel seines Ansehens und seiner Macht anzugreifen [1]). Krates erhob sich vom Schauspieler in Kratinos Stücken zu einem angesehenen Dichter: eine Laufbahn, die mehrere Komiker im Altertume gemacht haben. Auch Telekleides und Hermippos gehören zu den Komikern der Perikleischen Zeit [2]). Eupolis begann erst nach dem Anfange des peloponnesischen Krieges, Ol. 87, 3 (v. Chr. 429), Komödien aufzuführen; seine Laufbahn schliefst gegen Ende des peloponnesischen Krieges. Aristophanes trat Ol. 88, 1, v. Chr. 427, unter fremden Namen, Ol. 88, 4, 424, zuerst unter seinem eigenen auf; er dichtete bis Ol. 97, 4, v. Chr. 388. Von den Zeitgenossen dieser grofsen Komiker sind noch Phrynichos (von Ol. 87, 3, 429 an), Platon (von Ol. 88, 1, v. Chr. 427 bis 97, 1, 391 oder noch länger), Pherekrates (auch im peloponnesischen Kriege blühend), Ameipsias — ein nicht unglücklicher Rival des Aristophanes — Leukon [3]) der auch mehreremal mit Aristophanes wettkämpfte, auszuzeichnen; Diokles, Philyllios, Sannyrion, Strattis, Theopompos, welche am Ende des peloponnesi-

Μεγαρικῆς κωμῳδίας
ᾆσμ' ἡδον εἰ μὴ ἐσχυνάμην
τὸ δρᾶμα Μεγαρικὸν ποιεῖν.

Vgl. von Wilamowitz Möllendorf im Hermes B. 9, S. 329.]

[1]) Wie die Fragmente zeigen, die sich auf die langen Mauern und das Odeion beziehen. [Plutarch Pericl. c. 13. Vgl. ebds. c. 3 und Fragm. inc. 4 und 123 bei Meineke.]

[2]) [Vgl. Plutarch Pericl. c. 3, 16, 32, 33.]

[3]) [Aristophanes selbst erwähnt ihn jedoch Frösche 14 ff. zugleich mit Phrynichos und Lykis in ziemlich verächtlicher Weise.]

schen Krieges und nach demselben blühen, machen schon den Übergang zu der mittleren Komödie der Athener [1]).

Wir lassen es vorläufig bei dieser kurzen chronologischen Übersicht der Komiker der Zeit bewenden, da eine Charakteristik dieser Dichter — worauf es uns ankommt — teils ganz unmöglich, teils erst nach einer genaueren Bekanntschaft mit Aristophanes, mit Rücksicht auf die Schöpfungen dieses Dichters, entworfen werden kann. Wir werden daher erst nach der Betrachtung der Aristophanischen Komik einen vergleichenden Blick auf einige Stücke des Kratinos, Eupolis und einiger andern werfen, aber wollen gleich hier bevorworten, daſs es ungleich schwerer ist, sich von einer verlorenen Komödie nach dem Titel und einigen Bruchstücken eine Vorstellung zu machen, als in gleichem Falle von einer Tragödie. Hier ist der mythische Boden als etwas Festes gegeben, nach dessen Beschaffenheit sich das herzustellende Bauwerk richten muſste; die Komödie aber verknüpft mit so genialen Sprüngen das scheinbar Entlegenste und Verschiedenste, daſs man ihr nach einigen wenigen zufällig erhaltenen Spuren unmöglich diese Sprünge nachthun kann [2]).

Ehe wir uns aber zu Aristophanes Schöpfungen wenden, müssen wir uns mit der Komödie auf dieselbe Weise bekannt machen, wie oben bei der Tragödie, daſs uns die technischen Formen, in welche der Dichter seine Ideen und Phantasien zu gieſsen hatte, deutlich und bestimmt vor Augen stehen. Diese Formen sind zum Teil dieselben wie beim tragischen Drama, beiden gemeinsam, wie das Lokal mit seiner stehenden Einrichtung beiden gemeinsam war; zum Teil gehören sie der Komödie

---

[1]) Nach den Forschungen Meinekes, Hist. crit. com. Graecorum. Kallias, der vor Strattis lebte, war ebenfalls Komiker; seine γραμματικὴ τραγῳδία auf keinen Fall eine ernsthafte Tragödie, sondern ein Scherz, dessen Absicht und Veranlassung indes nicht leicht zu durchschauen ist. Daſs Sophokles und Euripides diese γραμματικὴ τραγῳδία in irgend einem Stücke nachgeahmt hätten, können alte Grammatiker nur zum Spaſse behauptet haben. *Vgl. Welcker kl. Schr. T. 1. Bonn 1844, S. 372 u. d. flg. [und auſserdem O. Hense, die Abctragödie des Kallias und die Medea des Euripides rh. Mus. B. 31, S. 582 ff.]

[2]) [Natürlich gilt dies vorzugsweise nur von der sogenannten alten und mittleren Komödie.]

eigentümlich an und hängen mit Ursprung und Entwickelung der Komödie eng zusammen.

Gemeinsam ist, um vom Lokal anzufangen, die Form der Bühne und Orchestra, so wie im ganzen auch ihre Bedeutung. Die Bühne (Proskenion) ist auch hier kein Inneres eines Hauses, sondern ein offener freier Raum, in dessen Hintergrunde, an der Wand der Skene, man öffentliche und Privatgebäude erblickt. Ja es schien den Alten so unmöglich die Bühne als Zimmer eines Hauses anzusehen, dafs selbst auch die neuere Komödie, so wenig sie es mit dem eigentlichen öffentlichen Leben zu thun hat, doch die Scenen des Privatlebens, die sie darstellt, für den Behuf der Darstellung (wie oben schon Kap. 22 bemerkt wurde), öffentlich machen mufs; sie sucht es möglichst natürlich einzurichten, um alle Gespräche und Begegnungen auf die Strafse und an die Hausthüren zu ziehen. Der alten Komödie machte dies, bei ihrem grofsenteils politischen Inhalt, weit weniger Schwierigkeit; wo notwendig ein inneres Zimmer dargestellt werden mufs, dient auch hier die Vorrichtung des Ekkyklema zur Aushilfe.

Gemeinsam ist die bestimmte Zahl der Schauspieler, von denen alle Rollen gegeben werden mufsten. Kratinos soll sie — nach einer freilich nicht ganz zuverläfsigen Nachricht[1]) — auf drei gebracht haben, und unter drei lassen sich die Scenen in den meisten Stücken des Aristophanes verteilen, wie bei Sophokles und Euripides. Nur ist in der Komödie der Rollenwechsel, bei der Menge von Nebenpersonen, viel häufiger und mannigfaltiger. So müssen in den Acharnern, während der erste Schauspieler den Dikäopolis agiert, der zweite und dritte jetzt den Herold und Amphitheos, dann wieder den Gesandten und Pseudartabas, später die Frau und Tochter, den Euripides und Kephisophon, weiterhin den Megarer und Sykophanten und den Böoter und Nikarchos übernehmen[2]). Doch scheint Aristophanes in andern Stücken (wie Sophokles im Ödip auf Kolonos)

---

[1]) Des Anonymus de comoedia p. XXXII. Vgl. Aristot. Poetik K. 5.

[2]) Die Töchterchen, die als Schweinchen verkauft werden, sind wohl Puppen; ihr χοί-χοί und was sie sonst an Tönen von sich geben, wird als Paraskenion hinter der Bühne gesprochen worden sein.

auch einen vierten Schauspieler zugezogen zu haben; die Wespen liefsen sich doch schwerlich anders als von vier Schauspielern aufführen ¹).

Gemeinsam war der Komödie mit der Tragödie der Gebrauch der Masken und eines bunten, sehr in die Augen fallenden Kostüms: aber sehr verschieden die Form der einen und der anderen. Nach Aristophanes Andeutungen zu schliefsen (denn an bestimmten Nachrichten mangelt es sehr) müssen seine komischen Schauspieler wenig Ähnlichkeit gehabt haben mit den Histrionen der neuen Komödie, des Plautus und Terenz: von diesen wissen wir durch sehr schätzbare und lehrreiche Malereien in alten Handschriften, dafs sie im ganzen das Kostüm des gewöhnlichen Lebens trugen und ihre Tuniken und Pallien im Zuschnitt und der Art sie zu tragen ganz den Personen des wirklichen Lebens angemessen waren, die sie darstellten. Das Kostüm der Aristophanischen Komiker mufs dagegen mehr Ähnlichkeit mit der Tracht der Possenspieler gehabt haben, welche auf grofsgriechischen Vasen nicht selten zu sehen sind: anliegende Jacken und Beinkleider von bunten, streifigen Farben, die sehr an den neuern Harlekin erinnern, dabei dicke Bäuche und andere Verunstaltungen und Behängsel von absichtlicher Unanständigkeit und Frechheit, die groteske Gestalt höchstens durch ein kleines Mäntelchen ein wenig verhüllt: dazu Masken von grellen, bis zur Karikatur übertriebenen Zügen, worin indes doch die bestimmte Person, wenn eine solche auf die Bühne gebracht werden sollte, leicht zu erkennen war. Man weifs, dafs Aristophanes Schwierigkeiten fand, die Maskenmacher ²) zu bewegen, ihm für die Aufführung der Ritter das Gesicht des allgemein gefürchteten Demagogen Kleon zu schaffen. Am meisten ging in das Abenteuerliche und Phantastische in der Aristophanischen Komödie das Kostüm des Chors über. Diese Chöre von Vögeln, Wespen, Wolken u. s. w. darf man sich natürlich nicht als eigentliche

---

¹) In den Wespen sind Philokleon, Bdelykleon und die beiden Sklaven, Xanthias und Sosias, öfter zusammen auf der Bühne als sprechende Personen.

²) σκευοποιοί. [Ritter 230 ff. Eine andere Erklärung versucht Bernhardy gr. Lit. B. 2, 2, S. 123.]

Vögel, Wespen u. dgl. denken, sondern — wie auch aus zahlreichen Hindeutungen des Dichters erhellt — als ein Gemisch aus Menschengestalt mit allerlei Zuthaten von den genannten Wesen [1]), wobei der Dichter sich angelegen sein liefs, diejenigen Teile der gewählten Maske, auf die es ihm ankam und um derentwillen er die Maske gewählt, recht stark hervorzuheben: wie z. B. bei den Wespen, welche die Schwärme athenischer Richter darstellen sollen, der Wespenstachel die Hauptsache war, welcher den Stachel oder Griffel bedeutet, womit die Richter das Zeichen ihres Votums in die Wachstafel einkratzten; man sah diese Wespenrichter summend und brummend durcheinanderfahren und dabei einen grofsen Spiefs, den sie als riesenmäfsigen Stachel am Leibe hatten, bald ausstrecken und bald einziehen. Die alte Poesie war durch ihre bildliche Leibhaftigkeit (plastische Symbolik) sehr geeignet schon durch den blofsen Anblick des komischen Chors und seiner Bewegungen einen komischen Effekt zu machen, wie in einem Stücke des Aristophanes (dem Γῆρας) Greise auftraten, die ihr Alter in Form einer Schlangenhaut (die auch γῆρας hiefs) abwarfen und sich hernach auf einmal sehr mutwillig und ausgelassen geberdeten.

Viel eigentümliches hatte die Komödie in der Einrichtung, der Bewegung und den Gesängen des Chors. Die Zahl der Personen des komischen Chors war nach übereinstimmenden Nachrichten vierundzwanzig; man hatte offenbar den vollen Chor einer tragischen Tetralogie (von achtundvierzig) halbiert, und die Komödie behielt ihn unzerteilt. So hatte die Komödie, obgleich sonst vielfach gegen die Tragödie zurückgesetzt, doch den Vorteil eines gröfseren Chors davon, dafs sie nur einzeln, nicht in Tetralogieen gegeben wurde; woher es auch kommt, dafs die komischen Dichter weit weniger fruchtbar an Stücken waren, als die tragischen [2]). Dieser Chor zieht, wenn er in regel-

---

[1]) Ähnlich wie die tierköpfigen Αἶνοι (Äsopischen Fabeln) in dem von Philostratos Imagg. 1, 3 beschriebenen Gemälde.

[2]) Von Aristophanes zählte man, bei seiner langen Laufbahn, 54 Stücke, von denen 4 unecht sein sollten — nicht halb so viel wie von Sophokles. (*Für echt gelten Dindorf Aristoph. fragm. p. 3—10 [Vgl. die Vita Aristophanis in Dindorfs Poetae scenici p. 27] 44, Bergk Aristoph. fragm.

mäfsiger Ordnung erscheint, in Gliedern zu sechs Personen ein und singt einziehend die Parodos, welche indes nirgends die Ausdehnung und kunstreiche Form hat, wie in vielen Tragödien. Noch weniger bedeutend sind die Stasima, welche der Chor zum Abschlufs von Scenen bei Personenveränderungen singt; sie dienen den einzelnen Scenen nur zu einer Begrenzung und Abrundung, ohne eine solche Sammlung der Gedanken und innere Beruhigung zu bezwecken wie die Stasima der Tragödie. Was dieser Art von Chorliedern abgeht, ersetzt die Komödie auf eine ihr eigentümliche Weise durch die Parabasis [1]).

Die Parabasis, die einen Aufzug des Chors mitten in der Komödie bildete, ist offenbar aus jenen phallischen Zügen hervorgegangen, von denen das ganze Spiel seinen Ursprung genommen; sie ist der kunstreich entwickelte Urbestandteil der Komödie [2]). Der Chor, der bis dahin seine Stellung zwischen der Thymele und Bühne gehabt und mit dem Gesicht gegen die Bühne gestanden hat, macht eine Schwenkung und zieht in Gliedern am Theatron im engeren Sinne, den Plätzen der Zuschauer, hin. Dies ist die eigentliche Parabasis [3]), welche in der Regel aus anapästischen Tetrametern, mitunter aber auch aus andern langen Versen, besteht und mit einem kurzen Eröffnungsliedchen (in anapästischen oder trochäischen Versen), das man Kommation nennt, beginnt und mit einem sehr lang ausgedehnten anapästischen System schliefst [4]), das von seiner

---

Berol. 1840, p. 10—14, 43 Stücke.) [In einem zuerst von Fr. Novati, Hermes B. 14, S. 461 herausgegebenen Verzeichnisse wird die Gesamtzahl der Stücke auf 44 angegeben, in der folgenden Aufzählung jedoch blofs 42 Titel namhaft gemacht, indem wahrscheinlich die doppelte Recension der Εἰρήνη nur einmal gezählt ist und die Σατυράς καταλαμβάνουσαι fehlen.]

[1]) *Vgl. de parabasi, antiquae comoediae Attic. interludio, scr. C. Kock. Anclam 1856.

[2]) [Vgl. C. Agthe, die Parabase und die Zwischenakte der alten attischen Komödie, Altona 1866, mit Anhang ebds. 1868, der diese Idee entwickelt.]

[3]) [Παράβασις τελεία im Gegensatze zu der παράβασις ἤ, ἀνάπαιστος, welche auf das in kleineren Versen geschriebene κομμάτιον folgt. Die vollständige Parabase, wie z. B. in den Wolken des Aristophanes V. 510—626, besteht aus sieben Teilen.]

[4]) [Vgl. O. Müllers kl. Schriften B. 1, S. 494 ff.]

athemerschöpfenden Länge **Pnigos** (auch Makron) heifst. In dieser Parabasis läfst der Dichter den Chor von seinen eigenen poetischen Angelegenheiten, der Absicht seiner Produktionen, den Verdiensten, die er sich um den Staat erworben, seinem Verhältnis zu seinen Nebenbuhlern u. dgl. reden. Hierauf folgt (wenn die Parabase im weitern Sinne des Worts vollständig ist) ein zweites Stück, welches eigentlich die Hauptsache ausmacht, und wozu die Anapästen blofs den Aufmarsch bilden. Der Chor singt nämlich ein **lyrisches Gedicht**, meist ein Loblied auf irgend einen Gott, und trägt dann in trochäischen Versen (deren in der Regel sechzehn sind) irgend eine scherzhafte Beschwerde, einen Vorwurf gegen die Stadt, einen witzigen Ausfall auf das Volk — in engerem oder entfernterem Bezuge zum Thema des ganzen Stücks — vor; was das **Epirrhema** oder Hinzugesprochene heifst. Beide Stücke, die lyrische Strophe so wie dies Epirrhema, werden auf antistrophische Weise wiederholt. Offenbar ist das lyrische Stück, mit seiner Antistrophe, aus dem alten Phallikon Melos entstanden und das Epirrhema mit dem Antepirrhema aus den Spässen hervorgegangen, die der schwärmende Chor gegen den ersten besten ausstiefs. Nun war es natürlich, als die Parabase in den Mittelpunkt der ganzen Komödie trat, dafs statt dieser Spöttereien gegen einzelne ein bedeutenderer, für die ganze Stadt interessanter Gedanke hier seinen Platz fand, während die Spöttereien gegen einzelne, ganz der ursprünglichen Natur der Komödie gemäfs, ohne irgend eine Rücksicht auf den Zusammenhang des Stücks, dem Chor noch immer an jeder Stelle in den Mund gelegt werden konnten[1]).

Die Parabase kann natürlich, da sie die Handlung des komischen Dramas ganz unterbricht, nur bei einer Hauptpause eintreten; wir finden, dafs Aristophanes sie gern da anbringt, wo die Handlung nach allerlei Hemmungen und Verzögerungen so weit gediehen ist, dafs nun die Hauptaktion eintreten und

---

[1]) Solche Partieen sind in den Acharnern V. 1143 -1174, in den Wespen 1265—1291, in den Vögeln 1470—1493, 1553—1565, 1694—1705. Man mufs zwischen diesen Versen und dem übrigen Stücke sich nicht bemühen einen Zusammenhang zu suchen: es ist in der That keiner vorhanden. Irgend ein kleiner Anstofs der Erinnerung genügt, um einen solchen Ausfall zu motivieren.

die Entscheidung erfolgen mufs, ob das gewünschte Ziel erreicht sei. Bei der grofsen Freiheit indes, die sich die Komödie mit allen diesen Formen nimmt, kann sie auch die Parabasis in zwei Stücke teilen und den anapästischen Aufmarsch des Chors von dem Hauptteil trennen [1]), sie kann auch eine zweite Parabase (jedoch ohne den anapästischen Marsch) auf die erste folgen lassen, um einen zweiten Wendepunkt der Handlung damit zu bezeichnen [2]). Endlich kann auch die Parabase ganz fehlen, wie Aristophanes in seiner Lysistrata, in der ein doppelter Chor von Frauen und Greisen so viele eigentümlich und sinnreich erfundene Lieder singt, jene Anrede an das Publikum völlig weggelassen hat [3]).

Die Tanzweise des komischen Chors wird dadurch hinlänglich bezeichnet, dafs es der Kordax war, d. h. eine Gattung von Tänzen, die kein Athener nüchtern und unmaskiert tanzen durfte, ohne sich in den Ruf der gröfsten Frechheit und Unverschämtheit zu bringen [4]). Darum rühmt sich auch Aristophanes in seinen Wolken, die bei allen burlesken Scenen, welche sie darbieten, doch eine edlere Komik anstreben als die andern Stücke, dafs er hier keinen Kordax tanzen lasse und gewisse Unanständigkeiten des Kostüms weggelassen habe [5]). Man sieht aus allem, dafs die Komödie in ihrer äufseren Erscheinung ganz

---

[1]) So im Frieden und in den Fröschen, wo die erste Hälfte der Parabasis mit der Parodos und dem Iakchosliede (wovon oben die Rede war) verschmolzen ist. Weil in den Fröschen Iakchos schon in diesem ersten Stücke gepriesen ist, so enthalten die lyrischen Strophen des zweiten Stücks (V. 675 ff.) keine Anrufungen von Göttern und was dem ähnlich, sondern sind mit Spöttereien auf Kleophon und Kleigenes, die Demagogen, angefüllt. Dieselbe Abweichung finden wir aus demselben Grunde in der zweiten Parabase der Ritter.
[2]) Wie in den Rittern.
[3]) In den Ekklesiazusen und dem Plutos fehlt die Parabase aus Gründen, die Kap. 28 anzugeben sind. [Einen teilweisen Ersatz für den Wegfall der Parabase in der mittleren und neueren Komödie bot der Prolog, der, wie dies wenigstens aus einzelnen Beispielen der lateinischen Komödie ersichtlich ist, Gelegenheit zu unmittelbarem Verkehr des Dichters mit dem Publikum gab.]
[4]) Theophrast. Charakt. 6. vgl. Casaubonus.
[5]) Aristoph. Wolken 537 ff.

den Charakter einer Farce hatte, in welcher das freche Hervortreten der sinnlichen, ja der bestialischen Natur des Menschen nicht blofs erlaubt, nein Gesetz und Regel war. Um so erstaunenswürdiger ist der hohe Geist, die sittliche Würde, welche die grofsen Komiker diesem tollen Spiele einzuhauchen wufsten, ohne doch seinen Grundcharakter dadurch aufzuheben. Ja, wenn man mit dieser alten Komödie die spätere Gestaltung der mittleren und der uns genauer bekannten neueren vergleicht, die bei einer viel anständigeren Aufsenseite doch eine weit laxere Moral predigt, und dabei auch an entsprechende Erscheinungen der neueren Litteratur denkt, sollte man fast glauben, dafs jene derbe, nichts verhüllende und in der Darstellung des Gemeinen selbst gemeine und bestialische Komik einem Zeitalter, das es mit Sitte und Religion redlich meint, angemessener sei und besser fromme, als die sogenannte feinere, alles bemäntelnde und überall nur die Lächerlichkeit, aber nirgends die Abscheulichkeit des Schlechten nachweisende Komik [1]).

Um aber auf den Kordax zurückzugehen und daran eine Bemerkung über den rhythmischen Bau der Komödie zu knüpfen: so erfährt man gelegentlich, dafs auch das trochäische Metrum Kordax genannt wurde [2]), ohne Zweifel weil bei diesen Kordax-Tänzen in der Regel Lieder in trochäischen Versen gesungen wurden. Das trochäische Metrum, welches neben dem iambischen von den alten Iambographen ausgebildet worden war, hatte etwas lebhaft Bewegtes, dem indes das Kräftige, Vordringende des Iambos mangelt. Es eignete sich ganz besonders zu munteren Tänzen [3]): selbst trochäische Tetrameter, die doch nicht

---

[1]) Dafs Plutarch in seiner im Auszug erhaltenen Vergleichung des Aristophanes und Menander gerade das entgegengesetzte Urteil fällt, zeigt nur, wie sehr oft die späteren Alten den Kern über der Form übersahen.

[2]) Aristoteles bei Quintilian 9, 4, 88. Cicero Orat. 57, 192. [Aristoteles hat nichts derartiges gesagt. Die Stelle, worauf sich Cicero und, wohl nur nach ihm Quintilian, beruft, steht Rhetorik 3, 8, p. 1408, b, 36 und lautet blofs: ὁ δὲ τροχαῖος κορδακικώτερος. Demnach ist davon keine Rede, dafs der Trochäus selbst Kordax benannt worden war. Überdies läfst sich Cicero a. a. O. § 193, 194 und 217 noch eine weitere Flüchtigkeit zu Schulden kommen, indem er den von Aristoteles Trochäus genannten Versfufs als einen Tribrachys bezeichnet.]

[3]) Bd. I, S. 222. Anm. 8.

eigentlich lyrische Versmafse waren, luden zu tanzartigen Bewegungen ein ¹). Der Rhythmenbau der Komödie ist offenbar gröfstenteils auf die alte iambische Poesie gebaut und nur auf eine ähnliche Weise ausgedehnt und vergröfsert, wie der der äolischen und dorischen Lyriker in der Tragödie, namentlich durch die Verlängerung von Versen zu sogenannten Systemen durch mehrfache Wiederholung desfelben Rhythmus. Besonders kommen die sogenannten Asynarteten — d. h. lockere Verbindungen verschiedenartiger Rhythmen, namentlich daktylischer und trochäischer, die angesehen werden können als einen Vers bildend, aber auch als verschiedene Verse — nur der iambischen und der komischen Poesie zu; und die Komödie setzt hier mit manchen neuen Erfindungen doch nur das Werk des Archilochos fort ²).

Dafs die herrschende Form des Dialogs dieselbe sein konnte in der Tragödie und Komödie, der iambische Trimeter nämlich, darf ungeachtet des entgegengesetzten Charakters dieser Gattungen nicht Wunder nehmen, wenn man bedenkt, dafs dies gemeinsame Organ der dramatischen Rede der mannigfachsten Behandlung fähig war und von den Komikern auf die ihren Zwecken angemessenste Art gestaltet wurde. Die Vermeidung von Spondeen, die Häufung von Kürzen und die Mannigfaltigkeit von Cäsuren gibt dem Verse der Komödie eine aufserordentliche Munterkeit und Beweglichkeit; und die Einmischung des Anapäst in alle Füfse, mit Ausnahme des letzten, welche eigentlich der Grundform des Trimeter widerstreitet, beweist, dafs eine flüchtige, mundfertige Recitation Längen und Kürzen hier mit weit gröfserer Freiheit behandelte als die tragische Schauspielkunst. Auch bedient sich die Komödie neben dem Trimeter, zur Unterscheidung verschiedener Stile oder Tonarten der Rede, einer

---

¹) Aristoph. Frieden 524 ff.
²) Der Kürze wegen verweisen wir nur auf Hephästion Kap. 15, p. 83 ff. Gaisf., und Terentianus V. 2243:
    Aristophanis ingens micat sollertia,
    qui saepe metris multiformibus novis
    Archilochos arte est aemulatus musica
Vgl. oben Kap. 8.

größeren Mannigfaltigkeit von Versmaßen, die man sich alle auch durch eine verschiedene Art von Gestikulation und Deklamation unterschieden denken muß, wie des leichten, tänzerlichen trochäischen Tetrameters, des leidenschaftlichen iambischen Tetrameters und des in komischem Pathos daherstolzierenden anapästischen Tetrameters, den schon Aristoxenos der Selinusier, ein alter sicilischer Komiker vor Epicharm, gebraucht hatte [1]).

In allen diesen Dingen ist die Komödie nicht minder erfindungsreich und feinsinnig zugleich als die Tragödie. Aristophanes weiß durch seine Rhythmen bald den Ton schäkernden Mutwillens, bald aber auch den der feierlichsten Würde anzuschlagen; er weiß oft im Scherze seinen Versen und Worten einen so prachtvollen Klang zu geben, daß man bedauern möchte, daß er es nicht im Ernste gethan. Immer fühlen wir dabei den schönsten Einklang zwischen Form und Inhalt, zwischen dem Ton der Rede und dem Charakter der Personen, wie z. B. die alten Hitzköpfe, die Acharner, ihre derbe Kraft und ungestüme Heftigkeit sehr gut in den kretischen Versmaßen ausdrücken, die in den Chorgesängen des Stücks vorherrschen.

Wer könnte aber nun auch noch mit wenigen Worten das eigentümliche Organ schildern, das die alte athenische Komödie sich aus der Sprache geschaffen? Zum Grunde liegt dabei im ganzen die gewöhnliche Umgangssprache der Athener, der attische Dialekt wie er eben gäng und gäbe war [2]); die Komödie drückt diesen nicht bloß reiner aus als irgend eine andere Art der Poesie, sondern selbst als die echte attische Prosa [3]), aber diese

---

[1]) [Vgl. unten Kap. 29. Nach Hephästion K. 8 waren zwei Stücke des Epicharm ganz in anapästischen Tetrametern geschrieben.]

[2]) [Möglicherweise gehen die bei Sext. Empiricus adv. gramm. 1, 10, p. 264 angeführten Verse des Aristophanes:
διάλεκτον ἔχοντα μέσην πόλεως·
οὔτ' ἀστείαν ὑποθηλυτέραν
οὔτ' ἀνελεύθερον ὑπαγροικοτέραν
auf die eigene Sprache des Dichters.]

[3]) Wir erinnern hier nur an das eine, daß die Konsonantenverbindungen, die die attische Mundart von ihrem Mutterdialekt, dem ionischen, unterscheiden, ττ für σσ, und ρρ für ρσ, bei Aristophanes und auch schon in Kratinos Fragmenten überall vorkommen, aber dagegen bei Thukydides eben so wenig gefunden werden, wie bei den Tragikern: obwohl schon Perikles

alltägliche Umgangsfprache ist ein aufserordentlich biegsames und
reiches Organ, das nicht blofs in sich selbst eine Fülle der kräftigsten, anschaulichsten, prägnantesten, graziösesten Ausdrucksweisen trägt, sondern sich auch den verschiedenen durch die
Litteratur ausgebildeten Sprach- und Stilgattungen, der epischen
lyrischen, tragischen, mit Leichtigkeit anschliefsen und sich eine
eigentümliche Färbung dadurch verschaffen kann ¹). Am meisten
komischer Reiz wächst ihr unstreitig durch das parodische Verhältnis zur Tragödie zu; hier genügte oft ein Wort, eine etwas
veränderte Form, mit dem eigenen tragischen Accent ausgesprochen, um an eine pathetische Scene der Tragödie zu erinnern und einen lächerlichen Kontrast zu gewähren ²).

Achtundzwanzigstes Kapitel.

Aristophanes.

Aristophanes, Philippos Sohn, wurde zu Athen gegen
Olymp. 82, v. Chr. 452, geboren³). Von seinen Lebensumständen würden wir mehr wissen, wenn sich die Werke seiner

---

diese nicht-ionischen Formen auf der Rednerbühne gebraucht haben soll.
Eustathios zur Ilias 10, 385, p. 813. Auch sonst hat Thukydides Prosa weit
mehr epische und ionische Gravität und Salbung als Aristophanes Poesie —
bis in die einzelnen Ausdrücke und Formen herab.

¹) Plutarch bemerkt sehr richtig (Aristoph. et Menandri compar. c. 1).
dafs Aristophanes Diktion alle Stilarten enthalte, vom Tragischen und Pathe-
tischen (ὄγκος) bis zur gemeinen Possenreisserei (σπερμολογία καὶ φλυαρία).
aber er behauptet mit Unrecht, dafs Aristophanes diese Redeweisen seinen
Personen nach blofser Willkür aufs ungefähr zuteile.

²) [Ausführlicher behandeln diesen Punkt H. Täuber, de usu parodiae
apud Aristophanem, Berol. 1849 und W. Ribbeck in einem Anhang zu seiner
Ausgabe der Acharner des Aristophanes, Leipzig 1844. Die vollständigste
Sammlung der Parodieen des Aristophanes bietet W. H. van de Sande Bak-
huysen, de parodia in comoediis Aristophanis. Trajecti ad Rhen. 1877.

³) Es ist offenbar übertrieben, wenn der Schol. zu den Fröschen 504 den
Aristophanes bei seinem ersten dramatischen Auftreten σχεδὸν μειρακίσκος.
d. h. etwa 18 Jahre alt, nennt. Dann würde Aristophanes rechte Blütezeit

Rivalen erhalten hätten, in denen natürlich eben so viel auf ihn geschmäht wurde, als er gegen Kratinos und Eupolis zu sagen hat. So können wir nur dies behaupten, dafs er als Kleruch oder Kolonist von Ägina mit andern attischen Bürgern nach dieser ihren alten Einwohnern geraubten Insel mit seiner Familie hinüberging und dort ein Landgut in Besitz bekam[1]) (Ol. 87, 3, 430).

Aristophanes Leben war so frühzeitig der komischen Poesie gewidmet, dafs man den inneren Drang seines Geistes darin nicht verkennen kann. Er trat so jung mit Komödien auf, dafs er — wenn nicht durch Gesetz, doch durch die herrschende Sitte — abgehalten wurde, seine Stücke unter seinem eigenen Namen aufführen zu lassen. Nun mufs man bemerken, dafs in Athen der Staat wenig darnach fragte (wie dies auch kein Gegenstand offizieller Nachfrage war), wer ein Drama eigentlich verfertigt habe: sondern der Magistrat, welcher einem der Dionysischen Feste vorstand, an denen das Volk mit neuen Dramen unterhalten zu werden pflegte [2]), gab dem Chormeister, welcher sich erbot, den Chor und die Schauspieler für ein neues Drama einzuüben, diese Befugnis, wenn er eben das erforderliche Vertrauen zu ihm hatte. Auch die komischen Dichter waren, wie die tragischen, ihrem eigentlichen Geschäft nach Chormeister, Chorodidaskalen, oder, wie sie sich spezieller nannten, Komododidaskalen; und in allen offiziellen Dingen, bei der Bezahlung und Preiserteilung, fragte der Staat nur, wer den Chor unterwiesen und damit zugleich das neue Stück zur Aufführung gebracht habe. Zugleich hatte sich bei den Komikern die Sitte, welche

---

schon in den Anfang seiner zwanziger treffen und sein letztes Auftreten in. sein 56tes Jahr. In Aristophanes Stücken finden sich selbst Hindeutungen auf ein höheres Alter, und wir nehmen daher an, dafs er bei seinem ersten Auftreten als Komiker (427 v. Chr.) mindestens 25 Jahre alt war.

[1]) S. Aristoph. Acharn. 652. V. Aristophan. p. 14. Küster [p. 25, 113 in Dindorfs Poetae scenici] und Theagenes bei dem Schol. zu Platons Apol. p. 93, 8. (331. Bekk.) Aristophanes Acharner sind freilich von Kallistratos aufgeführt: aber die obige Stelle bezog das Publikum doch gewifs auf den ihm bereits wohlbekannten Dichter.

[2]) An den grofsen Dionysien der erste Archont (ὁ ἄρχων vorzugsweise); an den Lenäen der Basileus. Vgl. Kap. 23.

bei den tragischen Dichtern mit Sophokles abkam, länger erhalten, dafs der Dichter und Chormeister zugleich als der erste Schauspieler (Protagonist) in seinem Stücke auftrat. Hiernach wird man verstehen, was Aristophanes in der Parabase der Wolken sagt [1]), dafs seine Muse ihre ersten Kinder ausgesetzt habe — weil sie als Jungfrau sich zu der Geburt nicht habe bekennen dürfen — und eine andere junge Frau sie als die ihrigen angenommen habe, das Publikum aber (das den wahren Urheber doch bald erkennen mufste) habe sie edelmütig auferzogen und gebildet [2]). Aristophanes gab nämlich seine ersten Stücke, so wie auch noch manche von den späteren, einem von zwei befreundeten Chormeistern, die zugleich Dichter und Schauspieler waren, Philonides und Kallistratos, zur Aufführung. Die Alten berichten, dafs er dabei den Unterschied gemacht, dem Kallistratos die politischen, dem Philonides die auf das Privatleben bezüglichen Dramen zu übergeben [3]). Diese verlangten dann vom Archonten den Chor, brachten das Stück auf die Bühne, erlangten im glücklichen Falle — wovon die Didaskalieen mehrere Beispiele geben — den Siegespreis: alles, als ob sie die wirklichen Verfasser wären — wiewohl das kunstverständige Publikum sich darüber doch nicht täuschen konnte, ob das neuauftauchende Genie des Aristophanes oder der ihnen wohlbekannte Kallistratos der wirkliche Urheber des Stücks war.

Von dem ersten Stücke, welches Ol. 88, 1, v. Chr. 427, gegeben wurde und die Daitaleis hiefs, wufsten die Alten selbst nicht, ob Philonides oder Kallistratos es auf die Bühne gebracht habe [4]). Die »Schmauser«, welche in diesem Stücke

---

[1]) [V. 530 ff.]

[2]) Vgl. Ritter 513, wo er sagt, dafs viele sich wunderten, dafs er nicht lange schon χορὸν αἰτοίη καθ' ἑαυτόν. In der Parabase der Wespen vergleicht er sich mit einem Bauchredner, der in jener Zeit durch andere gesprochen habe. [V. 1020.]

[3]) So der Anonymus de Comoedia bei Kuster. Die Vita Aristophanis (" in einem ursprünglich nicht zu ihr gehörenden Anhange s. Βιογράφοι, ed. A. Westermann, 1845, p. 158, 159) hat freilich das Gegenteil, aber aus barem Irrtume, wie die einzelnen Beispiele zeigen. *Vgl. Bernhardy, Grundrifs der gr. Litt., Halle 1845, Th. 2, S. 972, und Struve de Eupol. Maricante. Kiliae 1841, p. 52—77.

[4]) Schol. Wolken. 531.

den Chor bildeten, wurden als eine Tischgesellschaft gedacht, die in einem Heiligtume des Herakles, dessen Kult öfter mit Essen und Trinken begangen wurde [1]), geschmaust hatte und nun einem Wettkampfe zuschaute, welchen die alte mäfsige, bescheidene und die moderne frivole und maulfertige Erziehung in der Person zweier Jünglinge, des Tugendlichen (σώφρων) und Liederlichen (καταπύγων), mit einander bestanden. Der Bruder Liederlich wird in einem Gespräch mit seinem alten Vater als ein Verächter des Homer, dagegen als ein feiner Kenner aller Rechtsausdrücke — natürlich um sie zu rabulistischen Kniffen zu gebrauchen — als ein eifriger Anhänger des Sophisten Thrasymachos und des Anführers der frivolen Jugend, Alkibiades, geschildert [2]). Was Aristophanes hier versucht, hat er hernach in reiferen Jahren in den Wolken ausgeführt.

Aristophanes zweites Stück, zu welchem Kallistratos sich als Chormeister nannte, Ol. 88, 2, 426 v. Chr., aufgeführt, waren die Babylonier. Durch dies Stück nahm Aristophanes zuerst die kühne Stellung ein, das Volk selbst in seiner öffentlichen Thätigkeit mit seinen Mafsregeln über das Gemeinwohl zum Gegenstande seiner Komödie zu machen. Er rühmt sich in der Parabase der Acharner selbst durch dies Stück den Betrug aufgedeckt zu haben, den die Athener sich von Ausländern, namentlich von fremden Gesandten, spielen liefsen, indem sie ihren Schmeicheleien und Vorspiegelungen ein allzugeneigtes Gehör schenkten [3]). Auch habe er gezeigt, auf welche Weise die demokratischen Verfassungen von den Demagogen verwaltet würden und dadurch sich bei den Bundesgenossen und, wie er mit lustiger Rodomontade hinzufügt, beim Grofskönig selbst in gewaltiges Ansehen gesetzt. Damit hängt der Name des Stücks deutlich zusammen; wir erraten aus den Angaben alter Grammatiker [4]), dafs die Babylonier, welche den Chor bildeten, als

---

[1]) Dorier B. 1, Kap. 12, § 10. [Etymol. Orion. p. 49. 8.]
[2]) In dem wichtigen Fragment aus Galen Ἱπποκράτους γλῶσσαι, Prooem., das in neuerer Zeit von seinen Entstellungen gereinigt ist. S. Dindorf Aristoph. fragmenta, Daetal. 1.
[3]) [V. 636 ff.]
[4]) S. besonders Hesychius über den Vers: Σαμίων ὁ δῆμος ὡς πολυγράμματος. »So sagt einer bei Aristophanes, da er die Babylonier aus

gemeine Mühlenknechte, die schlechteste Sorte von Sklaven bei den Athenern, die mit Brandmalen bedeckt waren und sich in der Mühle wie in einer Strafanstalt befanden, dargestellt wurden, die man für Babylonier, d. h. für Gesandte aus Babylon, ausgab[1]). Es wurde dabei wohl angenommen, dafs Babylon sich gegen den Grofskönig, der mit Athen fortwährend im Kriege war, empört habe: den leichtgläubigen Athenern, meinte Aristophanes, könnte leicht so etwas glaublich gemacht werden. Das Stück würde dann in einer nahen Verwandtschaft mit der Scene in den Acharnern stehen, in der die angeblichen Gesandten des Perserkönigs auftreten (v. 100 ff.), ohne·dafs doch das eine eine Wiederholung des andern wäre. Natürlich wurden diese falschen Babylonier als ein Betrug dargestellt, den die Demagogen, die damals nach Perikles Tode das Volk beherrschten, dem athenischen Demos spielten: wobei Aristophanes besonders den Kleon zur Zielscheibe seiner Witze und Angriffe machte. Wie sehr diese Angriffe, welche bei dem glänzenden Feste der grofsen Dionysien, in Gegenwart der Bundesgenossen und vieler Fremden, die sich um diese Zeit in Athen einfanden, auf Kleon gemacht wurden, den gewaltigen Demagogen verdrofsen, sieht man aus seinen angestrengten Bemühungen sich zu rächen. Er schleppte den Kallistratos[2]) vor den Rat der Fünfhundert, der als Verwaltungsbehörde auch die Aufsicht über die Agonen

---

der Mühle erblickt, indem er über den Anblick derselben erstaunt und sich nicht recht zu finden weifs.« Der obige Vers wurde offenbar von jemanden gesprochen, der den Chor erblickte, ohne zu wissen, was er vorstellen sollte. und die von Perikles stigmatisierten Samier zu sehen glaubte, wobei πολυγράμματος zugleich auf samische Buchstabenerfindungen anspielt. Dafs diese Babylonier Mühlen-Sklaven sein sollten, scheint damit in Verbindung zu stehen, dafs Eukrates, ein gerade damals mächtiger Demagog, Mühlen besafs, Arist. Ritter 254. Doch war das Stück mehr gegen Kleon gerichtet.

[1]) [Nach Anderen waren es die Vertreter der Bundesstädte.]

[2]) Hier setzen wir entschieden den Kallistratos, weil dieser als Chorodidaskalos und Protagonist in den Acharnern die Rolle des Dikäopolis hatte und die Stelle αὐτός τ' ἐμαυτόν, ὑπὸ Κλέωνος ἃ 'παθον, ἐπίσταμαι, V. 377 ff., das Publikum nur von dem Schauspieler, der den Dikäopolis agierte, verstehen konnte. Sonst verstehen wir unter dem ποιητής der Parabase in den Acharnern entschieden den Aristophanes, dessen Talent nicht drei Jahre dem Publikum verborgen bleiben konnte.

hatte, und überhäufte ihn da mit Vorwürfen und Drohungen. Den Aristophanes selbst aber soll Kleon, was wohl glaublich ist, auf indirekte Weise durch eine Klage wegen angemafsten Bürgerrechts (γραφὴ ξενίας) in Gefahr zu bringen gesucht haben; auf jeden Fall hat indes der Dichter diese Klage zurückgeschlagen und sein Bürgerrecht siegreich behauptet [1]).

Im nächsten Jahr, Ol. 88, 3, v. Chr. 425, trat Aristophanes an den Lenäen mit der ersten noch erhaltenen Komödie auf, den Acharnern. Auch diese brachte Kallistratos auf die Bühne [2]). Die Acharner sind mit den meisten andern Dramen des Dichters verglichen ein harmloses Stück, das zum Hauptzweck hat die tiefe Sehnsucht auszumalen, welche damals solche Athener, die am Marktgeschwätz kein Gefallen hatten und nur wider ihren Willen durch Perikles Kriegesplan in die Stadt getrieben worden waren, nach einem friedlichen Landleben empfanden. Dabei werden denn freilich bald gegen die Demagogen, die das Volk zum Kriege anfeuerten, wie Kleon, bald gegen die allzu martialischen Kriegsobersten, wie Lamachos, Geifselhiebe ausgeteilt; auch tritt hier schon die Polemik gegen Euripides gewaltsam herbeigezogene Rührungen und der Heroenwelt aufgedrungene Pfiffigkeit hervor. In diesem Stücke zeigen sich schon alle Eigenschaften der Aristophanischen Komödie, die kühne und geniale Erfindungsgabe, die Fülle von ergötzlichen, höchst komischen Scenen, womit er wahrhaft verschwenderisch alle Teile seines Stückes ausstattet, die rasche, treffende Zeichnung der Charaktere, die mit wenigen Meisterstrichen viel auszudrücken versteht, die plastische Anschaulichkeit, mit der die Scenen angeordnet sind, die ungenierte Behandlung von Raum und Zeit, die dem Dichter bedeuten müssen, was er eben braucht — in einer solchen Ausbildung und Vollendung, dafs es wohl angemessen ist diese älteste erhaltene Komödie hier auf

---

[1]) Schol. Acharn. 377. Dabei brauchte Aristophanes jenen Homerischen Vers, Odyssee 1, 215. οὔτις ἑὸν γόνον αὐτὸς ἀνέγνω, den der Biograph des Aristophanes anführt. [Die ganze Erzählung wird wohl mit Recht von Dindorf in Aristophanes Fragm. p. 55 und von Müller-Strübing als ein in späterer Zeit erfundenes Märchen bezeichnet.]

[2]) [Vgl. O. Müller, kl. Schr. B. 1, S. 425.]

eine solche Art zu analysieren, dafs nicht blofs die bereits angegebenen Grundgedanken, sondern auch die ganze künstlerische Anlage und technische Einrichtung des Dramas deutlich werden. Die Bühne, welche in diesem Stücke bald Stadt bald Land vorstellt und wahrscheinlich so eingerichtet war, dafs beides auf ihr Platz fand, bietet im Anfange den Anblick der Pnyx, des Platzes zur Volksversammlung, dar, d. h. man sieht einen in den Felsen gehauenen Suggest für die Redner, umher einige Bäume und andere Andeutungen dieses wohlbekannten Platzes. Hier sitzt nun der ehrliche Dikäopolis, ein Bürger von altem Schrot und Korn, und ärgert sich über seine Mitbürger, die sich nicht zur rechten Zeit auf der Pnyx einfinden, sondern auf dem Verkaufsmarkte, den man von da übersieht, müfsig herumschlendern; er selbst, dem die Stadt mit ihrem Lärm und Geschwätz zuwider ist, kommt nur deswegen so regelmäfsig, um für den Frieden zu sprechen. Auf einmal kommen die Prytanen aus dem Rathause, das Volk stürzt hinterdrein; ein hochwohlgeborner Athener, der sich rühmt von den Göttern bestimmt zu sein mit Sparta Frieden zu schliefsen, wird trotz Dikäopolis Unterstützung schnöde abgewiesen, und dagegen treten, zur Wonne der kriegslustigen Partei, Gesandte auf, die vom Grofskönig zurückkommen und einen persischen Botschafter, des Grofskönigs Auge, samt Gefolge mit sich bringen: einen phantastisch aufgeputzten Zug, von dem Aristophanes merken läfst, dafs er eitel Trug und Lug sei, den die kriegslustigen Demagogen veranstaltet hätten. Andere Gesandte bringen ähnliche Botschaft vom thrakischen Könige Sitalkes, auf den die Athener damals grofse Hoffnungen bauten und schleppen ein elendes Gesindel unter dem Namen odomantischer Kerntruppen mit sich, das die Athener für hohen Sold in Dienst nehmen sollen. Dikäopolis hat indes, wie er gesehen, dafs die Dinge keine andere Wendung nehmen wollen, den Amphitheos auf seine eigene Rechnung nach Sparta gesandt, der ihm denn auch in wenig Minuten verschiedene Sorten von Frieden, auf längere oder kürzere Zeit, in der Form von Weinfläschchen, wie man sie bei Friedensschlüssen zur Libation brauchte, zurückbringt; er wählt den dreifsigjährigen Frieden zu Wasser und zu Lande, der nicht nach Pech und Teer riecht, wie ein kurzer Waffenstillstand, bei dem man nur Zeit hat die Schiffe zu kalfatern. Alle diese überaus ergötzlichen Scenen sind nur möglich in einer Komödie, die, wie die athenische, für jedes Verhältnis, jede Thätigkeit, jeden Charakter ihr sinnliches Bild hat, die alles mit kühnen Strichen in sprechenden, grotesken Figuren hinzuzeichnen weifs und sich dabei in der Art, wie sie diese Figuren agieren läfst, um die Gesetze der Wirklichkeit und die Wahrscheinlichkeit des gemeinen Lebens gar nicht zu kümmern braucht [1]).

Eine dramatische Verflechtung bringt nun Aristophanes erst durch den Chor in dies Stück, indem er diesen aus Acharnern zusammensetzt, d. h. aus Bewohnern einer grofsen Ortschaft von Attika, deren Bewohner sich meistenteils vom Kohlenbrennen nährten, wozu die benachbarten Bergwaldungen das Material hergaben: sie selbst derbe, vierschrötige, wie aus Eichenholz gehauene Gesellen, martialisch gesinnt von Haus aus und nun noch besonders erbittert gegen die Peloponnesier, weil sie bei dem ersten Einfalle in Attika ihnen die Weingärten verwüstet hatten. Diese alten Acharner erscheinen zuerst den Amphitheos verfolgend, von dem sie gehört haben, dafs er um Frieden zu holen nach Sparta gegangen; an seiner Statt treffen sie den Dikäopolis, wie er bereits mitten in der Feier der ländlichen Dionysien ist — die hier als Inbegriff aller der ländlichen Lust und Fröhlichkeit zu fassen sind, von der die Athener ausgeschlossen waren. Kaum hat der Chor aus Dikäopolis Phallos-Gesange erraten, dafs er es ist, der sich den Frieden hat kommen lassen, als er mit der gröfsten Hitze auf ihn losbricht, kein Wort von ihm anhören und ihn ohne alles Erbarmen steinigen will, bis Dikäopolis einen Kohlenkorb ergreift und ihn, wie einen Geisel, für alles zu strafen droht, was ihm die Acharner zufügen wollen. Der Kohlenkorb, dessen die Acharner bei ihrem täglichen Geschäfte bedurften, ist ihrem Herzen zu teuer, als dafs sie nicht um seinetwillen auch den Dikäopolis anzuhören bereit sein sollten;

---

[1]) Die Komödie folgt darin auf ihre Weise nur dem Geist der ganzen antiken Kunst, die mit der neueren verglichen weit mehr für jede geistige Thätigkeit und Wirkung den sinnlichen Ausdruck zur Hand hat, aber sich weit weniger zur Pflicht macht, diesen sinnlichen Ausdruck mit der Folgerichtigkeit durchzuführen, wie es die Gesetze des wirklichen Lebens verlangen.

zumal da Dikäopolis versprochen mit dem Kopfe über einen Hackblock zu sprechen, um gleich geköpft zu werden, wenn er nicht Recht behalte. Diese an sich schon so ergötzlichen Erfindungen werden noch spaßhafter, wenn man weiß, daß Dikäopolis ganzes Benehmen eine Parodie eines Euripideischen Helden ist, des redefertigen und weinerlichen Telephos, der den kleinen Orest aus der Wiege riß, um ihn zu töten, wenn Agamemnon ihm nicht Gehör gäbe, und der unter eben so gefährlichen Umständen zu den Achäern, wie Dikäopolis zu den Acharnern, redete. Diese Parodie verfolgt nun Aristophanes noch weiter, da sie ihm die Mittel bietet Dikäopolis Situation auf eine höchst komische Weise auszustaffieren; Dikäopolis wendet sich unmittelbar an Euripides selbst, der vermittelst eines Ekkyklema den Zuschauern in seinem Studierzimmerchen im Oberstock sichtbar wird[1]), umgeben von Masken und Kostümen, wie er sie für seine tragischen Helden liebt, und bittet ihn um einen recht jämmerlichen Anzug, worauf er denn seinem Wunsche gemäß den allerjämmerlichsten, den des Telephos, auch wirklich erhält. Wir übergehen andere Verhöhnungen des Euripides, die Aristophanes sich in seinem Mutwillen erlaubt, und wenden uns zur folgenden Scene, einer Kapitalscene des ganzen Stücks, wo Dikäopolis als komischer Telephos, das Haupt vom Hackblock erhebend, für den Frieden mit den Spartanern plädiert. Es versteht sich, daß, so ernsthaft es Aristophanes auch mit der Friedenspartei hält, doch bei dieser Gelegenheit kein ernsthaftes Wort aus seinem Munde geht. Er leitet den ganzen peloponnesischen Krieg von einem tollen Streiche trunkener junger Leute her, die ein liederliches Weibstück von Megara entführt, wofür die Megarer der Aspasia einige Mädchen weggefangen hätten. Da indes diese Darstellung nichts fruchtet und der Chor sogar noch den kriegslustigen Lamachos zu Hilfe ruft, der auch sogleich in übertrieben martialischem Kostüm aus seinem Hause stürzt[2]): so greift Dikäopolis in der Not zu eigentlichen argu-

---

[1]) [Vgl. O. Müller, kl. Schr. B. 1, S. 537.]
[2]) Man sieht also auf der Bühne auch Lamachos Haus. Wahrscheinlich war in der Mitte Dikäopolis Stadthaus, daneben auf der einen Seite Euripides, auf der andern Lamachos Wohnung. Zur Linken war der Platz, der die Pnyx

mentis ad hominem, indem er den alten Leuten, die den Chor bilden, zu Gemüte führt, dafs sie immer die Dienste gemeiner Soldaten leisten müfsten, während solche junge Prahlhänse, wie Lamachos, bald als Strategen bald als Gesandte ein bequemes Leben führten und das Fett des Landes verzehrten. Das wirkt, und der Chor zeigt sich geneigt dem Dikäopolis Recht zu geben. Bei dieser Katastrophe des Stücks tritt die Parabase ein, in deren erstem Teile der Dichter mit besonderer Bezugnahme auf sein letztes Stück sich dem Volke als einen höchst schätzbaren Freund anrühmt, der zwar das Volk selbst nicht schone, von dem aber nie zu besorgen sei, dafs er das Gerechte in seinen Komödien verspotten werde [1]). Der zweite Teil aber hält den Gedanken fest, welchen Dikäopolis eben beim Chore angeregt hat; der Chor beklagt sich bitterlich über den Übermut der gewandten, gewitzten, redefertigen Jugend, vor dem die ehrlichen biderben Alten namentlich in Gerichtshändeln sich nicht retten könnten.

Der zweite Teil des Stücks, nach der Katastrophe und Parabase, ist nun weiter nichts als eine höchst lustige, von Witz und launigen Erfindungen überströmende Ausführung des Glücks, das der Frieden dem wackern Dikäopolis gewährt. Zuerst eröffnet er seinen freien Markt, und es kommen nacheinander ein armer Schlucker aus Megara, dem Nachbarlande Athens, das von Natur dürftig ausgestattet durch die athenische Sperre und die alljährlichen Verwüstungen erschrecklich litt, und ein derber Böoter aus der gesegneten Landschaft am kopaischen See, der durch seine Aale besonders bei den Athenern berühmt war. Der Megarer hat in Ermanglung anderer Handelsartikel seine kleinen Töchter als Ferkelchen ausstaffiert, und der ehrliche Dikäopolis läfst sie sich auch, so wunderbar ihm vieles an diesen Ferkelchen vorkommt, als solche verhandeln: eine spafshafte und mit vielen nichts weniger als feinen Späfsen durchsaftigte Scene, die auf

---

vorstellte; zur Rechten eine Andeutung einer Landwohnung; doch kommt diese nur bei der Scene der ländlichen Dionysien vor; alles andere begibt sich in der Stadt. [Vgl. Schönborn, die Skene der Hellenen, S. 307 ff.]

[1]) V. 655: ἀλλ' ὑμεῖς μή ποτε δείσηθ᾽ ὡς κωμῳδήσει τὰ δίκαια. Bei solchen entschiedenen Versprechen ist wenigstens der Vorsatz des Aristophanes den Stachel der Komödie immer nur gegen das, was ihm wirklich schlecht schien, zu kehren nicht zu bezweifeln.

dem attischen Volkswitze beruhen mag: ein Megarer würde gern seine Kinder als Schweinchen verkaufen, wenn sie jemand nähme; dergleichen Witze sich manche im alten und neuen Volksleben nachweisen liefsen. Dabei werden nun den Handelnden die Sykophanten sehr lästig, ein Geschlecht das von öffentlichen Prozessen lebt und besonders den Verletzungen der Steuer- und Accisegesetze nachspürt [1]); sie wollen die fremden Waren als Contrebande wegnehmen, aber Dikäopolis macht mit ihnen kurz Procedere, er wirft den einen Sykophanten aus seinem Markte heraus und bindet einen andern, den kleinen, winzigen Nikarchos, in ein Bündel und packt ihn dem Böoter, der ihn als ein possierliches Äffchen mitzunehmen Lust bezeigt, auf den Rücken.

Nun beginnt auf einmal das athenische Kannenfest (die Choen). Lamachos [2]) läfst umsonst den Dikäopolis um einiges von seinen Waren ansprechen, um das Fest lustig mitzubegehen; jener behält alles für sich, und der Chor, der nun ganz umgestimmt ist, bewundert Dikäopolis Klugheit und das von ihm dadurch gewonnene Glück. Während seiner Anstalten zu einem köstlichen Schmause suchen andere etwas von seinem Frieden abzubekommen; einen Landmann, dem die Böoter seine Rinder weggenommen, weist er grausam ab; nur gegen eine Braut, die ihren Bräutigam gern daheim behalten möchte, zeigt er sich menschenfreundlicher. Indes kommen verschiedene Botschaften an, an Lamachos, dafs er gegen die Böoter ausziehen solle, die zum Kannenfest in Attika einfallen wollen, an den Dikäopolis aber, dafs er zum Priester des Bakchus kommen solle, um das Mahl des Kannenfestes mit ihm zu begehen. Diesen Kontrast führt nun Aristophanes sehr ergötzlich durch, indem Dikäopolis jedes Wort, das Lamachos bei seiner Kriegsrüstung sagt, so parodiert, dafs er es auf seine Mahlesfreuden hinüberzieht, und als

---

[1]) Von einer Art der φάσις, d. h. der öffentlichen Klage, die wegen Verletzung eines pecuniären Interesses des Staats angestellt wurde, haben die Sykophanten auch entschieden den Namen. [Die Etymologie die Plutarch v. Sol. K. 24 für wahrscheinlich hält, beruht auf dem Zeugnisse des Istros bei Athenäus 3 p. 74, d.]

[2]) Dafs Lamachos immer allein die Kriegerischen vertreten mufs, macht gewifs auch mit der Name Λά-μαχος: sonst konnten Phormion, Demosthenes, Paches und andere Helden Athens mit gleichem Recht hier stehen.

nach kurzer Weile, die der Chor durch ein Spottlied ausfüllt, Lamachos von zwei Knappen verwundet aus dem Kriege zurückgebracht wird, kommt Dikäopolis ihm in tiefster Weinseligkeit und mutwilligster Laune entgegen, von zwei gefälligen Mädchen geführt, und feiert so einen sehr anschaulichen Triumph über den geschlagenen Kriegshelden.

Man wird dieser Folge von Scenen, ganz abgesehen von der Witzfülle und Kernigkeit der Sprache, den herrlichen Rhythmen und glücklichen Wendungen der Chorlieder, zugestehen, dafs sie von Anfang bis zu Ende mit immer frischer Laune und Genialität erfunden ist und dafs, zumal wenn Scenerie, Kostüme, Tanz, Musik, der Gedanken und der Sprache des Dichters würdig waren, ein Stück, wie dies, einen wahren komischen Rausch erzeugt haben mufs. So mufs aber auch ein solches Stück genommen werden, wenn man sich die Sache nicht durch schiefe Auffafsung verderben will, als eine bakchantische Trunkenheit von Mutwillen und Possierlichkeit, die zwar eben deswegen, weil sich ihr ein Mann von tüchtiger Gesinnung und edlem Charakter überläfst, immer auf einem Grunde von sittlichem Ernste ruht, aber darum doch in keinem Worte, in keinem Zuge ernsthaft und nüchtern wird, sondern in jeder Vorstellung, eben sowohl was die siegende als was die unterliegende Partei angeht, den Antrieben einer ausgelassenen Sinnlichkeit und nichts verschonenden Lachlust folgt. Höchstens in den Parabasen spricht Aristophanes seine eigentliche Meinung aus; in allem übrigen ist sie aus dem verzerrenden Hohlspiegel seiner Komödie nur durch eine oft sehr schwierige und mifsliche Übertragung in die richtigen Verhältnifse und Umrisse zu erkennen.

Das nächste Jahr (Ol. 88, 4, v. Chr. 424) ist in der Geschichte der Komik mit Aristophanes Rittern bezeichnet. Es war das erste Stück, welches Aristophanes in eigener Person aufführte [1]) und in dem er selbst als Schauspieler aufzutreten durch besondere Umstände veranlafst wurde. Dies Stück ist ganz gegen den Kleon gerichtet, nicht, wie die Babylonier und später die Wespen, gegen einzelne Mafsregeln seiner Politik,

---

[1]) *Eben dafür entscheidet sich auch neuerdings Th. Kock, de Philonide et Callistrato, Guben 1855. p. 4.

sondern gegen die ganze Art seiner Demagogie. Es gehörte ein gewifser Mut dazu auch unter dem Schutze der bakchantischen Festlust einen Volksführer anzugreifen, der, mächtig durch das ganze Prinzip seiner Politik, die materiellen Interessen und den unmittelbaren Vorteil der grofsen Volksmasse vor allem zu fördern, noch furchtbarer geworden war durch den Terrorismus der Mittel, womit er seine Absichten durchsetzte, die Verdächtigung aller ihm feindlichen Bürger als verkappter Aristokraten, die schlimmen Staatsprozesse, die er ihnen an den Hals warf und bei seinem Einflufs auf die Richterkollegien leicht zu seinem Vorteil wenden konnte, die furchtbare Strenge, mit welcher er die Athener in der Volksversammlung und den Gerichten bewog alle der Herrschaft des Demos feindlichen Bewegungen daniederzuhalten und von der die von ihm beantragte Niedermetzelung der Mitylenäer das eklatanteste Beispiel ist. Überdies war gerade in der Zeit, da Aristophanes seine Ritter dichtete, Kleons Ansehen auf den höchsten Gipfel gestiegen, da die Laune des Schicksals die leichtfertige Rodomontade des Demagogen, dafs es ihm ein geringes sein würde die Sparter auf Sphakteria zu fangen[1]), in Wahrheit verwandelt hatte; der Triumph diese gefürchteten Helden gefangen zu nehmen, um den die trefflichsten Feldherrn umsonst gerungen, war dem unkriegerischen Kleon wie eine überreife Frucht in den Schofs gefallen (im Sommer des Jahres 425). Dafs es wirklich ein kühner Streich war in dieser Zeit diesen gewaltigen Demagogen anzugreifen, mufs man auch aus der Nachricht entnehmen, dafs niemand dem Dichter die Maske des Kleon machen[2]) und noch weniger in der Rolle des Kleon auftreten wollte, daher Aristophanes sie selbst übernahm.

Die Ritter sind leicht das hitzigste, grimmigste Geschöpf der Aristophanischen Muse, dasjenige, das am meisten von Archilochischer Bitterkeit, am wenigsten von dem harmlosen Mutwillen, der schwärmenden Lustigkeit der Dionysien hat. Die Komödie geht hier fast über ihre Grenzen hinaus, sie wird fast zu einem Kampfplatze politischer Athleten, die auf Tod und Leben mit einander faustkämpfen, in die heftigste Parteierbit-

---

[1]) [Thukydides 4, 28, 4.]
[2]) Aristoph. Ritter 231. Vgl. oben Kap. 27, S. 14.

terung mischt sich auch ein deutlicher Zug persönlicher Gereiztheit, den die gerichtliche Verfolgung des Dichters der Babylonier verschuldet hatte. Das Stück sticht insofern merkwürdig von den Acharnern ab; recht als wenn der Dichter habe zeigen wollen, daſs die bunte Mannigfaltigkeit burlesker Scenen nicht notwendig zu seiner Komödie gehöre und er auch mit den einfachsten Mitteln Gewaltiges vollbringen könne: und gewiſs hatten die Ritter für das damalige mit allen Bezügen und Winken des Komikers völlig bekannte Publikum leicht noch ein gröſseres Interesse als die Acharner, wenn auch neuere jener Zeit fernstehende Leser sich einige Langeweile bei den gedehnten Scenen jenes Stückes nicht immer haben ableugnen können. Schon die Personenzahl ist gering und anspruchslos; ein ältlicher Herr des Hauses mit drei Sklaven, von denen einer, ein Paphlagonier, den Alten völlig beherrscht, auſserdem ein Wursthändler: dies ist das ganze Personal. Aber freilich ist der ältliche Herr der Demos von Athen, die Sklaven sind die athenischen Feldherrn Nikias und Demosthenes und der Paphlagonier ist Kleon, und nur der Wursthändler ist ein Gebilde des Dichters: ein roher, ganz ungebildeter, unverschämter Mensch aus der Hefe des Volkes, der dem Kleon entgegengestellt wird, um durch seine Frechheit die des Kleon zu übertrumpfen und den furchtbaren Demagogen auf diese einzig mögliche Weise aus dem Felde zu schlagen. Auch der Chor hat nichts phantastisch-groteskes, sondern besteht aus den Rittern des Staats[1]), d. h. aus Bürgern, welche nach der noch bestehenden Solonischen Klasseneinteilung die Schatzung der Ritter zahlten und zugleich immer noch der Mehrzahl nach als Reiter im Kriege dienten[2]): Bürgern, welche als der zahlreichste Teil des wohlhabendern, besser erzogenen Standes gegen

---

[1]) Aber schwerlich aus wirklichen Rittern, so daſs hier Wirklichkeit und Schauspiel eins gewesen wären. Daſs keine Phyle, sondern der Staat die Kosten zu diesem Chor hergab (wenn δημοσίᾳ in der Didaskalie des Stücks so zu deuten ist, vgl. die Beispiele in Böckhs Staatshaushaltung Buch III, § 22 am Ende), begründet jenen Schluſs nicht.

[2]) Daſs Aristophanes die Ritter als einen Stand auffaſst, ist wohl nach ihrer bestimmten politischen Tendenz nicht zu bezweifeln; als Teil der athenischen Kriegsmacht, kraftvolle, rossetummelnde Jünglinge, in stattlicher Waffentracht, beschreibt er sie sehr viel.

Kleon, der sich an die Spitze der grofsen Menge, der Handwerker und Ärmern, gestellt hatte, eine entschiedene Antipathie haben mufsten. Man sieht, dafs in diesem Stücke Aristophanes alles Gewicht auf die politische Tendenz legt und die komischen Erfindungen ihm hier mehr Form und Ausfchmückung als Inhalt und Hauptsache sind. Die Allegorie, die offenbar nur vorgenommen ist, um die Schärfe des Angriffs zu verhüllen, ist auch nur wie ein dünner Schleier herübergeworfen; nach Belieben des Dichters ist von den Angelegenheiten des Demos bald wie von einer kleinen Hauswirtschaft, bald wie von Staatssachen die Rede.

Das ganze Stück hat die Form eines Agon. Der Wursthändler, in welchem Orakel, welche dem schlafenden Paphlagonier geraubt sind, den siegreichen Gegner desfelben verkündet haben, mifst sich zuerst mit ihm in Unverschämtheit und Frechheit, wobei vorausgesetzt wird, dafs unter allen zur Demagogie nötigen Eigenschaften dies die allerwesentlichste sei. Der Wursthändler erzählt, dafs, da er als Knabe ein Stück Fleisch gestohlen und den Diebstahl kecklich abgeschworen, ein Staatsmann über ihn das grofse Wort gesprochen: dafs das Volk sich einst noch seiner Leitung anvertrauen werde. Nach der Parabase beginnt der Wettkampf von neuem; die Rivale, die inzwischen sich dem Rate wetteifernd beliebt zu machen gesucht haben, treten vor den Demos selbst, der sich auf der Pnyx niedergelassen, und bewerben sich um die Gunst des kindischen Alten. Scherzhafte Erfindungen, wie wenn der Wursthändler dem Demos ein Kissen unterlegt, damit der, welcher bei Salamis am Ruder gesessen, sich nicht drücke [1]), laufen hier mit sehr ernsthaften Vorwürfen, welche die ganze Politik des Kleon treffen, Hand in Hand. Zuletzt dreht sich dieser Kampf um die Orakel, auf die sich Kleon vor dem Volke zu berufen pflegte (man weifs auch aus Thukydides [2]), welchen Einflufs durch den ganzen peloponnesischen Krieg Orakel und Weisfagefprüche angeblich uralter Propheten auf die Stimmung des grofsen Haufens hatten); auch hier überbietet der Wursthändler seinen Rival durch Verkündigungen, die

---

[1]) ἵνα μὴ τρίβῃς τὴν ἐν Σαλαμῖνι, V. 785.
[2]) Thukydides 2, 54. 8, 1.

dem Volke die gröfste Behaglichkeit, seinem gegenwärtigen Führer aber Verderben anzeigen. Zur heiteren Nachkost dieser weitausgesponnenen Verhandlungen folgt noch eine für Auge und Ohr gleich ergötzliche Scene; der Paphlagonier und Wursthändler sitzen als Garköche (κάπηλοι) vor zwei Tischen, auf denen Körbe mit Efswaren stehen, und langen bald dies bald jenes heraus, was sie dem Demos unter spafshaften Anpreisungen bringen [1]); es versteht sich, dafs auch hier der Wursthändler den Demos besser zu verpflegen weifs. Nach einer zweiten Parabase erblickt man den Demos, den der Wursthändler in seinem Kessel neu aufgekocht, wie Medea den alten Äson — in jugendlicher Schönheit, in altfränkisch zierlichem Putz, von Frieden und Behagen glänzend und in neugewonnener Geisteskraft der früheren Thorheiten sich herzlich schämend.

Im darauf folgenden Jahre finden wir Aristophanes nach einem neuen Prozefs, mit welchem ihn Kleon in die Enge trieb [2]), mit seiner Komik in ganz andern Regionen, indem er die Wolken aufführte: ein Stück, mit dem er sich selbst bewufst war, einen ganz neuen, eigentümlichen Flug zu nehmen. Das Publikum und die Kampfrichter urteilten indes anders; nicht Aristophanes, sondern der alte Kratinos bekam diesmal den Preis. Der junge Dichter, der über eine solche Zurücksetzung schon hinaus zu sein glaubte, machte dem Publikum darüber in seinem nächsten Stücke heftige Vorwürfe; doch liefs er sich dennoch dadurch bestimmen, sein Stück umzuarbeiten und diese von der ersten Gestalt sehr abweichende Umarbeitung ist es, welche auf uns gekommen ist [3]).

---

[1]) Diese doppelte Garküche wird durch ein Ekkyklema vorgestellt; wie man aus dem Schlusse der Scene deutlich sieht. [Vgl. O. Müller kl. Schrift. B. 1. S. 537 f.]

[2]) S. Wespen V. 1284. Nach der Vita Aristoph. hat der Dichter drei Prozesse wegen seines Bürgerrechts von Kleon bestehen müssen.

[3]) Die »ersten Wolken« hatten nach bestimmter Überlieferung eine andere Parabase, sie hatten nicht den Streit des δίκαιος und ἄδικος λόγος, nicht die Verbrennung des Studierhauses am Schlusse. Auch ist nach Diog. Laert. 2, 18 (aller Konfusionen ungeachtet, die dort gemacht werden) wahrscheinlich, dafs Sokrates in den ersten Wolken mit Euripides in Verbindung gebracht und ihm ein Anteil an dessen Komödien zugeschrieben wurde.

Achtundzwanzigstes Kapitel.

Es gibt kaum ein Schriftwerk des Altertums, dessen Beurteilung so mifslich ist, wie die von Aristophanes Wolken. War Sokrates wirklich, etwa auch nur in seiner früheren Zeit, der phantastische Träumer und zugleich der gewissenlose Sophist, als der er in diesem Stücke erscheint? Und wenn er es gewifs nie gewesen ist, ist dann nicht Aristophanes ein gemeiner Lästerer, ein Possenreifser, der in seiner Satyrlaune auch das Edelste zu beschmutzen sich erfrecht? Wo bleibt seine ernsthafte Verheifsung, nie das Gerechte zum Zielpunkt seines komödischen Spasses zu machen?

Es mufs einen Weg geben und es gibt einen solchen Aristophanes Charakter, wie er uns in allen seinen Dichtungen entgegentritt, auch in dieser feindlichen Begegnung mit dem edelsten Weisen zu retten: nur dafs man nicht etwa versuchen darf, wie freilich auch in neuerer Zeit geschehen, den Aristophanes selbst zu einem tiefdenkenden, dem Sokrates überlegenen Weisen zu machen, sondern sich begnügen mufs in ihm auch bei dieser Gelegenheit den wackern Patrioten, den wohlmeinenden Bürger Athens, der das Heil seiner Vaterstadt, wie er es versteht, auf alle Weise zu befördern sucht, wiederzuerkennen.

Da das Stück überhaupt gegen die neue Erziehung gerichtet ist, mufs man sich zu allererst deutlich machen, was alles dazu gehörte. Die schulmäfsige Erziehung der Griechen war bis auf die Perserkriege herab auf wenige Dinge beschränkt gewesen; man schickte die Knaben vom siebenten Jahre an in die Schulen des Lesens und Schreibens, des Kitharspiels und Gesanges, drittens der Gymnastik [1]). Die Werke der Dichter, insbesondere Homer als Grundlage aller griechischen Bildung, gottesdienstliche und sittenveredelnde Lieder der Lyriker und ein züchtiges, anständigfreies Betragen sollten in diesen Schulen mit jenen Fertigkeiten

---

*Gegenbemerkungen s. bei Fr. Ritter in seiner Recension dieses Werkes zu d. St. [Nach dem was in der Hypothesis VI gesagt wird, sind die vorhandenen Wolken eine Überarbeitung, die aber nie zur Aufführung gelangt ist. Von dem späteren Vorhandensein der ersteren Fassung gibt es keine erweislich sichere Spur.]

[1]) ἐς γραμματιστοῦ, ἐς κιθαριστοῦ, ἐς παιδοτρίβου. [Ausführlich ist von der Stufenfolge im Bildungsgange der attischen Jugend die Rede in Platons Protagoras p. 325, c. folg. Vgl. C. F. Hermann Privatalt. § 33 ff.]

zusammen der Jugend eingeprägt werden. Dieser Unterricht hörte vor der Zeit der reiferen Jugend auf; für diese gab es keine andern Bildungsmittel als den Umgang mit reifen Männern und das Anhören der Gespräche in Hallen und auf Märkten, die bei den Griechen einen so bedeutenden Teil des Tages ausfüllten, die Teilnahme am öffentlichen Leben, die mit den Festen verbundenen Wettkämpfe, die so viele Geisteswerke zur allgemeinen Kunde brachten, und, was das körperliche Leben anlangt, das Besuchen der auf öffentliche Kosten unterhaltenen Gymnasien. So war es bis zum persischen Kriege; und darin machte auch die ältere Philosophie so wenig Unterschied, wie die Historiographie, indem niemand bei einem Heraklit oder Pythagoras Jugendbildung suchte, sondern, wer sich ihnen anschloſs, es für sein ganzes Leben that. Mit den Perserkriegen aber that sich, nach einer wichtigen Bemerkung des Aristoteles [1]), ein ganz neuer Drang nach Kenntnissen und Bildung bei den Griechen hervor; und es bildeten sich Unterrichtsgegenstände, die bald auf den ganzen Geist und Charakter der Nation den gröſsten Einfluſs übten. Die Kunst zu reden, welche bis dahin nur das Leben mit seinen praktischen Antrieben geübt hatte, wurde jetzt zu einem Gegenstande schulmäſsigen Unterrichts erhoben, in Verbindung mit allerlei Kenntnissen, Begriffen und Ansichten, wie sie dem Zwecke Menschen durch die Rede zu beherrschen angemessen schienen. Dies zusammen bildet die Erscheinung der Sophistik, die wir unten näher in Betracht ziehen wollen: eine Erscheinung, die auf griechische Bildung und Sitte mächtiger gewirkt, als irgend eine andere in damaliger Zeit. Wie viel nun schon in dem Prinzipe der Sophistik einen Athener von Aristophanes Gesinnung aufbringen und zum Kampfe reizen muſste, ist klar: ihm muſste diese neue, auf alle Vorteile erpichte Redekunst, zumal auf den Boden der Volksherrschaft und Volksgerichtsbarkeit Athens übertragen, als ein sehr gefährliches Mittel in den Händen ehrgeiziger und egoistischer Volksführer erscheinen; er übersah mit einem Blicke, wie auch die Grundpfeiler alter guter Sitte, auf denen ihm Athens Heil zu beruhen schien, von dem Strome einer Rede, die alles zu ihrem Vorteil

---

[1]) Aristot. Polit. 8, 6.

zu drehen weifs, unterwühlt zusammensinken mufsten. Und so ist es das ganze Geschlecht der kunstmäfsigen Redner und freidenkerischen Räsonneurs, das er immer von neuem angreift und mit dem er es namentlich in den Wolken zu thun hat [1]).

Den eigentlichen Zweck dieses Stücks gibt der Dichter selbst in der Parabase der im folgenden Jahre gedichteten Wespen an: er habe die Unholde angegriffen, die wie der Alp Väter und Grofsväter im Schlafe quälten, indem sie unerfahrene und harmlose Leute mit Prozessen und Kniffen aller Art überfielen [2]). Man sieht, dafs hier nicht die Lehrer der Rhetorik selbst, sondern die jungen Leute gemeint sind, welche die in den Schulen der Rhetorik erlernte Kunstfertigkeit dann zum Verderben ihrer Mitbürger brauchen. Darauf beruht auch der ganze Plan des Dramas, in welchem ein alter Athener, der von Schuldklagen bedrängt wird, erst selbst sich bemüht, die Kniffe und Pfiffe der neuen Redekunst zu lernen, und da er dafür schon zu steif und ungelenk befunden wird, seinen jugendlichen Sohn, der bisher sich der edelmännischen Lebensweise eines vornehmen Kavaliers befleifsigt, in diese Schule schickt. Die Folge ist, dafs der Sohn, eingeweiht in die ganze neue Freidenkerei, sie gegen seinen eignen Vater anwendet und ihn nicht blofs schlägt, sondern auch gleich den Beweis führt, dafs er ihn mit Recht schlage. Dafs nun aber Aristophanes zu dieser Schule der neumodischen Redekunst gerade die Sokratische nahm, kann keinen andern Grund haben, als dafs er den Sokrates mit den Sophisten, wie Gorgias und Protagoras, ganz in einen Topf warf und dabei den athenischen Mitbürger lieber zur Zielscheibe seiner Witze nahm, als seine ausländischen, Athen nur auf kurze Zeit besuchenden Kollegen. Dafs Aristophanes dabei fehlgegriffen, kann niemand leugnen. Man mag immer zugeben, dafs der jugendliche Sokrates noch nicht mit solcher Sicherheit auf der Bahn vorgeschritten sei, auf der wir ihn bei Xenophon und Plato wandeln sehen, dafs er namentlich noch an den Spekulationen der Ionier über das Weltgebäude [3]) mehr Teil

---

[1])* Vgl. auch F. Ranke de nubibus Aristoph. Berlin 1844.
[2]) [V. 1036 ff.] Vgl. zur Erläut. auch Acharner 713. Vögel 1347. Frösche 147.
[3]) τὰ μετέωρα.

genommen, als er später that, daſs gewiſse schwärmerische Elemente eingemischt und von der Sokratischen Dialektik noch nicht verzehrt und ausgesondert gewesen: aber, was die Hauptsache ist, so ist es ganz undenkbar, daſs Sokrates jemals eine Schule der Redekunst gehalten haben könne, in welcher gelehrt worden sei (wie es den Sophisten nachgesagt wurde), durch welche Künste die schlechte Sache über die gute den Sieg davon tragen könne [1]). Aber auch darin hat Aristophanes sich keine bewuſste Falschheit erlaubt; man sieht auch aus andern Stellen späterer Komödien [2]), daſs er den Sokrates für einen Redekünstler und Rabulisten hielt; er muſs, durch den Schein getäuscht, die Sokratische Dialektik, die Kunst die Wahrheit zu finden, gerade mit ihrem äffischen Gegenbilde verwechselt haben, der Sophistik als der Kunst den lügenden Schein der Wahrheit hervorzubringen. Daſs Aristophanes sich nicht genauer darum bekümmert, gereicht ihm unstreitig zum schweren Vorwurfe: aber wie häufig ereignet es sich im Leben, daſs auch wohlgesinnte Männer über die Richtungen und Bestrebungen, die ihnen fremd und widerwärtig sind, in Bausch und Bogen aburteilen [3]).

Das Stück der Wolken ist voll sinnreicher Erfindungen, wie der Chor der Wolken selbst, den Sokrates herbeibeschwört, das dunstige, luftige, leere Wesen der neuen Naturphilosophie ganz

---

[1]) Der ἥττων oder ἄδικος — und der κρείττων oder δίκαιος λόγος. Aristophanes macht, um beiden Redemanieren einen Gegenstand und Inhalt zu verschaffen, diesen zugleich zum Vertreter der alten einfachen und züchtigen Erziehung, jenen zum Helden der neuen üppigen und übermütigen Jugend.

[2]) S. Aristoph. Frösche 1491, vgl. Vögel 1555. Richtiger hat Eupolis den Sokrates wenigstens in seiner äuſseren Erscheinung geschildert. Bergk, de rel. com. Atticae, p. 353.

[3]) [Der von Grote und anderen in neuerer Zeit erhobene Widerspruch gegen denjenigen Gegensatz, in den wir Sokrates, nach Platos und Aristoteles Vorgang, zu den Sophisten zu stellen gewohnt sind, ist nur insofern berechtigt, als es sich um dasjenige handelt, was allerdings, besonders in Folge der sehr umfassenden Bedeutung, welche das Wort Sophist in damaliger Zeit und auch später noch hatte, dem Auftreten des Sokrates mit dem der Sophisten gemeinsam war und kann den von vornherein vorhandenen Unterschied nicht berühren.]

artig darstellt ¹). Eine Menge Volkswitze, wie sie überall dem gelehrten Stande sich anhängen und die angeblichen Subtilitäten und Grübeleien desselben verspotten, sind hier auf Sokrates Schule gehäuft und oft sehr komisch vorgetragen. Der ehrliche Strepsiades, dessen hausbackener Verstand und Mutterwitz von dem Erstaunen über die feinen Kniffe der Schulphilosophen ganz überwältigt wird, bis am Ende doch seine eigene Erfahrung ihn eines andern belehrt, ist eine durch und durch ergötzliche Figur. Aber bei alle dem kann das Stück doch die Mängel nicht verwinden, die aus der schiefen Grundansicht und oberflächlichen Auffassung des Sokrates entspringen — wenigstens für den nicht, der sich der Täuschung, in der Aristophanes befangen war, nicht selbst ganz hinzugeben vermag.

Das nächste Jahr (Ol. 89, 2, v. Chr. 422) brachte Aristophanes Wespen auf die Bühne. Die Wespen knüpfen sich so an die Wolken an, dafs man das Planmäfsige in der Durchführung gewisser Gedanken nicht verkennen kann. Die Wolken waren, besonders in ihrer ursprünglichen Gestalt, gegen die jungen Athener gerichtet, die als Ränkeschmiede und Zungendrescher vor Gericht den harmlosen, schlichten Bürgersmann von Athen zu Tode ängstigten. Die Wespen sind nun gegen die alten Athener gerichtet, die Tag für Tag als Geschworene in grofsen Massen zu Gericht safsen und durch den von Perikles eingeführten Richtersold für alle häuslichen Versäumnisse entschädigt, sich ganz der Entscheidung der Prozesse widmeten, welche der Gerichtszwang der Bundesgenossen und das Parteienwesen im Innern des Staats ins Unendliche vervielfältigt hatte: wobei sie einer gewissen mürrischen und grimmigen Gemütsart mehr als billig und zum grofsen Schaden der Angeklagten nachzugeben pflegten. Zwei Personen stehen sich in diesem Stücke entgegen, der alte **Philokleon**, der das Hauswesen seinem Sohn übergeben und sich ganz dem Richteramte gewidmet hat, wobei er den **Kleon**

---

¹) Dafs dieser Chor gegen das Ende seinen speziellen Charakter verliert und selbst Götterfurcht predigt, hat er mit dem Chore der Acharner und Wespen gemein, die am Ende auch mehr im allgemeinen Charakter des griechischen Chors, der für die Komödie und Tragödie im ganzen derselbe ist, als in der besondern Rolle, die ihnen zugeteilt ist, handeln.

als den Schutzpatron der grofsen Geschworenengerichte höchlich verehrt, und der Sohn Bdelykleon, der den Kleon und die ganze Richterwut verabscheut. Es ist merkwürdig, wie sehr der Verlauf des Handels zwischen diesen beiden Personen dem in den Wolken entspricht, worin man Aristophanes Absicht schwerlich verkennen kann dem einen Stücke das andere als Gegenstück zur Seite zu stellen. Die Ironie des Schicksals, welche der alte Strepsiades erfährt, indem eben das, was das höchste Ziel seiner Wünsche war, einen zungenfertigen, sophistisch durchgebildeten Sohn zu haben, bald zu seinem gröfsten Unheile ausschlägt, dieselbe Ironie trifft in den Wespen den jungen Bdelykleon, der alles daran setzt, seinen Vater von seiner Manie für die Gerichte zu heilen und ihn auch wirklich davon abbringt, teils dadurch, dafs er ihm ein kleines Privatdikasterion zu Hause errichtet, teils indem er ihm die Reize eines modischen, luxuriösen Lebens, wie es die vornehme Jugend von Athen liebte, annehmlich zu machen weifs, aber selbst diese Umwandlung bald bitter bereuen mufs, indem der Alte in seltsamer Mischung seiner altväterisch derben Manieren mit dem Luxus der neuen Zeit die Ausgelassenheit weit über die Grenzen hinaus treibt, die Bdelykleon dabei von ihm beobachtet haben wollte.

Unstreitig gehören die Wespen zu den vollkommensten Stücken des Aristophanes. Wie glücklich die Maske des Chors erfunden ist, haben wir schon früher bemerkt [1]. Derselbe Geist der heitersten Erfindung geht durch das ganze Stück. Das allerpossierlichste ist der Prozefs zweier Hunde, den Bdelykleon seinem Vater zur Genugthuung veranstaltet und in dem nicht blofs das ganze athenische Gerichtswesen gar lustig parodiert wird, sondern auch ein spezieller Rechtsstreit zwischen dem Demagogen Kleon und dem Feldherrn Laches in einem komischen Gegenbilde erscheint, das gewifs dem ernsthaftesten Zuschauer ein herzliches Lachen abgewinnen mufste [2].

---

[1] Kap. 27.
[2] Wir können A. W. von Schlegels Urteil, der dieses Stück den übrigen des Aristophanes nachsetzt, auf keinen Fall zu dem unsern machen und billigen ganz die warme Apologie von T. Mitchell in der Ausgabe der Wespen 1835, deren Zweck nur leider dem Herausgeber nicht gestattet hat, das Stück in seiner vollen Rundung hinzustellen.

Noch ein fünftes erhaltenes Stück knüpft sich an diese bis dahin ununterbrochene Reihe an, der Frieden, von dem eine neuerdings bekannt gewordene Didaskalie es sicher stellt, dafs er Ol. 89, 3, v. Chr. 421, an den grofsen Dionysien aufgeführt worden ist. Sonach ist dies Stück kurze Zeit vor der Abschliefsung des sogenannten Friedens des Nikias auf die Bühne gekommen, der den ersten Teil des peloponnesischen Krieges abschlofs und, wie man damals nicht anders dachte, diesem ganzen zerstörenden Kampfe der griechischen Staaten ein Ende machen sollte.

Der Frieden hat im Grunde mit den Acharnern gleichen Inhalt, nur dafs dort der Friede nur als Gegenstand der Wünsche eines einzelnen, hier als allgemeines Verlangen erscheint. In den Acharnern war der Chor gegen den Frieden, im Frieden besteht er aus Landleuten von Attika und Griechen aus allen Gegenden, die von Sehnsucht nach dem Frieden erfüllt sind. Man mufs indes gestehen, dafs die Acharner an dramatischem Interesse dem Frieden weit überlegen sind, in welchem es sehr an der Einheit einer durchgreifenden Handlung von komischer Kraft fehlt. Wie Trygäos auf einer ganz neuen Sorte von Pegasus, nämlich einem Mistkäfer, zum Himmel emporsteigt und hier unter viel Gefahren, trotz alles Wütens des Kriegsdämons, die Friedensgöttin nebst der Herbstwonne und Festlust [1]) herabholt, mufs allerdings ganz ergötzlich anzuschauen gewesen sein: aber die darauf folgende Akte der Friedensopfer und der Veranstaltungen zur Vermählung des Trygäos mit der Herbstwonne zerfallen in eine Menge einzelner Scenen ohne rechten Fortschritt der Handlung und ohne einen höheren Schwung der komischen Phantasie. Auch sucht Aristophanes das Gedehnte dieser Scenen allzusichtlich durch einige jener unflätigen Spässe zu verkürzen, die auf den Pöbel von Athen nie ihre Wirkung verfehlten: wie man überhaupt gestehen mufs, dafs der Dichter im Hinblick auf seine Gegner oft bessere Prinzipien in Betreff dieses Punktes ausspricht, als er in seinen Stücken selbst wahrgemacht hat [2]).

---

[1]) So werden wir 'Οπώρα und Θεωρία am besten übersetzen können.

[2]) Noch müssen wir bemerken, dafs es nach den alten Grammatikern Eratosthenes und Krates einen doppelten Frieden des Aristophanes gab; doch

Jetzt reifst die bis dahin ohne jährige Unterbrechung fortgeführte Kette Aristophanischer Lustspiele für uns auf einige Jahre ab; doch gewähren für diesen Verlust die im Jahre 414, Ol. 91, 2, aufgeführten **Vögel** einen vollen Ersatz. Wenn die Acharner die jugendliche Blüte der Aristophanischen Poesie bezeichnen, so erscheint sie in den Vögeln in der völlig entwickelten Pracht reicher Erfindungsgabe und einer Diktion, in der ein stolzer Flug der Phantasie sich mit dem derbsten Spafs und gemütlichsten Humor auf eine wunderbar schöne Weise vereinigt.

Die Vögel fallen in eine Periode der Macht und Herrschaft Athens, die an Ausdehnung und Glanz etwa nur mit der Zeit um 456, Ol. 81, 1, verglichen werden kann, ehe die Kriegsmacht Athens in Ägypten zu Grunde ging. Jetzt hatte Athen durch den sehr günstigen Frieden des Nikias seine Herrschaft über das Meer und die Küsten Kleinasiens und Thrakiens verstärkt, den Peloponnes im Innern durch eine geschickte Politik erschüttert, seine Einkünfte auf die gröfste Höhe gebracht, die sie überhaupt erstiegen, und endlich knüpfte sich an die unter so günstigen Auspizien begonnene sicilische Expedition die Aussicht, die athenische See- und Küstenherrschaft noch über die westlicheren Teile des mittelländischen Meeres auszudehnen. Wir kennen die damalige Stimmung des athenischen Volks durch Thukydides; die Athener liefsen sich von ihren Demagogen und Orakelern die glänzendsten Luftschlösser vorgaukeln [1]); nichts schien hinfort aufserhalb der Grenzen des Erreichbaren; man überliefs sich allgemein einem wahren Rausche überspannter Hoffnungen. Alkibiades mit seinem Leichtsinn, seinem Übermut und der wunderbaren Vereinigung sein berechnenden Verstandes mit der keckesten, zügellosesten Phantasie, war der Held der Zeit; aber auch da er durch den unglücklichen Hermokopiden-Prozefs

---

ist keine Spur vorhanden, dafs unser Stück nicht das im Jahre 421 gegebene sei. [In Bezug auf Eratosthenes ist diese Angabe dahin zu beschränken, dafs derselbe im Zweifel darüber war, ob es zwei verschiedene Ausgaben dieser Komödie gegeben, oder ob dasselbe Stück zweimal zur Aufführung gelangt und demnach in den Didaskalien zweimal genannt worden war. Vgl. p. 66 bei Dindorf, Poetae scenici.]

[1]) [8, 1.]

aus der Mitte der Athener geschieden war, dauerte die durch ihn beförderte Stimmung noch geraume Zeit fort.

In dieser Zeit dichtete Aristophanes seine Vögel [1]). Um dies Stück in seinem Zusammenhange mit den Zeitereignissen zu fassen und auf der andern Seite auch nicht mehr hineinzulegen, als darin liegen soll, ist es vor allem nötig die Handlung des Stücks recht scharf und bestimmt zu fassen. Zwei Athener, Peisthetäros und Euelpides, die man am richtigsten Beschwatzefreund und Hoffegut übersetzt, haben es satt mit dem unruhigen Leben in Athen und den vielen Prozessen und gehen in die weite Welt, um den Vogel Wiedehopf, den alten mythologischen Verwandten der Athener [2]), aufzusuchen. Auch finden sie ihn bald in einer Felsenöde, wo sich auf den Ruf des Wiedehopfs um sie das Heer der Vögel versammelt, das eine Zeitlang die Fremden aus dem Menschengeschlecht als Nationalfeinde behandeln will, aber sich am Ende auf Zureden des Wiedehopfs entschliefst sie anzuhören. Nun entwickelt Beschwatzefreund seine grofsartigen Ideen von uralter Herrschaft der Vögel, grofsen Rechten, die sie verloren, und wie sie dies alles durch Gründung einer grofsen Stadt für sämtliche Vögel wiedergewinnen müfsten: wobei man veranlafst wird an die Mafsregel der Fleckenvereinigung (συνοικισμός) zu denken, welche die athenischen Staatsmänner zur Hebung der Demokratie damals öfter, auch im Peloponnes, zur Anwendung gebracht hatten. Indes nun Beschwatzefreund alle die Feierlichkeiten vornimmt, die zur Gründung einer griechischen Stadt gehören, und das sich schnell zudrängende Volk von Opferpriestern, Hymnendichtern, Propheten, Landmessern, Generalinspektoren, Gesetzhändlern wegjagt — Scenen voll Spott über das Treiben der Athener in Kolonieen und Bundesgenossenstädten — beaufsichtigt Hoffegut den Bau dieser Luftstadt, dieses Wolkenkukkukheims (Νεφελοκοκκυγία), und bald

---

[1]) [Kurze Zeit vor die Aufführung der Vögel mufs das auf Vorschlag des Syrakosios angenommene Gesetz gefallen sein, welches verbot, wirkliche Personen auf die Bühne zu bringen. Vgl. den Scholiasten zu V. 1297. Die späteren Stücke machen dies wahrscheinlich.]

[2]) Da er ursprünglich der Thrakerkönig Tereus gewesen sein soll, der die Pandions-Tochter Prokne geheiratet hatte, die zur Nachtigall ward, während er selbst in einen Wiedehopf verwandelt wurde.

kommt ein Eilbote gerannt, der die Ausführung des großen
Baues durch die verschiedenen Vogelgeschlechter auf die lustigste
Weise beschreibt. Dem Beschwatzefreund kommt dies selbst wie
Lüge vor¹), und der Zuschauer wird auch sogleich gewahr, wie
Wolkenkukkukheim eine bloße Einbildung ist, indem die Götter-
botin Iris hereinfliegt und auf dem Wege vom Himmel zur Erde
nicht das geringste von der großen Zwingburg gewahr geworden
ist²). Desto mehr Anklang findet die Sache unter den Menschen,
von denen bald gar mancher Windbeutel herbeikommt, um an
der verheißenen Beflügelung teil zu nehmen, ohne daß Beschwatzefreund diese neuen Bürger für seine Stadt brauchen kann.
Da aber die Menschen den Göttern zu opfern aufhören, indem
sie bloß die Vögel verehren: so werden nun selbst die Götter
gezwungen in die allgemeine Täuschung einzugehen und mit
den Tollen zu rasen; es kommt ein Vertrag zustande, nach
welchem Zeus dem Beschwatzefreund selbst die Herrschaft über-
läßt; Beschwatzefreund weiß den Herakles als Gesandten durch
den Duft einiger Vögel zu fangen, die er als aristokratische
Meuterer festgenommen hat und sich braten läßt. Am Schlusse
erscheint Beschwatzefreund mit der Basileia als seiner prächtig
geschmückten Braut, den Blitz des Zeus schwingend, in einem
triumphierenden Hochzeitzuge, den der ganze Schwarm der Vögel
begleitet.

In dieser kurzen Skizze sind absichtlich alle Nebenpartieen,
so ergötzlich und glänzend sie auch sein mögen, übergangen,
um nur eine richtige Vorstellung von dem Ganzen des Stücks
zu gewähren. Man hat gerade bei diesem Stücke oft den Wald
vor Bäumen nicht gesehen und im einzelnen eine Bedeutung
gesucht, die mit dem Plane des Ganzen streitet. Athen selbst
kann unter der Wolkenkukuksburg unmöglich gemeint sein,
zumal da diese Stadt der Vögel als eine bloße Einbildung behandelt wird; auch bleiben die Vögel durch das ganze Stück

---

¹) V. 1167: ἴσα γὰρ ἀληθῶς φαίνεταί μοι ψεύδεσιν.

²) Auf der Bühne sieht man natürlich nichts von der neuen Stadt; diese
stellt durch das ganze Stück eine Felsen- und Waldgegend vor, mit der
Wohnung des Epops in der Mitte, die am Ende des Stücks zugleich als Küche
dient, wo die Vögel gebraten werden.

wirkliche Vögel, und wenn Aristophanes seine Landsleute unter dieser Maske verstanden hätte, würden die Eigenschaften der Athener auf eine ganz andere Weise an ihnen hervorgehoben sein [1]). Auch können unter den Auswanderern Beschwatzefreund und Hoffegut schwerlich bestimmte athenische Staatsmänner gemeint sein; herrschende Führer des Volks aus jener Zeit könnten sich unmöglich dem Gerichtswesen, der Gesetzfabrikation, der Sykophantie so feindselig zeigen, als es Peisthetäros thut. Aber Athener, echte Sprößlinge Athens, sind sie nach des Dichters eigener Erklärung, und es ist wohl klar, daß Aristophanes in den beiden Leuten, von denen einer ein pfiffiger Projektenmacher, ein unruhiger und höchst erfindsamer Kopf, der das Unsinnigste glaublich zu machen versteht, der andere aber ein ehrlicher, leichtgläubiger Narr ist, der mit treuherzigem Humor ganz auf die Tollheiten des andern eingeht, rechte Mustercharaktere damaliger Athener hat aufstellen wollen [2]). So ist also allerdings das ganze Stück eine Satire auf athenische Leichtfertigkeit und Leichtgläubigkeit, auf das Bauen von Luftschlössern und das träumende Erwarten eines Schlaraffenlebens [3]), dem sich das attische Volk in Masse hingab: aber diese Satire ist so allgemein gehalten, es ist so wenig von Zorn und Bitterkeit, so viel von phantastischem Humor darin, daß kein Stück einen angenehmeren, harmloseren Eindruck machen kann. Wir müssen darin unser Urteil ganz von dem der athenischen Kampfrichter trennen, welche die Ritter krönten, aber den Vögeln nur den zweiten Preis gaben; es scheint, daß sie die Gewalt des ingrimmigsten persönlichen Angriffs mehr zu schätzen wußten, als die schöpferische Fülle der komischen Erfindungsgabe.

---

[1]) Daß in Nephelokokkygia manche Einrichtung von Athen wiederkehrt, die Akropolis mit dem Dienste der Athena Polias, die pelasgischen Feste, beweist eben nichts, als daß die Athener, die den Plan dazu machen, dabei ihre einheimischen Namen anbringen, wie es bei Kolonieen zu geschehen pflegte.

[2]) Es ist wohl zu bemerken, daß Euelpides nur so lange auf der Bühne bleibt, bis der Plan der Nephelokokkygia gemacht ist; hernach kann ihn der Dichter nicht mehr brauchen.

[3]) [Dagegen Bernhardy gr. Litteratur. B. 2. 2. S. 659.]

Von dem Jahre 411, Ol. 92, 1, haben wir zwei Stücke des Aristophanes — wenn die bisherigen chronologischen Bestimmungen sicher sind, die Lysistrata und die Thesmophoriazusen. Die Lysistrata wird durch eine erhaltene Didaskalie diesem Jahre zugeeignet, in welchem nach dem unglücklichen Ausgange der sicilischen Expedition, der Besetzung von Dekeleia durch die Spartaner und dem Subsidientraktate derselben mit den Persern, der Krieg schwer auf den Athenern lastete. Zugleich war die Verfassung des Staats in ein Schwanken gekommen, das am Ende zur Oligarchie führte; das aus wenigen vornehmen Männern bestehende Kollegium der Probulen übte eine Oberaufsicht über alle Staatsangelegenheiten und wenige Monate nach der Aufführung der Thesmophoriazusen begann die Herrschaft der Vierhundert. Aristophanes, von Haus aus der friedliebenden Partei angehörend, die aus den wohlhabenden Landeigentümern bestand, gibt sich in einer solchen Zeit ganz seiner Sehnsucht nach dem Frieden hin, als wenn mit dem Frieden alle bürgerliche Ordnung und Eintracht wiederkehren müfste. In der Lysistrata erscheint diese Sehnsucht in ein Possenspiel eingekleidet, dem kaum ein anderes an Mutwillen und Ausgelassenheit gleichkommt; die Weiber sind es, die durch Verweigerung der ehelichen Pflichten ihre Männer am Ende zwingen sich unter einander zu vertragen: aber an der sorgfältigen Vermeidung einer bestimmten politischen Satire merkt man, wie schwankend damals alle Verhältnisse waren und wie wenig Aristophanes wufste, wohin er sich mit der Macht einer entschiedenen Parteigesinnung werfen sollte.

Noch mehr geht Aristophanes in dem ziemlich gleichzeitigen Stück [1]), den Thesmophoriazusen, der Politik aus dem Wege

---

[1]) Die Ansetzung der Thesmophoriazusen Ol. 92, 1, 411, beruht einerseits auf dem Verhältnis zur Andromeda des Euripides (s. Kap. 25), die ein Jahr älter war und nach dem Verhältnis zu den Fröschen (Schol. zu Arist. Fröschen 53) Ol. 91, 4, v. Chr. 412, gesetzt wird. Man könnte zwar die Andromeda nach dem Ausdrucke ὀγδόῳ ἔτει ebenfalls auch 413 und dann die Thesmophoriazusen 412 setzen: aber dagegen spricht andrerseits die deutliche Erwähnung der Niederlage des Charminos in einem Seegefecht (Thesmoph. 804); diese trifft nach Thukydides 8, 41, in den ersten Anfang des Jahres 411. Auf 410 kann man, ohne das Scholion Frösche 53 und einige

und vertieft sich in eine litterarische Kritik — wie sie ihm früher nur zu einem ausschmückenden Beiwerke diente — der er wieder ein gehöriges Maſs von unsaubern Spässen zur Ausstattung mitgibt. Euripides galt in Athen als Weiberhasser: eigentlich mit Unrecht, da in seinen Tragödien das reizbare, leidenschaftliche Gemüt des Weibes eben so oft den Impuls zu guten wie zu bösen Handlungen gibt. Doch hatte ihn einmal die allgemeine Meinung zum Misogyn gestempelt. Nun dreht sich das Stück um die Fiktion, daſs die Weiber bei der Feier der Thesmophorien, wobei sie völlig unter sich waren, gegen Euripides Rache sinnen und seinen Tod beschlieſsen wollen und Euripides sich durch jemanden, den die Weiber für eine ihres gleichen halten sollen, in dieser Versammlung vertreten lassen will. Der weichliche, weibische Agathon, der ihm zuerst einfällt — eine herrliche Gelegenheit Agathons Manier zu travestieren — will sich nicht dazu verstehen, sondern gibt nur das Kostüm her, um damit den alten Mnesilochos, Euripides Schwager und Freund, als Weib herauszuputzen. Auch führt Mnesilochos die Sache seines Schwagers sehr wacker, aber er wird denunciert, seiner Männlichkeit überführt und auf die Beschwerde der Weiber von einem skythischen Polizeiknecht festgehalten, bis Euripides, nachdem er umsonst versucht als tragischer Menelaos und Perseus diese neue Helena und Andromeda zu entführen, den Skythen durch materiellere Mittel von der Bewachung des Mnesilochos abzieht. — Der gröſste Spaſs in diesem ganzen Stücke ist wohl der, daſs Aristophanes, indem er die Miene annimmt den Euripides für seine Lästerungen gegen die Weiber zu züchtigen, dem

---

andere übereinstimmende Notizen in den Ravenna'schen Scholien zu den Thesmophoriazusen zu verwerfen, die Thesmophoriazusen nicht herabziehen: daher die Stelle V. 808 von den abgesetzten Ratsmitgliedern nicht auf die Verdrängung des Rats der Fünfhundert durch die Oligarchie der Vierhundert (Thukyd. 8, 69) gehen kann, die erst nach den Dionysischen Festen des Jahres 411 eintrat, sondern darauf, daſs die Buleuten des Jahres Ol. 91, 4, einen bedeutenden Teil ihrer Amtsthätigkeit an das Kollegium der Probulen abgeben muſsten (Thukyd. 8, 1). (*Für Ol. 92, 2, spricht neuerdings J. Richter, Aristophanisches, Berlin 1845, S. 10—13.) [Zu vergleichen ist das Programm von O. Müller, de Aristophanis Thesmophoriazusis et Euripidis Helena. Gotting. 1839.]

weiblichen Geschlecht um vieles ärger mitspielt, als es Euripides jemals gethan hat ¹).

Die litterarische Satire, welche in den letzten, trüben Zeiten des peloponnesischen Krieges den Aristophanes vorzugsweise beschäftigt zu haben scheint, tritt am vollendetsten in den Ol. 93, 3; 405 v. Chr., aufgeführten Fröschen auf, einem der ersten Meisterstücke, das die Muse der Komödie jemals einem ihrer Lieblinge eingegeben. Hier ist schon die zum Grunde liegende Erfindung herrlich und grandios; es mufs eine Freude gewesen sein einen so glücklichen Entwurf mit der von selbst zuströmenden Fülle komischer Erfindungen auszuschmücken. Dionysos, der Gott der dramatischen Bühne, der hier ganz als ein junger athenischer Fant behandelt wird, welcher sich für einen Kenner von Tragödien ausgibt, ist darüber unglücklich, dafs nach Euripides und Sophokles Tode eine grofse Öde auf der tragischen Bühne eingetreten, und beschliefst sich einen Tragiker aus der Unterwelt, am liebsten den Euripides, wieder heraufzuholen ²). Er läfst sich von Charon über den die Unterwelt begrenzenden Teich fahren, wobei er selbst nach dem lustigen Gequak der Sumpffrösche rudern mufs ³), und gelangt nach allerlei Fährlichkeiten bis dahin, wo der Chor der seligen Eingeweihten (d. h. derjenigen, die die Freiheit und Lust der Komödie auf die rechte Weise zu geniefsen wissen) seine Lieder singt und Tänze aufführt; doch mufs er noch mit seinem Knechte Xanthias an der Thür des Pluto manch lustiges Abenteuer bestehen, ehe er darin aufgenommen wird. Nun trifft es sich, dafs gerade in der Unter-

¹) [Die sogenannten zweiten Thesmophoriazusen scheinen nicht eine Überarbeitung, sondern eine Fortsetzung der ersten gewesen zu sein. Vgl. Athen. 1, 29, a. Sie hatten bereits wie der Schol. zu V. 299 angibt einen von der Καλλιγένεια, die als δαίμων περὶ τὴν Δήμητραν bezeichnet wird, gesprochenen Prolog.]

²) Am meisten sehnt er sich nach Euripides Andromeda, die auch den Abderiten so aufserordentlich gefiel. Lucian. quom. conscr. sit hist. 1. *Über die Bedeutung dieses Dionysos vgl. G. Stallbaum, de persona Bacchi in Ranis Aristophanis, Lips. 1839.

³) Die Frösche werden zwar von dem Chor gesungen, aber bleiben dabei unsichtbar (was ein Parachoregema genannt wird); wahrscheinlich waren die Choreuten in dem Hyposkenion (dem Raume unter der Bühne) aufgestellt und mit den Fahrenden, die sich in der Orchestra befanden, auf gleicher Höhe.

welt ein Streit sich entsponnen hat zwischen Äschylos, der bisher den tragischen Thron besessen, und dem neuangekommenen Euripides, der ihn für sich in Anspruch nimmt, und Dionysos bringt damit seinen Plan so in Verbindung, daſs er den Sieger dieses Kampfes in die Oberwelt mit sich nehmen will. Dieser Wettkampf ist nun ein eigenes Gemisch von Ernst und Scherz; er erstreckt sich über alle Teile der tragischen Kunst, über Inhalt und ethische Wirkung, Ausführung und Charakter der Rede, Prologe, Chorgesänge und Monodieen, und trifft sehr oft in komischer Weise den wesentlichen Punkt. Aber eben so gut erlaubt sich der Komiker die Ansicht, die er einmal bei sich festgestellt, daſs Äschylos wahre Kerngedanken, voll echten sittlichen Gefühls, aus tiefster Brust hervorhole, während Euripides durch sein feines spitzfindiges Räsonnement alles, worauf das Heil des Volkes beruhe, Glauben und sittliche Grundsätze, unsicher mache — er erlaubt sich diese seine Ansicht in kecken Bildern mehr hinzustellen als zu erweisen, wie wenn zuletzt die beiden Tragiker zu einer Wage treten und ihre Verse darauf werfen und Äschylos gewichtige Kraftworte nun die fein zugespitzten Gedanken des Euripides in die Höhe schnellen. In dieser Grundansicht aber hat Aristophanes gewiſs in so fern Recht, daſs jenes unmittelbare Gefühl, jenes natürliche Bewuſstsein des Rechten und Guten, wie es in Äschylos lebte, der kraftvollen Tüchtigkeit der Bürger und der öffentlichen Sittlichkeit der Bürger viel zuträglicher ist, als das Räsonnement, wie es im Euripides alles und jedes vor sein Forum zieht und schon dadurch gleichsam von dem zweifelhaften Ausgange eines Prozesses abhängig macht. Nur hat Aristophanes darin Unrecht, daſs er dem Euripides einen persönlichen Vorwurf aus einer Richtung macht, welche die ganze Zeit mit unwiderstehlicher Gewalt ergriffen hatte: die Komödie hätte die Macht haben müssen in das Rad der Zeit einzugreifen und das Triebwerk der geistigen Bewegung zurückzuschrauben, wenn sie das athenische Publikum wieder auf den Standpunkt zurückführen wollte, auf dem Äschylos ihm vollkommen genügte.

Merkwürdig sind die politischen Beziehungen, die neben dem litterarischen Inhalt in dieser Komödie an verschiedenen Stellen hervortreten. Aristophanes behauptet noch immer seine

Stellung gegen die leidenschaftlichen Demokraten, er greift den damals mächtigen Demagogen Kleophon an [1]), er empfiehlt in der Parabase dem Volke, wenn auch verdeckt, doch sehr deutlich, Frieden und Versöhnung mit den verfolgten Oligarchen zu stiften, die Athen in der Zeit der Vierhundert beherrscht hatten [2]): aber er erkennt an, dafs das Volk sich nicht mehr durch eigene Kraft und Klugheit vor dem drohenden Verderben retten könne, er empfiehlt ihm sich dem mächtigen Genius des Alkibiades — der doch wahrhaftig kein alter Athener nach Aristophanes Ideal war — zu schmiegen, in jenem merkwürdigen Rate, den er dem Äschylos in den Mund legt:

»Den jungen Löwen ziehe nimmer auf im Staat,
Hast du ihn auferzogen, folge seiner Art«[3]).

Ein Rat, der freilich zehn Jahre früher noch mehr an seinem Platze gewesen wäre.

Aristophanes ist der einzige der grofsen athenischen Dichter, der den peloponnesischen Krieg überlebte, in dessen Verlauf Sophokles und Euripides, Kratinos und Eupolis gestorben waren. Wir finden ihn wie eine fremdartige Erscheinung noch eine Reihe Jahre nach dem peloponnesischen Kriege als Dichter thätig. Seine Ekklesiazusen sind wahrscheinlich v. Chr. 392, Ol. 96, 4, auf die Bühne gebracht worden: ein toller Schwank, bei dem indes dasselbe politische Credo zum Grunde liegt, das Aristophanes nun schon seit dreifsig Jahren bekannte. Die Demokratie war damals mit allen ihren schlechten Seiten wieder hergestellt; das Geld des Staates wurde wieder für Privatinteressen verschwendet; der Demagog Agyrrhios fütterte das gemeine Volk mit hohem Solde für die Teilnahme an den Versammlungen; das Volk folgte ohne rechtes Vertrauen heute dem und morgen jenem Führer: in dieser Lage der Sachen beschliefsen nach Aristophanes Dichtung die Frauen den Staatshaushalt und die ganze

---

[1]) [Aus der Didaskalie der Frösche erfahren wir, dafs zugleich mit den Fröschen des Aristophanes der Komödiendichter Platon eine Komödie »Kleophon« auf die Bühne gebracht hatte, die den dritten Preis erhielt.]

[2])* Vgl. Meier, de Aristoph. Ranis comment. tertia. Halae 1852, p. XV. [Opuscula B. 1, S. 48 ff.]

[3]) [V. 1431 f.]

Regierung an sich zu nehmen und setzen es auch in Männerverkleidung in der Ekklesia durch, hauptsächlich, weil dies allein in Athen noch nicht versucht sei [1]) und man sich dabei der guten Hoffnung überläfst, dafs, nach einem alten Orakel, den Athenern auch das Tollste, was sie beschlössen, zum Heile gereichen müsse. Die Frauen richten dann ein treffliches Utopia ein, in dem alle Güter und Frauen gemeinsam sind und insbesondere für die Häfslichen beider Geschlechter trefflich gesorgt wird, eine Vorstellung, die hernach mit der ausgelassensten Laune in alle ihre närrischen Konsequenzen hinein verfolgt wird.

In dieser Verbindung eines ernsthaften Grundgedankens mit den kecksten Schöpfungen einer schwärmenden Phantasie sind die Ekklesiazusen mit den Stücken aus der blühendsten Zeit der attischen Komödie in eine Reihe zu stellen; dagegen zeigt die technische Einrichtung des Stücks unverkennbar den Einflufs der damaligen beengten und dürftigen Verhältnisse des Staates [2]). Der Chor ist offenbar höchst ökonomisch eingerichtet, seine Maske war leicht zu beschaffen, da er eben nichts als attische Frauen darstellt, die zuerst mit Bärten und Männermänteln auftreten; dabei bedurfte er nur geringe Einübung, da er nur wenig zu singen hat. Die ganze Parabase ist weggelassen und wird durch eine kurze Anrede ersetzt, durch welche der Chor vor seinem Abgange die Richter auffordert gerecht und unparteiisch zu richten.

Diese äufseren Abweichungen von dem ursprünglichen Plane der alten Komödie finden sich mit grofsen Veränderungen im Innern verbunden im Plutos und bilden den deutlichen Übergang zu der sogenannten mittleren Komödie [3]). Der Plutos,

---

[1]) Ekklesiaz. 456: ἰδοκει γὰρ τοῦτο μόνον ἐν τῇ πόλει οὔπω γεγενῆσθαι. [Schon diese Verse dürften hinreichen zum Beweise, dafs in den Ekklesiazusen keinerlei Anspielung weder auf die Ansichten die Plato in seinem Staate ausspricht, noch auch auf solche die den Gegenstand seiner mündlichen Vorträge bildeten, zu finden sind. Gegen das letztere läfst sich schon dies geltend machen, dafs Platos Lehrthätigkeit erst nach der Zeit der Aufführung des Stückes fällt.]

[2]) Die Choregieen fielen nicht aus, aber man suchte sie immer weniger kostspielig zu machen. S. Böckh, Staatshaushaltung der Athener Buch III. § 22.

[3]) [Zu vergleichen ist Platonius über die Komödie p. XXIV: τοιοῦτος οὖν ἐστιν ὁ τῆς μέσης κωμῳδίας τύπος, οἷός ἐστιν ὁ Αἰολοσίκων Ἀριστοφάνους καὶ

der uns noch erhalten ist, ist nicht der vom Dichter im Jahre 408 (Ol. 92, 4) auf die Bühne gebrachte[1]), sondern der zwanzig Jahre später, 388 (Ol. 97, 4), gegebene, das letzte Stück, das der alte Dichter selbst auf die Bühne brachte; denn zwei Stücke, die er hernach noch gedichtet hat, ließ er durch seinen Sohn Araros aufführen, den Kokalos und Äolosikon[2]). In dem erhaltenen Plutos reißt sich Aristophanes entschieden von den großen Staatsinteressen los; seine Satire ist in diesem Stücke teils allgemein menschlich, auf Unvollkommenheiten und Verkehrtheiten, die sich überall im Menschenleben finden, gerichtet, teils ganz persönlich, indem sie Individuen aus der Menge nach Laune aufgreift, um einem Spaße mehr Würze zu geben. Die zum Grunde liegende Erfindung paßt für alle Zeiten; der Reichtumsgott ist in seiner Blindheit in die Hände der schlechtesten Menschen geraten und dadurch selbst sehr heruntergekommen; ein guter, ehrlicher Bürger, Chremylos, sorgt für die Heilung seiner Blindheit und macht dadurch viel wackere Leute glücklich und viele schlechte brotlos. Aus der allgemeinen Haltung dieser Fabel folgt auch, daß die Personen den allgemeinen Charakter ihres Standes und Geschäftes haben, worin das Stück sich eben so sehr der Weise der mittleren Komödie annähert, wie in dem bescheideneren, minder anstößigen, aber auch minder genialen Charakter der Sprache. Dabei ist aber diese Veränderung keineswegs durchgängig, so daß etwa schon die neue Gattung ebenmäßig ausgebildet vor uns stände; stückweis fühlt man sich noch ganz vom Hauche der alten Komödie umweht, und man kann sich der traurigen Überzeugung nicht erwehren, daß der geniale Komiker die Blütezeit seiner Kunst überlebt und dadurch in seiner Kunst selbst unsicher und ungleich geworden war.

οἱ Ὀδυσσεῖς Κρατίνου καὶ πλεῖστα τῶν παλαιῶν δραμάτων οὔτε χορικὰ οὔτε παραβάσεις ἔχοντα. Unter dem Titel Plutos gab es auch eine Komödie des Epicharmos.]

[1]) [Nach dem Zeugnisse des Scholiasten zum Plutos V. 173.]

[2]) [Vgl. die Stellen bei Dindorf poetae scenici, Aristoph. Fragm. p. 192.]

Neunundzwanzigstes Kapitel.
Die übrigen Dichter der älteren, die mittlere und neuere Komödie.

Von Kratinos und Eupolis, von Pherekrates und Hermippos, von Telekleides und Platon und mehreren ihrer Mitbewerber um die Preise der Komödie haben wir eine Menge Namen einzelner Stücke und Anführungen von kurzen Stellen: einen wahren Schatz für eine unermüdliche Forschung in den Einzelnheiten des athenischen Staatswesens und Lebens, aber wenig Gewinn bietend für eine Darstellung, wie die unsere, die auf den Gehalt ganzer Werke und auf den unterschiedenen Charakter der Dichter ausgeht [1]).

Von Kratinos lehren Aristophanes, wenn auch kurze, doch prägnante Schilderungen mehr, als die sehr zerbröckelten Bruchstücke seiner Werke. Er war offenbar eine Natur ganz geschaffen für den wilden, lustigen Tanz des bakchischen Komos. In ihm sprach der Grundton der Komödie sich eben so kräftig und machtvoll aus, wie im Äschylos der der Tragödie. Er gab sich dem launig-phantastischen Spiele mit der vollen Kraft seines Geistes hin; die sprühenden Funken seines Witzes gingen von seiner von altathenischem Hochsinn flammenden Seele aus. Seine persönlichen Angriffe waren frei von jeder Scheu und Rücksicht. Aristophanes erschien gegen Kratinos feiner gebildet, gewandter in fertiger, schlagender Rede und nicht ohne einen bedeutenden Anflug von eben der sophistischen und Euripideischen Bildung, die er so systematisch bekämpfte. »Wer bist du, kam bei Kratinos vor, du haarspaltender Redner, du Sentenzenjäger, du kleiner Euripidaristophanes« [2]).

---

[1]) [Vgl. Fragmenta comicorum graec. von Meineke, Berlin 1839—57 und in neuer Bearbeitung comicorum atticorum fragmenta ed. Th. Kock, Leipzig 1880.]

[2])   Τίς δὲ σύ; (κομψός τις ἔροιτο θεατής)
   Ὑπολεπτολόγος, γνωμιδιώτης, εὐριπιδαριστοφανίζων.

[Schol. Plat. Apol. p. 330, Fragm. inc. 155 Meineke, der γνωμιδιώκτης liest.] Aristophanes Antwort ist oben Kap. 25 erwähnt.

Kratinos Dichtungen zeigen zum Teil schon durch die Namen seiner Chöre, wie mannigfache und kecke Erfindungen ihnen zum Grunde lagen. Er setzte nicht blofs einen Chor aus lauter Archilochos und Kleobulinen zusammen, d. h. aus schmähsüchtigen Spöttern und rätselliebenden Frauen; er führte auch Chirons und Ulyssesse in der Mehrzahl als Chor ein¹) und Panoptesse, d. h. Wesen, wie der Argos-Panoptes der Mythologie, die nach beiden Seiten Köpfe und unzählige Augen hatten²), worunter er nach einer sinnreichen und einleuchtenden Erklärung³) die Schüler eines damaligen spekulativen Philosophen, des Hippon, bezeichnete, denen im Himmel und auf Erden nichts verborgen blieb. Auch die Reichtümer (πλοῦτοι) und die Gesetze Athens (νόμοι) bildeten Chöre beim Kratinos, wie überhaupt die attische Komödie sich die Freiheit nahm, alles, was sie Lust hatte, zu personificieren⁴).

Am besten kennen wir den Gang eines Stückes von Kratinos, das in seine letzten Lebensjahre fällt und Pytine oder die Bouteille betitelt war. Kratinos hatte unleugbar in seinen späteren Jahren sich dem Weine übermäfsig ergeben, und Aristophanes und andere Komiker verspotteten ihn schon als einen blödsinnig gewordenen Alten, dessen Poesie im Weine völlig ertrunken sei⁵). Da raffte sich der alte Komiker noch einmal auf, und mit solchem Nachdruck und Glück, dafs er im Jahre 423, Ol. 89, 1, den Preis über alle seine Rivale, unter denen auch Aristophanes mit den Wolken war, davontrug. Dies Stück war die Pytine. Der Dichter machte sich mit grofsartiger Unbefangenheit selbst darin zum Gegenstand der Komödie. Die Komödie

---

¹) [Vgl. S. 58. Anm. 2.]
²) κρανία δισσὰ φορεῖν, ὀφθαλμοὶ δ' οὐκ ἀριθμητοί. [Hephaestio p. 18.]
³) Bergk, de reliquiis comoediae Atticae antiquae p. 162. [Vgl. den Schol. zu Aristophanes Wolken. V. 96.]
⁴) So waren Platons Ἑορταί und Νῖκαι, Krates Λῆροι und Τόλμαι gewifs vom Chore benannt.
⁵) [Charakteristisch ist für diese Trunkliebe der bei Athenäus 9, p. 382, d angeführte Vers, der wohl wie die folgenden auf das gleich anzuführende Stück pafst:

πιεῖν δὲ θάνατος οἶνον ἦν ὕδωρ ἐπῇ.

Übrigens soll Kratinos ein Alter von 97 Jahren erreicht haben.]

trat darin als echte Ehefrau des Kratinos, als das traute Weib seiner jüngern Tage, auf und beklagte sich bitter über die Vernachläſsigung, die ihr jetzt widerfahre, weil ihr Mann einem anderen Frauenzimmer, der Bouteille, allein anhange. Sie geht zum Archonten und bringt eine Klage wegen sträflicher Vernachläſsigung (κάκωσις) an; wenn der Mann nicht zur Pflicht zurückkehren wolle, verlangt sie die Scheidung von ihm. Die Folge ist, daſs der Dichter sich besinnt und die alte Liebe in seinem Herzen wieder erwacht, und am Ende erhob er sich in aller Kraft und Herrlichkeit seines poetischen Genius und trieb es gar so weit in dem Drama, daſs seine Freunde ihm den Mund verstopfen wollten, weil er sonst alles mit der Flut seiner Dichtungen und Verse überschwemmen würde [1]). In diesem Stücke scheint in der That Kratinos den Vorwurf nicht verdient zu haben, der ihm sonst gemacht wird, daſs er seine trefflichen Erfindungen nicht gehörig durchführe und gleichsam selbst zersprenge.

Schon in Kratinos Blütezeit traf ein Gesetz, durch welches die Freiheit des Spottes in der Komödie beschränkt wurde (Ol. 85, 1, 440 v. Chr.). Es ist sehr wahrscheinlich, daſs unter dem Zwange dieses Gesetzes, das aber nicht lange in Kraft blieb, die Ulyssesse (Ὀδυσσεῖς) des Kratinos aufgeführt wurden, von welchem Stücke die alten Litteratoren bemerkten [2]), daſs es dem Charakter der mittleren Komödie nahe käme; es hielt sich wahrscheinlich, ohne alle persönliche und besonders politische Satire, in dem Kreise allgemein menschlicher Verhältnisse, wozu der mythische Gegenstand — Odysseus beim Kyklopen Polyphem — leicht benutzt werden konnte.

Ein römischer Dichter, der seine Worte sehr sorgfältig zu wählen und mit einer besondern Prägnanz auszustatten pflegt [3]),

---

[1]) Cratini fragmenta coll. Runkel. p. 50. Meineke, Hist. crit. com. Graec. p. 51.

[2]) Platonius de comoedia p. VIII. Daſs das Stück eine Verspottung (διασυρμόν τινα) der Homerischen Odyssee enthalte, ist gewiſs nicht so zu nehmen, als wenn Kratinos den Homer habe kritisieren und lächerlich machen wollen.

[3]) Persius 1, 124. Auch die Vita Aristoph. [wo es heiſst: πικρότερον καὶ αἰσχρότερον Κρατίνου καὶ Εὐπόλιδος βλασφημούντων ἤ ἔδει] stimmt damit überein.

nennt den Kratinos den kühnen und neben ihm Eupolis den zornigen. Offenbar war ein heftiger Ingrimm gegen die einreifsenden Schlechtigkeiten und eine besondere Bitterkeit der Satire ein Hauptzug im Charakter des Eupolis, dem sonst eine reiche Erfindungsgabe nachgerühmt wird [1]). Er selbst schrieb sich grofsen Anteil an Aristophanes Rittern zu, der Komödie, in welcher die persönliche Satire am meisten vorwaltet [2]). Dagegen Aristophanes seinerseits behauptet, dafs Eupolis in seinem Marikas die Ritter nachgeahmt und durch schlechte Zusätze verdorben habe [3]). Wir wissen von diesem Marikas, welcher Ol. 89, 3, 421 v. Chr. aufgeführt wurde, so viel, dafs unter diesem Sklavennamen der Demagog Hyperbolos gemeint war, der Nachfolger des Kleon in der Volksgunst, der wie Kleon als ein Mensch ohne liberale Erziehung von gemeinster Gesinnung dargestellt wurde, der gute Nikias kam in dem Stücke namentlich als Zielpunkt seiner Ränke vor. Aber leicht das giftvollste Stück des Eupolis waren seine Baptä, die im Altertume oft erwähnt werden, doch so, dafs es nicht leicht ist eine klare Vorstellung von dem sehr eigentümlichen Drama zu gewinnen. Das wahrscheinlichste dünkt dem Verfasser dieses Buchs, dafs Eupolis Komödie gegen Alkibiades Genossenschaft (Hetairia) gerichtet war und zwar insbesondere gegen das eigene Gemisch von einer Ausgelassenheit, die den gewohnten Sitten Hohn sprach, und einer Frivolität, welche die väterlichen Religionen verachtete und sich dabei gern in das Gewand geheimer und fremdartiger Religionsübung hüllte. In dem Stücke traten Alkibiades und seine Kameraden unter dem Namen Baptä — der von einem mystischen Gebrauche des Eintauchens entnommen zu sein scheint [4]) — als

---

[1]) φαντασία, εὐφάντασος. Derselbe Grammatiker rühmt am Eupolis zugleich Schwung (ὑψηλός) und Anmut (ἐπίχαρις). Die letzte wird dort wohl zu sehr hervorgehoben.

[2]) [Der Scholiast zu Aristoph. Wolken 550 führt aus dessen Baptä die Verse an: κἀκεῖ νοῦς τοὺς Ἱππέας
συνεποίησα τῷ φαλακρῷ τούτῳ κἀδωρησάμην.
Vgl. Meineke, Fragm. com. t. 2, p. 577 ss.]

[3]) Aristoph. Wolken 553.

[4]) [Eine andere Erklärung, nämlich als τριχῶν πλάσται, molles, calamistrati, gibt mit Hinweis auf Synesius Encom. calvit. p. 85 Petav. Preller in der griech. Mythol. B. 1. S. 548.]

Verehrer einer barbarischen Gottheit, der thrakischen Kotys oder Kotytto, auf, deren wilden, mit betäubender Musik gefeierten Dienst sie als Deckmantel aller möglichen Ausschweifungen brauchten: Schilderungen, die nach Juvenals Nachbildung [1]) höchst kräftig und eindringend gewesen sein müssen.

Eupolis hatte zwei Stücke gedichtet, die offenbar in Beziehung auf einander standen und den politischen Zustand Athens, das eine nach innen, das andere nach aufsen, darstellten. Das eine waren die Demoi, in denen die Ortschaften Attikas, aus denen das ganze Volk bestand (δῆμοι), als Personen den Chor bildeten. In diesem Stücke stieg Myronides, ein ansehnlicher und hochgeachteter Feldherr und Staatsmann der Perikleischen Zeit, der den Perikles und die grofsen Männer jener Zeit überlebt hatte und nun in höherem Alter sich einsam unter einer entarteten Generation fühlte, in der Absicht Athen einen seiner alten Führer wiederzuholen in die Unterwelt hinab und holt den Solon, Miltiades, Aristeides und Perikles herauf [2]). Schilderungen dieser Männer, in denen der Respekt vor ihrer Gröfse sich mit manchem heiteren Scherze wohl vertrug, und auf der anderen Seite energische Darstellungen der gegenwärtigen Verwaisung Athens von tüchtigen Volks- und Heerführern waren dadurch aufs schönste motiviert. Es scheint nach einigen Bruchstücken, dafs es den alten Heroen schlecht auf der Oberwelt behagte und der Chor sie sehr bitten mufste doch den Staat und die Heere Athens nicht verweichlichten und üppigen Jünglingen zu überlassen; das Stück schlofs damit, dafs der Chor die wollenumwundenen Olivenstäbe (εἰρεσιῶναι), mit denen er die Geister der Unterwelt verehrt und sein Flehen nach heiligem Ritus unter-

---

[1]) Juvenal 2, 91. Vgl. Buttmann, Mythologus B. 2, S. 159—167. Meineke, Quaest. scen. Spec. 1, p. 44. Lobeck, Aglaophamus t. 2, p. 1008. Lucas, Eup. et Crat. p. 84. Fritzsche, Quaest. Aristoph. p. 201.

[2]) Dafs Myronides den Perikles heraufholt, geht deutlich aus der Vergleichung des Plutarch Perikl. 24 mit den Stellen bei Aristides, or. Platon. 2, t. 2. p. 300 Dind. und den Scholien t. 3, p. 672 (Raspe, de Eupolidis Δήμοις ac Πόλεσιν. Lips. 1832) hervor. Perikles fragt den Myronides, warum er ihn denn heraufhole, ob denn nicht Athen tüchtige Leute habe, ob nicht sein Sohn von der Aspasia ein grofser Staatsmann sei u. dgl. Daraus sieht man deutlich, dafs es Myronides war, der ihn heraufgeführt hatte.

stützt hatte, nach vollbrachtem Dienste ihnen weihte und sie wie Götter verherrlichte[1]). Die Poleis des Eupolis dagegen hatten die bundesgenössischen- oder vielmehr zinspflichtigen Städte Athens zum Chor[2]); die den Athenern immer treu gebliebene und darum besser behandelte Insel Chios stach darunter vorteilhaft hervor; Kyzikos in der Propontis schlofs den Reigen. Sonst läfst sich über den Zusammenhang des Stückes wenig ins klare bringen.

Unter den übrigen Komikern der Zeit läfst sich Krates am deutlichsten unterscheiden, eben weil er am meisten Abweichendes hatte. Krates war vom Schauspieler des Kratinos zum Dichter emporgestiegen, aber darum nichts weniger als ein Nachahmer des Kratinos. Er gab vielmehr das Feld, das Kratinos und die anderen Komiker zu ihrem Tummelplatze erkoren, die politische Satire, ganz auf, vielleicht weil er in seiner abhängigeren Lage nicht den Mut hatte die mächtigsten Demagogen von der Bühne herab zu bekämpfen, oder weil er die besten Lorbeeren sich hier schon vorweggenommen glaubte. Seine Virtuosität lag in der blofsen kunstreichen Anlage und Verflechtung seiner Stücke[3]); seine Stücke erregten durch den Zusammenhang der darin enthaltenen Geschichte Interesse. Darum sagt Aristophanes von ihm[1]), er habe die Athener mit wenigem Aufwand vortrefflich bewirtet und mit grofser Nüchternheit die sinnreichsten Erfindungen den Athenern zu geniefsen gegeben. Krates Stücke waren Sittengemälde, wie er z. B. den Trunkenbold zuerst auf die Bühne brachte[5]), so wie Pherekrates, der sich

---

[1]) [Dafs der Schlufs ein derartiger gewesen, ist blofse Vermutung.]
[2]) [Ähnlich in den Νῆσοι des Aristophanes.]
[3]) Arist. Poetik c. 5: τῶν δὲ Ἀθήνησι Κράτης πρῶτος ἦρξεν, ἀφέμενος τῆς ἰαμβικῆς ἰδέας, καθόλου λόγους ἢ μύθους ποιεῖν: d. h. von den athenischen Komikern fing Krates zuerst an, die persönliche Satire aufgebend, Erzählungen oder Dichtungen allgemeinen Inhalts zu machen.
[4]) Ritter 535. Vgl. Meineke, hist. crit. com. Graec. p. 60.
[5]) [Beim Anonym. de comoedia p. XXIX heifst es von Krates: πρῶτος μεθύοντας ἐν κωμῳδίᾳ προήγαγε, womit die Bemerkung bei Athenäus 10. p. 429, a zu verbinden ist: ἀγνοοῦσί τε οἱ λέγοντες πρῶτον Ἐπίχαρμον ἐπὶ τὴν σκηνὴν παραγαγεῖν μεθύοντα μεθ' ὃν Κράτητα ἐν Γείτοσι, die, abgesehen von ihrer sonstigen Richtigkeit, jedenfalls auf eine alte Quelle zurückgeht.]

wieder unter den attischen Komikern am meisten an Krates anschlofs¹), den Fresser mit kolossalen Zügen schilderte ²).

Krates wird von Aristoteles mit dem sicilischen Komiker Epicharm zusammengestellt und stand ohne Zweifel in einer näheren Verwandtschaft mit ihm als die übrigen attischen Komödiendichter ³). Dies wird die rechte Stelle sein, um von diesem berühmten Dichter zu reden, da es die historische Entwickelung des attischen Dramas zu sehr gestört haben würde, wenn wir die sicilische Komödie früher hätten berücksichtigen wollen. Die sicilische Komödie knüpft, wie wir schon früher bemerkten (Kap. 27), auch an die alten megarischen Possenspiele an, aber hat eine andere und eigentümliche Richtung genommen. Die megarischen Possenspiele selbst hatten gewifs nicht den politischen Charakter, den die attische Komödie so zeitig annahm⁴), und kultivierten dagegen eine Gattung des Spafses, die dem Aristophanischen Drama fremd ist, die lächerliche Nachahmung bestimmter Stände und Geschäfte im Menschenleben. Eine lebhafte, muntere Beobachtung des Betragens und der äufseren Manieren, welche mit bestimmten Ämtern und Beschäftigungen verbunden zu sein pflegten, liefs bald darin etwas Charakteristisches und oft auch etwas einseitig Beschränktes, der liberalen Bildung Fremdes, für andere Thätigkeit Ungelenkes darin wahrnehmen und öffnete so dem Spotte und Witze ein weites Feld. So brachte Mäson, ein alter megarischer Komödienspieler und Dichter ⁵), die Maske des Koches oder eines Küchendieners in

---

¹) Anonym. de comoedia p. XXIX. [ἐζήλωκε Κράτητα καὶ αὖ τοῦ μὲν λοιδορεῖν ἀπέστη, πράγματα δὲ εἰσηγούμενος κοινὰ ἠυδοκίμει, γενόμενος εὑρετικὸς μύθων.]

²) Auch hier war bereits Epicharm vorangegangen. Vgl. das bei Athenäus 10, p. 411, a, b angeführte Fragment, S. 223 bei Lorenz.]

³) Bergk, de rel. com. Att. p. 285.

⁴) [Dem scheint jedoch zu widersprechen, dafs unter den Gründen, welche die Megarer, nach der Angabe des Aristoteles Poetik K. 3 zur Unterstützung ihrer Ansprüche auf die Erfindung der Komödie anführten, gerade das Bestehen der Demokratie betont wird. Vgl. O. Müller, Dorier, B. 2, S. 344.]

⁵) Er lebte ohne Zweifel in der Zeit, wo neben der attischen Komödie eine megarische existierte, auf welche Ekphantides (vor Kratinos) und andere Dichter der alten Komödie als auf ein Possenspiel hinweisen. Derselben Zeit

stehenden Gebrauch; man nannte davon solche Leute in Athen
Mäsonen, ihre Späfse Mäsonische [1]). Solche Darstellungen hatten
ein bedeutendes Element von körperlicher Nachäffung und possier-
lichen Gesten, wie sie überhaupt die Dorier mehr geliebt zu
haben scheinen als die Athener; das Spiel der spartanischen
Deikelikten bestand blofs in einer Nachahmung gewisser
Charaktere aus dem gemeinen Leben, eines fremden Arztes z. B.,
durch gestikulierende Tanzbewegungen und die schlichte Rede
des gemeinen Lebens. Dafs diese Art von Komik durch die
dorischen Kolonieen auf Sicilien übergegangen, ist um so wahrscheinlicher, da wir gerade an den westlichen Grenzen der griechischen Welt eine solche Komik, die sich an stehenden Charakteren, die in immer wiederkehrenden Masken auftreten, erlustigt,
sehr verbreitet finden. Das oskische Spiel der Atellanen, das
auch aus Campanien zu den Römern überging, hatte diese
stehenden Masken zum eigentlichen Kennzeichen; und so weit
der Weg auch von den Doriern des Peloponnes bis zu den Oskern
von Atella zu sein scheint, so liegen doch in den Namen jener
Charaktermasken selbst deutliche Beweise eines griechischen Ein-
flusses [2]).

gehört der megarische Komiker Tolynos an. [Sowohl Mäson als Tolynos
dürften als Dichter zu beseitigen sein. Die Existenz des letzteren gründet sich
einzig und allein auf eine Stelle des Etymol. M. p. 761, 47, die verderbt erscheint, vgl. Meineke, Hist. comic. p. 38 und Lorenz, Epicharm S. 37. Was
den ersteren betrifft, so hat man ihn nur durch eine Reihe der willkürlichsten
Kombinationen zum Komödiendichter erhoben, so hauptsächlich Schneidewin,
de Maesone, comoedo Megarensi, in seinen Conjectanea critica, Gotting. 1839
p. 120 ss. Das einzige, was sicher scheint, ist, dafs unter diesem Namen eine
stehende Figur in der Komödie bezeichnet wurde. Vgl. von Wilamowitz
Möllendorf. über die megarische Komödie, im Hermes B. 9.]

[1]) Der Grammatiker Aristophanes von Byzanz bei Athenäus 14, p. 659, a
und Festus v. Mäson.

[2]) Zu den stehenden Masken der Atellanen gehören der Pappus, dessen
Namen offenbar der griechische πάππος ist und besonders an den Παππο-
σείληνος, den alten Führer der Satyren im Satyrdrama [blos bei Pollux 4, 142,
wo jedoch nur eine Handschrift Παπποσείληνος hat, die anderen ὁ πάππος
Σιλήνος], erinnert der Maccus, dessen Bedeutung durch das griechische
μακκοάν erklärt wird, auch der Simus (wenigstens in späterer Zeit, Sueton
Galba 13), wie besonders Satyren von ihren aufgestülpten Nasen heifsen. [Vgl.
Teuffel, Gesch. der römischen Litterat. § 9, 3.]

In Sicilien tritt die Komödie zuerst in **Selinus** auf, einer megarischen Kolonie. Hier lebte vor Epicharm — wie lange vor ihm, läfst sich nicht durch glaubwürdige Zeugnisse ermitteln — **Aristoxenos**, der Komödien im dorischen Dialekte dichtete. Man weifs nur sehr wenig von ihm; merkwürdig indes, dafs unter diesem wenigen ein Vers ist, mit welchem eine längere Invektive gegen die Weisfager beginnt [1]); er hat es offenbar auch mit den Thorheiten und Lächerlichkeiten ganzer Stände und Menschengattungen zu thun gehabt.

Die blühende Periode der sicilischen Komödie war die, in welcher **Phormis**, **Epicharmos** und dessen Sohn oder Schüler **Deinolochos** für die Bühne dichteten. Phormis wird als Freund des Gelon und Erzieher seiner Kinder genannt [2]); Epicharm war nach glaubwürdigen Nachrichten von Geburt ein Koer [3]), der mit dem koischen Tyrannen Kadmos, als dieser um Ol. 73 (v. Chr. 488) die Herrschaft über seine Insel niederlegte und nach Sicilien zog, eben dahin gekommen war und eine kurze

---

[1]) Bei Hephästion Encheir. p. 45. [Das über Aristoxenos Gesagte beruht auf höchst unsicherer Kombination. Bei Hephästion a. a. O. heifst es: Ἀριστόξενος δὲ ὁ Σελινούντιος Ἐπιχάρμου πρεσβύτερος ἐγένετο ποιητής, οὗ καὶ αὐτὸς Ἐπίχαρμος μνημονεύει ἐν Λόγῳ καὶ Λογίνᾳ·

οἱ τοὺς ἰάμβους καττὸν ἀρχαῖον τρόπον,

ὃν πρᾶτος εἰσηγήσαθ᾽ Ἀριστόξενος·

καὶ τούτου τοίνυν τοῦ Ἀριστοξένου μνημονεύεται τινα τούτῳ τῷ μέτρῳ γεγραμμένα·

τίς ἀλαζονίαν πλείσταν παρέχει τῶν ἀνθρώπων; τοὶ μάντεις.

Dazu bemerkt der Scholiast p. 180 Gaisf.: τετράμετρον δὲ καταληκτικόν, τὸ καλούμενον Ἀριστοφάνειον, ᾧ καὶ Ἀριστόξενος καὶ Ἐπίχαρμος καὶ Κρατῖνος ἐχρήσαντο. — Ist nun der von Epicharm genannte Aristoxenos identisch mit dem als Musiker zugleich mit Archilochos und Simonides dem Amorginer bei Georg Syncell. p. 213 genannten, die Eusebius u. Ol. 29 setzt (vgl. Cyrillus c. Julian. p. 12, c), so kann derselbe unmöglich Verfasser von Komödien gewesen sein, sondern er mufs als Iambendichter betrachtet werden.]

[2]) [Der Name lautet Φόρμις bei Aristoteles Poet. K. 5. Dagegen haben Themistius or. 27, p. 406 und Suidas Φόρμος und ebenso Athenäus 14, p. 652, a. Dafs der Dichter mit dem bei Pausanias 5, 27 erwähnten Mänalier Phormis, der sich als Feldherr unter Gelon und Hieron auszeichnete und prächtige Weihgeschenke in Olympia aufgestellt hatte, identisch gewesen, kann kaum als wahrscheinlich gelten. Vgl. O. Müller, Dorier, B. 2, S. 346.]

[3]) [Nur ein thörichter Einfall ist es natürlich, was bei Diomedes B. 3, S. 489 Keil erwähnt wird: sunt qui velint Epicharmum in Co insula exulantem primum hoc carmen frequentasse, et sic a Co comoediam dici.]

Zeit in dem sicilischen Megara wohnte ¹) — wo er sich wahrscheinlich zuerst dem Berufe eines komischen Dichters widmete. Als Megara Ol. 74, 1 oder 2 (v. Chr. 484. 483) von Gelon erobert und die Bevölkerung der Stadt nach Syrakus versetzt wurde, ging Epicharm ebenfalls nach Syrakus über, die Blütezeit seines Lebens und seiner Kunst trifft unter die Herrschaft des Hieron (Ol. 75, 3 bis 78', 2, v. Chr. 478—467). Schon diese chronologische Bestimmung läfst abnehmen, dafs die Richtung der Epicharmischen Komödie nicht politischer Art sein konnte; die Sicherheit und das Ansehen des Tyrannen vertrug sich schwerlich mit einer solchen Freiheit der Bühne. Es soll damit nicht in Abrede gestellt werden, dafs die grofsen Zeitereignisse, die Schicksale des Landes, in Epicharms Stücken berührt und vielleicht ausführlich geschildert wurden, wie wir in der That von mehreren Stücken bestimmt solche Zeitbeziehungen nachweisen können ²); aber die Epicharmische Komödie nahm nicht,

---

¹) [Lorenz, Leben und Schriften des Epicharmos, S. 46, hat offenbar unrecht, wenn er dem Verfasser, auf Grund der Worte bei Herodot 7, 164: (Κάδμος) μετὰ τῶν Σαμίων ἔσχε τε καὶ κατοίκησε Ζάγκλην, einen chronologischen Fehler zum Vorwurf macht. Weit besser bezeugt bei Herodot ist die auch von Stein aufgenommene Lesart παρὰ τῶν Σαμίων. Dagegen ist dasjenige, was Lorenz ebendaselbst hinsichtlich der Dauer des Aufenthaltes des Epicharmos in Megara bemerkt, unzweifelhaft richtig. Es kann derselbe unmöglich ein kurzer gewesen sein, da ja Aristoteles Poetik K. 3 den Dichter geradezu einen Megarer nennt, womit sich die Angabe bei Diogenes Laert. 8, 78: Ἐπίχαρμος Ἡλοθαλοῦς Κῶος .... τριμηναῖος δ' ὑπάρχων ἀνηνέχθη τῆς Σικελίας εἰς Μέγαρα, ἐντεῦθεν δ' εἰς Συρακούσας, ὥς φησι καὶ αὐτὸς ἐν τοῖς συγγράμμασι, füglich vereinigen läfst. Vgl. übrigens oben Kap. 27, S. 8, 9 f. Überhaupt mufs diejenige Überlieferung, welcher O. Müller, sowohl als früher schon in den Doriern B. 2, S. 345 f., im Anschlusse an Grysar, de Doriensium comoedia, den Vorzug gegeben hat, als die minder gut bezeugte betrachtet werden. Die chronologischen Schwierigkeiten fallen um so weniger ins Gewicht, als dem Epicharmos übereinstimmend ein sehr hohes Alter beigelegt wird. Nach Suidas wurde er über 90 Jahre alt, nach Pseudo-Lukian Macrob. 97.]

²) [Die obige Auffassung ist unstreitig richtiger, als die in den Doriern B. 2, S. 350 der 2. Ausgabe, wo davon die Rede ist, dafs die Komödie des Epicharmos auch politische Themata behandelte, wie die des Aristophanes. Mehr als gelegentliche Anspielungen, wie sie sich aus verschiedenen Andeutungen für die Stücke Ἁρπαγαί, Νᾶσοι und Πέρσαι ergeben, dürfen nicht angenommen werden. Vgl. Lorenz a. a. O. S. 171 f.]

wie die Aristophanische, Partei in den Kämpfen politischer Faktionen und Richtungen und suchte keinen bestimmten politischen Zustand von Syrakus als den glücklichen, den entgegengesetzten als elend und verderblich darzustellen. Epicharms Komödie hatte eine allgemein menschliche Tendenz; sie lachte und schalt über Thorheiten und Verkehrtheiten, die sich im geselligen Leben der Menschen auf gewissen Bildungsstufen überall einstellten. Epicharm hatte ein bedeutendes Element von jener anschaulichen Darstellung bestimmter Klassen von Personen aus dem gemeinen Leben; ein grofser Teil seiner Stücke scheinen Charakterstücke gewesen zu sein, wie der Bauer ('Αγρωστίνος), die Festgesandten (Θεαροί) ¹); bestimmt wird gemeldet, dafs Epicharm den Schmarotzer und den Trunkenbold (den Krates für die attische Komödie verarbeitete) zuerst auf die Bühne brachte ²). Epicharm hatte auch zuerst den Namen des Parasiten ³), der hernach so oft in griechischen und römischen Stücken erklungen ist; wohl mögen manche von den derben und lustigen Zügen, mit denen Plautus diese Sorte von Personen zu zeichnen pflegt, in ihrem ersten Entwurfe bis auf Epicharm hinaufgehen ⁴). Der syrakusische Dichter zeigte gewifs bei der Auffassung solcher Personen viel von dem Geschick, das dem dorischen Stamme vor andern griechischen eigen war, eine sorgfältige und scharfe Beobachtung der Menschen zusammenzudrängen in einzelne frappante Züge

---

¹) [Vgl. Dorier B. 2, S. 350. Diese Charakterschilderung bildete später einen wesentlichen Bestandteil der Mimen des syrakusanischen Dichters Sophron, wie dies schon aus einzelnen Titeln derselben hervorgeht. So z. B. 'Αγροιώτης, 'Αλιεῖς, Πενθερά u. s. w.]

²) [Athenäus 6, p. 235, e, 236, a. 10, p. 429, a.]

³) Im attischen Drama des Eupolis traten die Schmarotzer des reichen Kallias als κόλακες auf; aber schon, dafs sie den Chor bildeten, machte es unmöglich, dafs sie der eigentliche Gegenstand der komischen Satire gewesen wären. Erst Alexis, von der mittleren Komödie, brachte den Parasiten (unter diesem Namen) auf die Bühne. (Vgl. Meineke, Hist. crit. com. gr. p. 377 s. unten S. 70. Anm. 1.]

⁴) Der Name, den der Parasit in Plautus Stichus führt, Mikkotrogus, ist nicht attisch, sondern dorisch, und stammt also wohl von Epicharm her. [Eine unmittelbare Einwirkung des Epicharmos auf Plautus ist unwahrscheinlich, ungeachtet des bekannten Verses bei Horaz, Epistol. 2, 1, 58: Plautus ad exemplar Siculi properare Epicharmi. Vgl. Lorenz a. a. O. S. 211 ff.]

und körnige Ausdrücke, so dafs man den ganzen Menschen zu durchschauen glaubte, wenn er auch nur wenige Worte gesprochen. Aber mit diesem Geschick vereinte sich in Epicharm auf eine ganz eigentümliche Weise ein philosophisches Bestreben. Epicharm war ein ernster Mann von mannigfacher, tiefgeschöpfter Bildung; er gehörte von Haus aus zu der Schule der koischen Ärzte, die ihre Kunst von Äskulap herleiteten; er war von einem Schüler des Pythagoras, Arkesas, in dies eigentümliche System der Philosophie eingeweiht worden, und seine Komödien waren voll von philosophischen Erörterungen [1]); nicht blofs — wie man zunächst erwarten sollte — über Begriffe und Grundsätze der Moral, sondern auch über Punkte metaphysischer Art, Gott und die Welt, Leib und Seele; wo es freilich schwer zu begreifen ist, wie Epicharm diese spekulativen Diskurse in den Zusammenhang seiner Komödie einflocht. Genug, dafs man sieht, dafs Epicharm Mittel und Wege fand, um die Darstellung der Thorheiten und Lächerlichkeiten der damaligen Welt an die höchsten Erkenntnisse oder Ahnungen über die Natur der Dinge zu knüpfen: woraus man abnehmen kann, wie ganz verschieden seine Weise von der der attischen Komödie war.

---

[1]) Epicharm selbst sagt in einigen schönen Versen bei Diogenes Laert. 3, 1. § 17, dafs einst mit seinen Reden, in anderem Gewande, ohne Versmafs, ein Nachfolger von ihm alle andern Denker überwinden werde. [Bernhardy, griech. Litter. B. 2, 2, S. 531, hält diese Verse für gemacht und verdächtigt.] Es ist wohl sehr wahrscheinlich, dafs die philosophische Anthologie, die man unter dem Namen des Epicharm hatte und die Ennius in seinem Epicharmus (in trochäischen Tetrametern) nachbildete, ein eben solches Excerpt aus Epicharms Komödie war, wie die Gnomologie, die wir von Theognis haben, aus dessen Elegieen excerpiert ist. [Richtiger scheint die Annahme Vahlens, Ennianae poesis reliquiae, p. XCII, dafs Ennius den Namen defshalb wählte, weil Epicharmos in diesem Gedichte redend auftrat, und zwar als Vertreter Pythagoreischer Weisheit. Zu den berühmtesten und, wegen ihres philosophischen Inhalts, am häufigsten angeführten Versen des Epicharmos gehören die beiden folgenden:

νόος ὁρῇ καὶ νόος ἀκούει· τἆλλα κωφὰ καὶ τυφλά,

und

νᾶφε καὶ μέμνασ᾽ ἀπιστεῖν· ἄρθρα ταῦτα τᾶν φρενᾶν,

an deren Echtheit nicht zu zweifeln ist, wie von Wilamowitz-Möllendorf im Hermes B. 10, S. 345 gethan hat. Vgl. Bernays, im rhein. Mus. B. 8, S. 280.]

Mit dieser allgemein menschlichen und philosophischen Tendenz läfst sich auch die mythische Form sehr gut in Einklang bringen, welche ein grofser Teil der Epicharmischen Komödien hatte [1]). Mythische Personen haben jenes Allgemeingültige, Normale, von kleinen Zufälligkeiten Unabhängige in ihren Eigenschaften und Charakterzügen, woran sich die inneren Gründe und äufseren Folgen, die Symptome und Kriterien guter und schlechter Gemütszustände am allerbesten aufzeigen lassen. Wäre uns die dorische Komödie und was sich daran in der altattischen und besonders in der mittleren Komödie anschliefst erhalten, so würden wir an anschaulichen Darstellungen deutlich sehen können, was wir jetzt nur aus Titeln und kurzen Fragmenten erraten, dafs die Mythologie in dieser Behandlung für die Komik eben so ergiebig war, wie für die ideale Welt des tragischen Dramas. Natürlich mufste für die komische Behandlung das ganze Götter- und Heroenwesen in eine niedere Sphäre gezogen werden; die anthropomorphisierende Behandlung der Götter mufste gleichsam den letzten Schritt thun und das Leben derselben ganz nach der Weise der bürgerlichen und häuslichen Verhältnisse des gemeinen Mannes auffafsen und die gemeinsten Neigungen und Triebe an ihnen hervorheben. So war die unersättliche Efslust des Herakles ein Gegenstand, in dessen Schilderung Epicharm bedeutendes leistete [2]); in einem anderen Stücke [3]) wurde ein Hochzeitmahl unter den Göttern als das Höchste des ausgesuchtesten Luxus geschildert; ein drittes, Hephästos oder

---

[1]) Von 35 Titeln Epicharmischer Komödien, die sich erhalten haben, sind 17 von mythologischen Personen hergenommen. Grysar, de Doriensium comoedia p. 274. Vgl. Epicharmi fragm. coll. H. Polman Kruseman. Harlemi 1834. [Besser sind die Bruchstücke des Epicharmos seitdem bearbeitet von Ahrens, de dialecto Dorica und von Lorenz a. a. O.]

[2]) In seinem Busiris. [Vgl. O. Müller, Dorier, B. 2, S. 347, wo der Versuch gemacht wird, den Inhalt der erwähnten Stücke aus noch vorhandenen Kunstdenkmälern zu erläutern, wie denn die Darstellungen auf Vasenbildern überhaupt mit den Schilderungen der Komödie grofse Uebereinstimmung gezeigt zu haben scheinen. Über den Titel vgl. Meineke, Hist. com. gr. p. 351.]

[3]) In der Hochzeit der Hebe. [In zweiter Bearbeitung nach Athenäus 3. p. 110, b Μοῦσαι benannt.]

die Zechbrüder[1]), stellte den Streit des Feuergottes mit seiner Mutter Hera gewifs ganz als einen Familienzwist vor, der auf die lustigste Weise dadurch beendet wurde, dafs Bakchus den aufgebrachten Sohn, der in seinem Zorne den Olymp verlafsen, zu einem grofsen Zechgelage lud und, nachdem er ihn gehörig trunken gemacht, in einem rauschenden Triumphzuge nach dem Olymp zurückführte. Am anschaulichsten möchte sich immer noch der ganze Ton dieser mythologischen Komik aus den dahin einschlagenden Scenen in Aristophanes Stücken erkennen lassen; der Prometheus, der als der Unzufriedene und Intriguant im Olymp die Mittel angibt den Göttern die Herrschaft zu nehmen, und dann die Gesandtschaft der drei Götter, wobei Herakles über dem Bratenduft das Interesse der Götter vergifst und die Stimme des schlechtesten unter den dreien die Majorität bildet[2]), zeigen sehr deutlich, wie aus der Götterwelt sehr treffende Bilder für echt menschliche Situationen und Verhältnisse entnommen werden konnten. Auf jeden Fall sieht man daraus auch, wie die komische Behandlung der Mythologie sich von der im Satyrdrama herrschenden unterschied. Hier werden die Götter und Heroen in eine Klasse von Wesen hineingezogen, in denen ein sinnlich rohes Naturleben waltet; dort treten sie dagegen in ein soziales Leben, das mit allen den Mängeln und Krankheiten behaftet ist, wie eben das menschliche Dasein in der Geselligkeit[3]).

Die sicilische Komödie ging in ihrer kunstreichen Ausbildung der attischen um ein Menschenalter voraus, und doch ist der Übergang zu der sogenannten mittleren attischen Komödie leichter vom Epicharm als von Aristophanes, der sich selbst in dem Stücke, das dahin neigt, sehr unähnlich erscheint. Die mittlere Komödie blüht in Zeiten, in denen sich die Demokratie in Athen noch in unbeschränkter Freiheit bewegte; aber es scheint, dafs das Volk nicht mehr genug Selbstgefühl und

---

[1]) Ἥφαιστος ἢ Κωμασταί. [ἐν Κωμασταῖς ἢ ’Αφαίστῳ blofs bei Apollonius Dyscol. de pronom. p. 96, a Bekk., sonst einfach ἐν Κωμασταῖς.]
[2]) [Vögel V. 1494 ff.]
[3]) [Über die sicilische Komödie überhaupt, verweist der französische Übersetzer auf die Histoire de la comédie von Edelestand du Méril, S. 260 bis 285.]

Zuversicht zu seinem ganzen Thun und Treiben hatte, um sich, seine Führer und die geltenden Prinzipien der Staatsverwaltung von der Bühne verspotten und sich doch auch wieder darin nicht irre machen zu lassen. Der unglückliche Ausgang des peloponnesischen Krieges hatte die erste frische Kraft des athenischen Staates gebrochen, mit der Herstellung der Freiheit und Demokratie und selbst einer gewissen Seeherrschaft der Athener war die frühere Energie des öffentlichen Lebens noch nicht hergestellt; in allen Teilen des Staatswesens, der Finanzverwaltung, der Kriegführung, dem Gerichtswesen waren zu viel Mängel und Schwächen, die das attische Volk wohl einsah, aber zu bequem und genufssüchtig war, um sich ihrer ernsthaft zu entledigen; unter solchen Umständen wäre ein Spott wie der des Aristophanes, der nicht mehr blofs einzelne Schatten an einer glänzenden Erscheinung, sondern eine ganz verdunkelte Gestalt ohne alle Schonung hervorgezogen hätte, unerträglich gewesen, weil ihm alle Heiterkeit der Komödie gemangelt hätte. Die Komiker dieser Zeit nahmen daher jene allgemein menschliche Richtung, wie wir sie schon bei der megarischen Komödie und allem, was sich daran hängt, nachgewiesen haben, sie stellten lächerliche Thorheiten der verschiedenen Stände und Klassen der Gesellschaft dar [1]) und bildeten darin auch ganz die Rede des gemeinen Lebens nach, die überhaupt bei ihnen weit gleichförmiger herrschte als bei Aristophanes, ausgenommen wo sie durch parodische Nachbildungen der epischen und tragischen Poesie unterbrochen wurde [2]). Es fehlte auch diesen Schauspielen nicht ganz an der Würze persönlicher Satire, aber diese traf nicht mehr die Mächtigen, die Führer des Volks [3]), und wenn

---

[1]) Ein windbeutelnder Koch, eine Hauptrolle der mittleren Komödie, war schon die Hauptperson in Aristophanes Äolosikon. Welchen Einflufs die megarische und sicilische Komödie auf die Bildung stehender Charaktere hatte, sieht man daraus, dafs Pollux Onom. 4, § 146. 148. 150 unter den Masken der neuen Komödie den sicilischen Parasiten und den Küchendiener Mäson nennt (nach der Herstellung von Meineke, Hist. crit. com. Graec. p. 564, vgl. oben).

[2]) Daraus erklärt sich, dafs der Schol. zum Plut. 515, in dem epischen Tone der Stelle den Charakter der mittleren Komödie erkennt.

[3]) Dagegen erlaubten sich diese Komiker spöttische Darstellungen fremder Herrscher, wie der Dionysios des Eubulos gegen den sicilischen Tyrannen, der

sie sie traf, so doch nicht wegen ihres politischen Charakters und ihrer vom Volke gebilligten Mafsregeln: dagegen kultivierte die mittlere Komödie ein eigenes beschränktes Feld, das Feld litterarischer Parteiungen und Rivalitäten. Die Dichtungen der mittleren Komödie waren reich an Spöttereien über die Platonische Akademie, die neu auflebende Pythagoreische Schule, die Redner und Rhetoren der Zeit [1]), die tragischen und epischen Dichter, wobei sie auch in die Vergangenheit zurückgingen und selbst, was am Homer schwach und mangelhaft schien, ihrer Kritik unterwarfen. Diese Kritik war von ganz anderer Art, als die, welche Aristophanes gegen Sokrates ausübt und die ganz von den Forderungen des praktischen Lebens ausging; die Beurteilung der mittleren Komödie nahm litterarische Gesichtspunkte und liefs sich, nach einzelnen Proben zu urteilen, genau ein auf den eigentümlichen schriftstellerischen Charakter der kritisierten Männer [2]). Man sieht in dem Übergange aus der alten in die mittlere Komödie schon den grofsen Wendepunkt in der inneren Geschichte Athens herankommen, wo die Athener aus einem Volke von Staatsmännern eine Nation von Litteratoren wurden, wo statt der hellenischen Politik und der

---

Dionysalexandros des jüngeren Kratinos gegen Alexander von Pherä gerichtet war. [Vgl. Meineke, Hist. comic. gr. p. 513]. So verspottet auch später Menander den Dionysios, Tyrannen von Heraklea, Philemon den König Magas von Kyrene. [Aristoteles charakterisiert den Unterschied zwischen der alten und neueren, d. h. der die wir die mittlere nennen, Komödie in folgenden Worten, Ethic. Nicom. 4, 14: ἴδοι δ᾿ ἄν τις καὶ ἐκ τῶν κωμῳδιῶν τῶν παλαιῶν καὶ τῶν καινῶν τοῖς μὲν γὰρ ἦν γελοῖον ἡ αἰσχρολογία, τοῖς δὲ μᾶλλον ἡ ὑπόνοια, wo ὑπόνοια weniger, wie es Bernhardy gr. Litt. B. 2, 2. S. 683 thut, im Sinne von Parodie aufzufassen ist, sondern eher in dem von Allegorie.]

[1]) [Vgl. Antiphanes bei Athenäus 3, p. 99, 4, 134 b. Ein wesentlicher Unterschied mit der alten Komödie bestand darin, dafs die betreffenden Personen genannt aber nicht selbst auf die Bühne gebracht wurden. In der eine ziemlich schale Nachahmung einer bekannten Scene aus den Wolken des Aristophanes enthaltenden Schilderung des Dichters Epikrates bei Athenäus 2, p. 59 c. f. handelt es sich blos um einen Bericht über die Art, wie der Unterricht in der Akademie erteilt wird, nicht um die unmittelbare Darstellung.]

[2]) [Welch grofse Rolle diese Kritik in der mittleren Komödie spielte, geht daraus hervor, dafs nach dem Zeugnisse des Athenäus 11, p. 482, c ein Grammatiker Antiochus von Alexandria ein besonderes Werk περὶ τῶν ἐν τῇ μέσῃ κωμῳδίᾳ κωμῳδουμένων ποιητῶν verfafst hatte.]

Prozesse der Bundesgenossen sie die Echtheit der attischen Rede und den guten Geschmack in der Beredsamkeit richteten, wo nicht mehr der Antagonismus der politischen Ideen des Themistokles und Kimon, sondern der Kampf feindlicher Philosophen- und Rhetorenschulen alle Köpfe in Bewegung setzte. Dieser grofse Wechsel vollendet sich erst in der Zeit der Nachfolger Alexanders; aber die mittlere Komödie steht wie ein Wegweiser da, der deutlich nach dieser Strafse hinweist. Dafs auch hier die mythische Form häufig war[1]), hat dieselben Gründe, wie bei dem sicilischen Lustspiele; man. kleidete Charakterschilderungen allgemeiner Art in mythische Gestalten ein. Übrigens dürfen wir uns etwas Unsicheres und Schwankendes in unseren Vorstellungen von der mittleren Komödie nicht verbergen; der Grund davon liegt in der Beschaffenheit der mittleren Komödie selbst, die mehr eine Übergangsform als eine selbständige Gattung ist. Daher neben manchen Ähnlichkeiten mit der alten Komödie sich auch schon die Eigentümlichkeiten der neuen finden. Auch spricht Aristoteles immer nur von einer alten und neuen Komödie und scheidet also die mittlere nicht von der neuen[2]).

Die Dichter der mittleren Komödie sind ebenfalls sehr zahlreich; sie füllen den Zeitraum von Olymp. 100, v. Chr. 380, bis zur Herrschaft Alexanders. Zu den ältesten gehören Aristophanes Söhne **Araros** und **Philippos** und der sehr fruchtbare **Eubulos** (um Ol. 101, 376 v. Chr., blühend), dann folgt **Anaxandridas**, der zuerst Liebes- und Verführungsgeschichten in die Komödie eingeführt haben soll[3]) — so weist die mittlere Komödie wieder auf die neue hin und enthält die Keime zu deren Entwickelung — **Amphis**, **Anaxilaos**, die beide auch den Platon zur Zielscheibe ihres Witzes machten, der jüngere **Kratinos**, **Timokles**, der die Redner Demosthenes und Hy-

---

[1]) Eine lange Liste solcher mythischen Komödien gibt Meineke, Hist. crit. com. Graec. p. 283 sq.

[2]) [Vgl. S. 70. Anm. 1.]

[3]) Doch enthielt auch schon Aristophanes (Araros) Kokalos nach Platonius eine Verführungs- und Erkennungsgeschichte, ganz wie die Menandrischen Stücke.

perides verspottete, später Alexis, einer der produktivsten und ausgezeichnetsten dieser Dichter, dessen Fragmente indessen schon eine entschiedene Verwandtschaft mit der neuen Komödie zeigen, so wie er auch noch als Zeitgenosse des Menander und Philemon blühte [1]), und um dieselbe Zeit und von verwandter Art Antiphanes [2]), der allerfruchtbarste Dichter dieser mittleren Komödie, von unerschöpflicher Erfindungsgabe und Witzfülle. Die Zahl seiner Stücke, die an dreihundert, nach andern noch darüber, stieg, beweist, dafs die Komiker der Zeit nicht mehr, wie Aristophanes, nur an den Lenäen und grofsen Dionysien mit einzelnen Stücken auftraten, sondern entweder noch für andere Feste, oder, was wir lieber glauben, für dieselben Feste mehrere Stücke dichteten.

Diese letzten Dichter der mittleren Komödie waren schon Zeitgenossen der neueren Komiker, die sich neben ihnen als ihre Rivale erhoben und nur dadurch von ihnen unterschieden zu haben scheinen, dafs sie einer neuen Richtung mit mehr Entschiedenheit und Ausschliefslichkeit folgten: Menander, einer der ersten dieser Dichter — seine Blüte trifft in die nächste Zeit nach Alexanders Tode [3]) — und auch gleich der vollendetste, was nicht Wunder nimmt, wenn man die mittlere Komödie sich als Vorbereitung der neueren denkt [4]); Philemon, der etwas früher als Menander auftrat und ihn lange überlebte, bei dem athenischen Publikum sehr beliebt, aber von den feineren Kennern doch immer dem Menander weit nachgesetzt [5]), Philippides, Zeitgenosse des Philemon [6]); etwas jünger Diphilos von Sinope [7]), Apollodor von Gela, Zeitgenosse des Menander,

---

[1]) Wie man aus dem Fragmente des Hypobolimäos bei Athen. 11, p. 502, b sieht. Meineke, Hist. crit. com. Graec. p. 375.
[2]) Er erwähnte den König Seleukos, Athen. 4, p. 156, c.
[3]) Menander gab sein erstes Stück noch als junger Mann (Epheb) Ol. 114, 3, v. Chr. 322, und starb schon Ol. 122, 1, 291.
[4]) Menander soll speziell von Alexis in seiner Kunst gebildet worden sein, nach dem Anonymus de comoedia.
[5]) Menander sagte zu ihm, als er im Wettstreit mit ihm den Preis erhielt: Philemon, errötest du nicht mich zu besiegen? Gellius 17, 4.
[6]) Nach Suidas trat er Ol. 111 auf, noch früher als Philemon.
[7]) Sinope war damals Vaterstadt dreier Komiker, Diphilos, Dionysios und Diodoros, und zugleich des Kynikers Diogenes. Die Namen von Zeus (dem

und **Apollodor von Karystos**, in der nächsten Generation [1]), und eine bedeutende Zahl von Dichtern, die sich mit gröfserer oder geringerer Würdigkeit an sie anschlofsen.

Indem wir hiermit von der mittleren Komödie zur neueren übergehen, treten wir wieder in eine hellere Region; hier genügen die römischen Nachbildungen vereinigt mit den zahlreichen und zum Teil ausgedehnten Bruchstücken, um sich ein Stück des Menander im ganzen und einzelnen recht deutlich vorzustellen; wer sich, bei eigenem Talent, die nötige Gewandtheit in griechischer Rede und die attische Feinheit des Ausdrucks durch Studium erworben hätte, könnte leicht ein Menandrisches Stück jetzt noch so herstellen, dafs es uns das Original ersetzen könnte. Man mufs sich die römische Komödie durchaus nicht als eine blofse gelehrte und litterarische Nachbildung des griechischen Lustspiels vorstellen; sie knüpft sich lebendig daran an, durch die ganze Übertragung der griechischen Bühne, nicht durch die blofse Überlieferung in Büchern, wie sie auch der Zeit nach ohne Unterbrechung damit zusammenhängt. Denn wiewohl die eigentliche Blütezeit der Komödie schon in die nächste Zeit nach Alexander trifft, so folgte doch auf die erste Generation die zweite, wie auf Philemon den Vater Philemon der Sohn, und komische Dichter von geringerem Verdienst und Ansehen werden auch noch weiterhin durch neue Produktionen für die Ergötzung des Volkes gesorgt haben, so dafs, als Livius Andronikus zuerst mit Schauspielen in griechischer Weise vor dem römischen Publikum auftrat (514 n. E. d. St., 240 v. Chr.), sein Wagstück blofs darin bestand, dafs er in römischer Sprache dasselbe versuchte, was viele gleichzeitigen Kollegen in den griechischen Städten griechisch zu thun pflegten; auf jeden Fall waren aber damals Menanders und Philemons Stücke die gewöhnliche Er-

---

Zeus Chthonios oder Serapis von Sinope) abzuleiten mufs Manier in Sinope gewesen sein.

[1]) Nach den Bestimmungen Meinekes, Hist. crit. com. Graec. p. 459. 462.

*) [Aufserdem können noch erwähnt werden Posidippus aus Kassandrea, dessen Δίδυμοι möglicherweise den Menächmen des Plautus zum Muster gedient haben und Demophilos, der im Prolog der Asinaria als Verfasser des derselben zu Grunde liegenden Stückes genannt wird. Vgl. Fleckeisen, Jahrbücher Bd. 97, S. 212 ff.]

götzung, die das gebildete Publikum in allen griechischen Städten, in Asien wie in Italien, in den Theatern suchte. Durch diese Ansicht der Sache wird man, wie uns scheint, auch auf den rechten Standpunkt gesetzt, von dem aus man das ganze Verhältnis der lateinischen Komiker zu den griechischen begreifen kann, das so eigentümlich ist, dafs es sich nur unter diesen bestimmten historischen Bedingungen so entwickeln konnte. Denn von den beiden Fällen, welche man zunächst hier erwarten könnte, dem einen, dafs Übertragungen der Stücke des Menander, Philemon u. s. w. dem feiner gebildeten Publikum in Rom vorgelegt worden seien, dem andern, dafs man freie Nachbildungen versucht habe, durch welche diese Stücke auf römischen Boden versetzt und nicht blofs in allen Beziehungen auf nationale Sitten und Einrichtungen, sondern auch in ihrem Geiste und Charakter, romanisiert und dem ganzen römischen Volke bequem und geläufig gemacht worden wären, von diesen beiden Fällen findet keiner statt, sondern ein mittlerer, wonach diese Stücke römisch werden und doch dabei völlig griechisch bleiben. Mit anderen Worten: in dem griechischen Lustspiele (der sogenannten comoedia palliata) der Römer dehnt sich die griechische und zwar speziell die attische Bildung auf Rom aus und nötigt die Römer, insofern sie daran teil haben wollten, wie die ganze damalige kultivierte Welt daran teil nahm, sich auch die äufseren Formen und Bedingungen, den ganzen griechischen Habitus und das athenische Lokal dieser Dramen gefallen zu lassen, das attische Leben einmal für die Norm heiterer Geselligkeit gelten zu lassen und sich selbst — um es recht bestimmt zu sagen — für einige Stunden als Barbaren vorzukommen, wie ja auch die römischen Komiker ihre Landsleute und sich selbst in gelegentlichen Äufserungen als barbari bezeichnen [1]).

Diese Bemerkungen, so sehr sie der Zeit nach hier am unrechten Orte zu stehen scheinen, mufsten wir vorausschicken, um den Gebrauch zu rechtfertigen, den wir für unsern Zweck von Plautus und Terenz zu machen haben. Die römischen

---

[1]) S. Plautus Bacchid. 1, 2, 15. Captivi 3, 1, 32. 4, 2, 104. Trinumm. Prol. 19. Festus v. barbari und vapula. [Vgl. auch Asinaria Prol. v. 11.]

Komiker richteten das attische Gericht für den römischen Gaumen nach ihrem eigenen Geschmacke verschieden zu, Plautus z. B. derber und kräftiger gewürzt, Terenz feiner und gemäfsigter [1]), aber es blieb das attische Gericht; es war Athen in den Zeiten der makedonischen Herrscher, die man die Diadochen und Epigonen nennt, welches sich hier den römischen Augen darstellt [2]).

Also Athen nach dem Falle seiner politischen Freiheit und Gröfse, durch die Schlacht von Chäronea, und noch mehr durch den lamischen Krieg: aber Athen noch immer als eine Weltstadt, reich bevölkert, blühend durch Verkehr und Schiffahrt, wohlhabend als Staat und durch den Reichtum vieler einzelnen Bürger [3]). Aber dies Athen war innerlich von dem des Kimon und Perikles so verschieden, wie etwa ein schwacher, aber dabei lebenslustiger, gutgelaunter und genufssüchtiger Greis von dem kräftigen Manne auf dem Gipfel der Thatkraft und geistigen Energie. Die Eigenschaften, die damals im attischen Charakter sich so innig vereinigten, entschlossene Tapferkeit und Feinheit des Geistes, waren ganz auseinandergefallen; die erste hatte nur noch ihren Wohnsitz bei den heimatlosen Söldnerscharen, die den Krieg handwerksmäfsig betrieben, und die Bürgerschaft Athens überliefs sich nur bei seltenen Impulsen einem schnell aufflackernden und eben so schnell verlöschenden Kriegsenthusiasmus; der treffliche Verstand und gute Mutterwitz der Athener aber wandte sich, sofern er sich nicht in die Schulen der Philosophen und Rhetoren verstieg, bei dem gesunkenen politischen

---

[1]) Doch ist auch Plautus mehr Nachahmer und oft Übersetzer der attischen Komiker, als manche angenommen. Sonst hat, aufser Terenz, Cäcilius Statius sich am engsten an Menander angeschlossen.

[2]) So sehr, dafs die speziellsten Züge aus dem attischen Recht (wie aus dem der Epikleren oder Erbtöchter) und der athenischen Staatsverhältnisse (wie die Kleruchie in Lemnos) in den römischen Komikern eine wichtige Rolle spielen.

[3]) Athens Finanzen waren unter Lykurg (d. h. 338—326) dem Anscheine nach so glänzend wie unter Perikles. Von der Bevölkerung und Sklavenmenge Athens gibt die bekannte Zählung unter Demetrius dem Phalereer (317) Beweise. Noch unter Demetrios Poliorketes hatte Athen eine grofse Flotte. Kurz es fehlten die Mittel nicht, wodurch Athen damals auch Königen hätte Achtung gebieten können: nur der Geist fehlte.

Interesse hauptsächlich auf die Vorgänge des geselligen Lebens und die Reize eines lockeren Lebensgenusses.

Der Mittelpunkt der dramatischen Poesie wird nun zuerst, was er seitdem fast bei allen Völkern, die griechische Bildung empfangen haben, geblieben ist, die Liebe[1]), aber freilich nicht die Liebe in den edleren Gestalten, zu denen sie sich später aufgeschwungen. Die eingeschränkte und ungesellige Lebensweise der attischen Mädchen, wie wir sie früher bei Gelegenheit der Sapphischen Poesie schilderten[2]), dauerte bei den Familien der Bürger von Athen noch ganz in der früheren Weise fort; eine fortgesetzte Liebschaft mit einer athenischen Bürgerstochter war nach diesen Sitten nicht möglich und kommt auch in den Fragmenten und Nachbildungen der Menandrischen Komödie nie vor; wenn die Verführung einer Athenerin den Knoten des Stückes bildet, so ist sie bei einer plötzlichen Begegnung, etwa bei einem Pervigilium, dergleichen die Religion Athens seit alten Zeiten sanktioniert hatte, in jugendlicher Lust und Trunkenheit verübt worden, oder eine angebliche Sklavin oder Hetäre, in die ein Jüngling sterblich verliebt ist, wird als wohlgeborene Athenerin erkannt, und die Ehe krönt die in ganz anderem Sinne eingegangene Verbindung[3]).

Der Umgang der Jünglinge mit den Hetären, der in Aristophanes Zeit immer noch für einen jungen Mann ein Vorwurf gewesen war[4]), war jetzt bei wohlhabenden jungen Leuten, die der Vater nicht allzuknapp hielt, zur Regel geworden; diese Frauenzimmer, immer Ausländerinnen oder Freigelassene[5]), von mehr oder minder Bildung und Anmut der Sitten, knüpften mehr oder minder feste und ausschließliche Verbindungen mit jungen

---

[1]) Fabula iucundi nulla est sine amore Menandri, Ovid. Trist. 2, 371. Meineke, Men. et Phil. fragm. p. XXVIII.

[2]) Kap. 13.

[3]) Dies ist die φθορά und die ἀναγνώρισις, die so vielen Menandrischen Komödien zu Grunde liegt.

[4]) S. z. B. Wolken 996.

[5]) Dadurch ist die ἑταίρα wesentlich verschieden von der πόρνη, die eine Sklavin des oder der πορνοβοσκός (leno, lena) ist, wiewohl πόρναι durch Liebhaber, die sie auslösen (λύονται), oft in jene ehrenvollere Lage übergingen.

Leuten, die sie zu unterhalten imstande waren und natürlich dann oft wenig Lust hatten ein Ehebündnis einzugehen, zumal da die echten Töchter attischer Bürger noch immer sehr beschränkt erzogen und mit geringer Bildung ausgestattet wurden. Die Väter lassen entweder ihren Söhnen eine billige· Freiheit nach dem beliebten Grundsatze, daſs die Jugend sich austoben müsse, oder sie suchen sie aus Knickerei und moroser Sittenstrenge davon abzuhalten, wobei es sich aber leicht begibt, daſs sie selbst noch im Alter die Thorheiten begehen, die sie so streng verwerfen. Die Sklaven üben in diesen häuslichen Intriguen einen ganz ausserordentlichen Einfluſs aus; schon in Xenophons Zeiten [1]) durch den Geist der Demokratie begünstigt und der äuſseren Erscheinung nach dem schlichten Bürgersmann sich fast gleichstellend waren sie durch die Verweichlichung der Sitten und die allgemeine Lizenz noch mehr gehoben worden, daher es in diesen Lustspielen kein seltener Fall ist, daſs ein Sklave den ganzen Operationsplan einer Intrigue macht, den jungen Herrn allein durch seine Schlauheit aus unangenehmen Verwickelungen rettet und ihm zum Besitze seiner Geliebten verhilft; wiewohl auch vernünftige Sklaven vorkommen, die den Jüngling zu bewegen suchen sich durch einen raschen Entschluſs der drückenden Herrschaft einer übermütigen Hetäre zu entreiſsen [2])· Nicht minder wichtig sind in vielen Stücken die Parasiten, die, abgesehen von den komischen Situationen, in welche ihr

---

[1]) [Vgl. die Schrift über den Staat der Athener, K. 1. § 10.]

[2]) So in Menanders Eunuch, nach der Scene, von der Persius Sat. 5, 161 eine Nachbildung im kleinen, gleichsam eine Kopie in Miniatur, gibt. Persius hat dort den Menander unmittelbar vor Augen, nicht die Nachahmung in Terenz Eunuch Act 1, Sc. 1, wiewohl Terenzens Phädria, Parmenon und Thais den Menandrischen Personen Chärestratos, Daos und Chrysis entsprechen. Aber bei Menander berät sich der Jüngling mit dem Sklaven in einer Zeit, wo die Hetäre ihn ausgeschlossen hat, auf den Fall, daſs sie ihn wieder einladen sollte zu ihr zu kommen; bei Terenz ist der Jüngling nach einem Zwiste schon wieder zur Aussöhnung eingeladen. Dies kommt daher, daſs Terenz nach einem häufigen Verfahren der lateinischen Komiker, das man contaminatio nannte, zwei Stücke des Menander, den Eunuch und den Kolax, in eins verarbeitet hat; darum muſste er, um Raum zu gewinnen, den Faden des Eunuch etwas später aufnehmen. So waren auch Terenz Adelphen [aus Menanders Γεωργός und Diphilos Συναποθνήσκοντες hervorgegangen.

Entschluſs und fester Lebensplan, zu essen ohne zu arbeiten, sie bringt, dem komischen Dichter sehr zu statten kommen, als halbe Angehörige der Familie, die zugleich in den mannigfachsten geselligen Verbindungen stehen und um einer Mahlzeit willen zu allen möglichen Dienstleistungen gern bereit sind. Von den seltener auftretenden Personen wollen wir nur den Bramarbas oder miles gloriosus noch hervorheben: dies ist kein athenischer Kriegsmann, kein Bürgersoldat, wie die Helden der guten Zeit, sondern ein heimatloser Söldnerführer, der jetzt für den König Seleukos, jetzt für einen anderen gekrönten Heerführer Lanzenknechte wirbt, der im reichen Asien mit leichter Mühe viel Beute macht und diese dann eben so leichtsinnig mit den liebenswürdigen Dirnen in Athen vergeudet, der mit seinen Diensten handelt und feilscht und sich schon dadurch das Prahlen und Groſsthun angewöhnt hat, dabei ein halber Barbar, den sein Parasit weit übersieht und ein gescheiter Sklave in den Sack steckt, und was man sich sonst noch für Züge der Art leicht aus der römischen Komödie zusammensetzen, aber erst dadurch in ihr rechtes Licht stellen kann, daſs man sie um hundert Jahre zurückversetzt [1]).

Dies ist die Welt, in der ein Menander lebte und die er, nach allgemeinem Zeugnis, mit so groſser Wahrheit schilderte. Keine Welt offenbar, die von mächtigen Interessen und groſsen Ideen bewegt wurde. Die Kraft alter ethischer Grundsätze, die Glut der religiösen, politischen, nationalen Gefühle hatte sich allmählich verdünnt und geschwächt zu einer Lebensphilosophie, deren Hauptingredienzien eine natürliche Humanität und Billigkeit und ein durch feine Beobachtung genährter Mutterwitz und

---

[1]) Der ἀλαζών des Theophrast (Charakt. 23) hat einige Verwandtschaft mit dem Thraso der Komödie — wie überhaupt Theophrasts Charaktere mit den Personen Menanders — aber ist ein attischer Bürger, der sich auf seine Verbindungen mit den Makedoniern viel einbildet, kein Mietsoldat. [Die Thatsache, daſs der innigste Zusammenhang zwischen den damaligen rhetorischen und stilistischen Studien und der neuen Komödie bestand ist eine unzweifelhafte, wenn es auch schwer ist, bei dem Verluste sämtlicher Werke aus jener Zeit, denselben im einzelnen nachzuweisen. Hauptsächlich ist zu bedauern, daſs wir die Schriften, welche Theophrast entweder über das Lächerliche oder über die Komödie verfaſst hatte, nicht mehr besitzen.]

deren oberstes Prinzip jenes »Leben und Lebenlassen« war, das die attische Demokratie frühzeitig aufgestellt und dem die laxe Moral der damaligen Zeit die weiteste Ausdehnung gegeben hatte [1]).

Es liegt ein merkwürdiger Wink für die innere Geschichte jener Zeit darin, dafs Menander und Epikur in demselben Jahre zu Athen geboren wurden und ihre Jugend als Teilnehmer derselben Übungen (Synepheben) zusammen zubrachten [2]); eine enge Freundschaft verband die beiden Männer, deren Geistesrichtung so viel Gemeinsames hat. So Unrecht man dem einen und dem andern thäte, wenn man sie für Sklaven einer rohen Sinnlichkeit hielte, so fehlt doch beiden unstreitig die Begeisterung für sittliche Ideen; beiden ist die Intention gemeinsam das Leben, wie es einmal ist, so gut zu nehmen und sich so annehmlich zu machen, als möglich. Für eine lasterhafte Genufssucht sind beide zu klug und fein: eine hinlängliche Erfahrung über die Trüglichkeit aller dieser Genüsse, ein Überdrufs an ihren Reizen, bringt auch bei Menander eine gewisse leidenschaftslose Ruhe und Mäfsigung hervor [3]): wenn auch im Leben Menander sein Glück weniger in der schmerzlosen Ruhe des Epikur, als in mannigfachen, aber sanften und gemäfsigten Genüssen gesucht haben mag. Bekannt ist, wie sehr er sich selbst dem Leben mit Hetären hingab, nicht blofs mit der seelenvollen Glykera, sondern auch mit der übermütigen Thais, und sein weichlicher Aufzug erregte, nach einer bekannten Geschichte [4]), selbst An-

---

[1]) Die aristokratischen Verfassungen waren in Griechenland jederzeit mit einer strengeren Sittenaufsicht und censura morum verbunden; Grundsatz der athenischen Demokratie dagegen war, den Bürger in seinem Privatleben nicht mehr zu beschränken, als es das unmittelbare Interesse der Gemeine verlangte. Doch waren die Werke der neuen Komödie auch nicht ohne persönliche Invektiven, und noch immer wurde über die Freiheit der komischen Bühne gestritten (Plutarch. Demetr. 12. Meineke, Hist. com. græc. p. 436). Auch die lateinischen Komiker mischen solche gelegentliche Angriffe ein, in welche Nävius am meisten Bitterkeit und Ingrimm legte. [Vgl. Gellius att. N. 3, 3, 15.]

[2]) Strabo 14, p. 638. Meineke, Menandri et Philem. fragm. p. XXV.

[3]) Charakteristische Äusserungen dieser lebenssatten Philosophie bei Meineke, Menandri fragm. p. 166.

[4]) Phädrus Fabeln 5, 1.

stoſs bei Demetrios dem Phalereer, dem Regenten Athens unter Kassander, der doch selbst ein sehr schwelgerisches Leben führte. Eine solche Lebensphilosophie, welche das dem Ganzen Heilsame nur aus wohlverstandener Selbstliebe thut, kann der Götter entbehren, die Epikur in die intermundanen Regionen entfernte, da er sie nach seiner Physik nicht annihilieren konnte; und ganz im Einklange mit seinem Freunde meinte Menander die Götter würden ein mühevolles Leben haben, wenn sie jedem Tag für Tag Gutes oder Böses zuteilen wollten [1]). Um so wichtiger trat bei dem Philosophen, in seiner Lehre von der Entstehung der Welt und dem Schicksale der Menschen, die Macht des Zufalls hervor, daher auch Menander die Tyche als die Beherrscherin der Welt hoch erhebt [2]) — das heiſst nicht mehr die rettende, im rechten Moment erscheinende Tochter des allwaltenden Zeus, sondern eben nichts als die ursachlose, unberechenbare Zufälligkeit des Zusammentreffens der Dinge in Natur und Menschenleben.

Aber gerade in einer solchen Zeit aufgelöster oder gelockerter Verhältnisse hat die Komödie eine Macht, die freilich von ganz anderer Art, als die zornigen Blitze des Aristophanes, aber in ihrer Art vielleicht noch nachhaltiger wirkte: die Macht des Lächerlichen, welche das, was als Schlechtigkeit nicht mehr gemieden wird, doch als Thorheit fürchten lehrt. Auch wurde diese Macht dadurch viel stärker, daſs sie sich ganz in den Kreisen des Wirklichen hielt und den dargestellten Thorheiten nicht jenes Gigantische und Übermenschliche gab, das die alte Komödie hatte. Die alte Komödie erfindet in ihrem komischen Schöpfungsdrange Gestalten, in denen sich das Dichten und Trachten ganzer Klassen und Gattungen von Menschen in den kräftigsten Zügen ausprägt; die neuere Komödie nimmt ihre Gestalten in ihrer ganzen individuellen Beschaffenheit aus dem Leben und läſst sie nicht mehr bedeuten, als eben Indivi-

---

[1]) In einem Fragmente, das kürzlich aus dem Kommentar des David zu Aristoteles Kategorieen bekannt geworden ist p. 23, b, 29. Meineke, Hist. crit. com. Graec. p. 454.
[2]) Meineke, Menandri fragm. p. 168.

duen der Art[1]). Um so mehr wird die Erfindungsgabe der neuen Komödie für die Fabel des Stückes, die dramatische Knüpfung und Lösung (die auch Menander für die Hauptsache seiner Dichtung erklärte), in Anspruch genommen: denn während die alte Komödie ihre Gestalten auf eine sehr freie Weise in Bewegung setzt, wie es eben die Ausführung des Grundgedankens verlangt, muſs die neuere sich ganz den Wahrscheinlichkeitsgesetzen des menschlichen Lebens fügen und eine Geschichte dichten, in der alle Absichten und Umstände sich ganz aus den Charakteren und den Sitten und Verhältnissen der Zeit ergeben. Die Spannung, welche bei Aristophanes das immer vollständigere Hervortreten des komischen Gedankens bewirkt, wird hier ganz durch die Verwickelung und Entwickelung der äuſseren Vorgänge und durch das persönliche Interesse für bestimmte Personen herbeigeführt, das den Zuschauern eingeflöſst wird und mit der Illusion der Realität eng zusammenhängt.

Hiebei wird derjenige, der diesen Erörterungen aufmerksam gefolgt ist, leicht gewahr werden, wie auf diese Weise die Komödie durch Menander und Philemon nur das ausführt, was hundert Jahre früher Euripides auf dem Boden der tragischen Bühne begonnen hatte. Auch Euripides nahm seinen Charakteren jene idealische Groſsartigkeit, die bei Äschylos am mächtigsten gewesen war, und gab ihnen einen gröſseren Bestandteil von schwacher Menschlichkeit und eben dadurch von scheinbarer Individualität. Auch Euripides verlieſs den Boden der nationalen sittlichen und religiösen Grundsätze, auf denen die alte Volksmoral der Griechen gebaut war, und unterzog alle Verhältnisse einem dialektischen und nach Umständen sophistischen Räsonnement, das sehr bald zu jener laxen Moral und Klugheitslehre führte, welche in der neueren Komödie herrscht. Euripides und Menander stimmen daher in ihren Räsonnements und Sentenzen so überein, daſs man in Bruchstücken den einen sehr leicht mit dem andern verwechseln kann, und Tragödie und Komödie, diese von so verschiedenen Anfangspunkten ausgehenden Formen des Dramas, hier gleichsam in einem Winkelpunkte zusammen-

---

[1]) Daher der Ausruf: 'Ω Μένανδρε καὶ βίε, πότερος ἄρ' ὑμῶν πότερον ἀπεμιμήσατο. [Vgl. Nauck, Aristoph. Byz. reliquiae p. 249.]

laufen¹). Dazu trägt auch die Form der Rede sehr viel bei: denn wie Euripides den poetischen Ton sehr zur gewöhnlichen Gesprächsweise der gebildeten Gesellschaft herabgestimmt hatte, so gab auch die Komödie, und zwar schon die mittlere²), aber noch mehr die neuere, einerseits das Hochpoetische, das Aristophanes namentlich in Chorgesängen anstrebt, andrerseits das Karikierte und Burleske auf, das mit der ganzen Zeichnung seiner Personen zusammenhängt; und es herrschte bei Menander durch alle seine Stücke ein Ton der gebildeten Rede³), wobei Menander durch den abgebrochenen Satzbau und die lockere Verknüpfung der Glieder dem Vortrage der Schauspieler eine größere Freiheit und Lebendigkeit gab, während Philemons Stücke, durch ihre mehr gebundene und periodische Schreibart, sich mehr für Vorleser, als Schauspieler, eigneten⁴). Von dem Burlesken geben die lateinischen Komiker, wie Plautus, oft bei weitem mehr als sie bei den Attikern fanden; sie benutzten dann wohl außer ihrer eigenen einheimischen Komik die sicilische des Epicharm⁵). Das Erhabenpoetische aber mußte schon mit den Chören verschwinden, von denen bereits in der mittleren Komödie keine sichere Spur ist⁶); die Verbindung der Lyrik mit der Dramatik beschränkte sich nur darauf, daß die agierenden Personen ihre Affekte und leidenschaftlichen Empfindungen in lyrischen Versen

---

¹) Philemon war ein solcher Bewunderer des Euripides, daß er sagte, er würde sich gleich umbringen, um den Euripides in der Unterwelt zu sehen, wenn er überzeugt wäre, daß die Gestorbenen noch Leben und Verstand hätten.

²) Nach dem Anonymus de comoedia p. XXVIII.

³) Dies hebt besonders Plutarch hervor, Aristophanis et Menandri compar. cap. 2.

⁴) Nach einer feinen Bemerkung des sogenannten Demetrius Phaler. de elocut. §. 193.

⁵) [Vgl. jedoch oben S. 66 Anm. 4.]

⁶) Nach Platonius hatte die mittlere Komödie keine Parabasen, weil kein Chor war. Der Äolosikon war ganz ohne Chorlieder. Die neueren Komiker schrieben, aus Nachahmung der Alten, am Schlusse der Akte ihr ΧΟΡΟΣ, wahrscheinlich unterhielt indessen ein Flötenspieler die wartende Menge. So war es wenigstens in Rom Gebrauch. Dasselbe scheint auch Euanthius de comoed. p. LV. bei dem Terenz von Westerhov sagen zu wollen.

von verschiedenem Mafse, die gesungen und mit lebhafter Gestikulation begleitet wurden, ausfprachen; auch dabei lagen Euripides Monodieen mehr als Muster zum Grunde, als die lyrischen Partieen im Aristophanes.

Wir haben die Geschichte des attischen Drama von Äschylos bis Menander herabgeführt und können uns nicht versagen, indem wir diese beiden Endpunkte in der Entwickelungsreihe der dramatischen Poesie nennen, unsern Lesern ins Gedächtnis zurückzurufen, welcher Schatz von Denken und Leben sich uns hier entfaltet, welche merkwürdigen Verwandlungen nicht blofs in den Formen der Poesie, sondern in seiner innersten Beschaffenheit der griechische Geist hier durchgeht, welcher grofse und bedeutende Teil der Geschichte unseres Geschlechtes hier in den lebendigsten, anschaulichsten Schilderungen vor uns liegt.

Dreifsigstes Kapitel.
Lyrische und epische Poesie in dieser Periode.

Die dramatische Poesie war so geeignet, das ganze Denken und Empfinden des attischen Volks in seiner Blütezeit im Spiegel der Dichtung zu reflektieren, dafs die andern Gattungen der Poesie dagegen sehr zurücktraten und für das grofse Publikum mehr die Stelle einzelner momentaner Ergötzungen einnahmen, als einen poetischen Ausdruck der herrschenden Gefühlsweise und Gesinnung bildeten.

Doch wird wenigstens die Lyrik noch auf eine eigentümliche Weise fortgebildet und weifs Töne anzuschlagen, die das Zeitalter mit einer neuen Macht ergreifen. Dies geschah durch den neuern Dithyrambos, dessen Wiege und Heimat vor allen Städten Griechenlands Athen war, wenn die Dichter auch zum Teil aus andern Landschaften gebürtig waren [1]).

---

[1]) *Vgl. im Allg. G. M. Schmidt, diatribe in dithyrambum poetarumque dithyr. reliquias, Berol. 1845.

Schon Lasos von Hermione, Simonides Nebenbuhler und Pindars Lehrmeister, führte, wie oben bemerkt wurde [1]), seine prächtigen rauschenden Dithyramben hauptsächlich zu Athen auf, und schon bei ihm nahmen die dithyrambischen Rhythmen jenen freien Gang, der sie von nun an charakterisiert. Doch werden die Dithyramben des Lasos sich nicht generell von den Pindarischen unterschieden haben, von denen wir noch ein herrliches Bruchstück haben, das für die Frühlings-Dionysien von Athen bestimmt ist, und in der That ganz von Frühling glänzt und duftet [2]). In diesem ist allerdings ein kühner und reicher Rhythmenbau, worin eine lebhafte und fast stürmische Bewegung herrscht [3]): aber diese Bewegung ist unter ein bestimmtes Gesetz gezwungen und alles einzelne einem kunstreichen Ganzen auf passende Weise eingefügt. Auch zeigt dies Fragment zwar, dafs die Strophen der dithyrambischen Gesänge schon damals sehr lang gemacht wurden, doch müssen wir aus Gründen, die im Verfolg hervortreten werden, annehmen, dafs diesen Strophen andere antistrophisch entsprachen.

Einen neuen Charakter bekam der Dithyramb erst durch Melanippides von Melos. Er war der Tochtersohn des ältern Melanippides, der um Ol. 65 (520 v. Chr.) geboren, mit Pindar in derselben Zeit gelebt hatte [4]); der jüngere, ungleich berühmtere Melanippides lebte eine Zeitlang bei dem makedonischen Könige Perdikkas, der etwa von 454 bis 414 (Ol. 81, 2 — 91, 2), also vor dem peloponnesischen Kriege und in dem gröfsten Teile dieses Krieges, herrschte. Von ihm an rech-

---

[1]) Kap. 14.
[2]) S. oben Kap. 14. [Fragm. 53 bei Bergk].
[3]) Das päonische Rhythmengeschlecht, welchem nach den Alten das Prächtige, τὸ μεγαλοπρεπές, eigen ist, herrscht darin vor.
[4]) Dafs der jüngere Melanippides derjenige ist, mit dem nach Pherekrates berühmten Versen (Plutarch de mus. 30) der Verderb der Musik anfängt, erhellt teils aus Suidas direkter Aussage, teils aus dem Zeitverhältnis zum Kinesias und Philoxenos. Auch war der berühmte Melanippides Zeitgenosse des Thukydides (Marcellin. V. Thucyd. § 29) und des Sokrates (Xenoph. Mem. 1, 4, 3). [Xenophon urteilt übrigens weit günstiger über ihn, als es bei Plutarch der Fall ist. Zu vergleichen sind aufserdem die Verse des Demokritos von Chios bei Aristoteles Rhetor. 3, 9, p. 1409, b, 26 ss. s. S. 90 Anm. 1.]
*Vgl. de Melanippide Melio scr. Ev. Scheibel. Guben 1848 u. 1853.

net der Komiker Pherekrates, der in gleichem Sinne, wie Aristophanes, die alte einfache Musik als einen wesentlichen Teil der alten Sitte verteidigt, die Korruption der alten Tonweisen. Damit hängt es eng zusammen, dafs die Instrumentalmusik sich vorwiegend geltend machte; seit Melanippides bekamen daher die Auleten nicht mehr den Lohn von den Dichtern als blofse Nebenpersonen und Gehilfen, sondern wurden besonders von dem Unternehmer des Festspiels besoldet [1]).

An Melanippides schlofs sich **Philoxenos von Kythera** an, der zuerst Sklave, dann Schüler des Melanippides war und von Aristophanes in seinen spätern Stücken, besonders im Plutos [2]), verspottet wurde. Später lebte er bei Dionysios I; er soll gegen den in der Poesie dilettierenden Tyrannen sich allerlei Freiheiten herausgenommen, aber diese auch, wenn der Tyrann bei übler Laune war, in den Steinbrüchen gebüfst haben. Er starb Ol. 100, 1, v. Chr. 380 [3]). Seine Dithyramben erlangten den höchsten Ruhm in allen Landen, und merkwürdig, während Aristophanes von ihm noch als einem kühnen Neuerer redet [4]), preist Antiphanes, der Dichter der mittleren Komödie, seine Musik schon als die echte Musik und den Philoxenos selbst als **einen Gott unter den Menschen**; die Musik und Lyrik **seiner Zeit** dagegen bezeichnet er als ein blümelndes Wesen, das sich mit fremden Melodieen herausputzt [5]).

In der Reihe der Musikverderber wird indes von dem schmähenden Komiker nach Melanippides [6]) zunächst **Kinesias** genannt, den auch Aristophanes schon um die Mitte des pelo-

---

[1]) Plutarch. de mus. 30.
[2]) Aristoph. Plut. 290.
[3]) 55 Jahr alt, Marm. Par. ep. 69. *Vgl. de Philoxeno Cytherio scr. L. A. Berglein. Gott. 1843.
[4]) Nach Plutarch de musica c. 30. In welchem Stücke dies geschehen ist, wissen wir nicht. Wenn der Scholiast zu Aristophanes Wolken in dem V. 335 einen Spott auf Philoxenos annimmt, so ist dies ein Irrtum. Vgl. Meineke. Hist. com. graec. p. 89 s. und Bergk P. L. p. 1265.]
[5]) Athen. 14, p. 643. d.
[6]) [Pherekrates bei Plutarch de mus. c. 30. Vgl. Plutarch de gloria Atheniens. c. 5.]

ponnesischen Krieges[1]) wegen seiner pomphaften und dabei hohlen und luftigen Redeweise und seiner rhythmischen Neuerungen verhöhnt. »Der Dithyramben Schimmer«, sagt er dort, »muſs luftig sein und dunkel und stahlblau funkelnd und auf Flügeln dahinschwirren«. Platon[2]) führte den Kinesias nicht ohne Absicht als einen Dichter an, von dem es völlig klar sei, daſs ihm nichts daran liege seine Zuhörer besser zu machen und daſs er nur der groſsen Masse derselben gefallen wolle: so wie sein Vater Meles, ein Kitharsänger, durch sein Kitharspiel, der freilich (wie Platon spottend hinzufügt) das Umgekehrte erreicht und allen dadurch Ohrenqual bereitet habe.

Nach Kinesias wird zunächst Phrynis von der Musik, die bei Pherekrates in eigener Person klagend auftritt, als einer ihrer schlimmsten Quäler gescholten, der »drehend und wendend sie ganz vernichtet habe, indem er auf fünf Saiten zwölf Tonarten hatte«. Dieser Phrynis war ein später Spröſsling der lesbischen Schule, ein Kitharsänger von Mitylene, der in den von Perikles eingeführten musischen Wettkämpfen an den Panathenäen zuerst gesiegt haben soll[3]); seine Blüte trifft vor und in den peloponnesischen Krieg. Ihm wird besonders die Umbildung des in der lesbischen Schule gebräuchlichen Kithargesanges, der alten Gesetze (Νόμοι) des Terpander, zugeschrieben[4]).

Am Phrynis bildete sich wieder Timotheos der Milesier[5]), der seinen Meister später in musikalischen Wettkämpfen überwand und sich zu den ersten Dithyrambikern erhob. Er ist der letzte musikalische Künstler, die Pherekrates anklagt, und

---

[1]) Vögel 1372. Vgl. Wolken 332. [Vgl. jedoch Meineke a. a. O. p. 229.] Frieden 832.

[2]) Gorgias p. 501, e.

[3]) ἐπὶ Καλλίου ἄρχοντος, Schol. Wolken 967. Doch paſst kein Kallias zu der Zeit, wo Perikles als Agonothet der Panathenäen das Odeion erbaute, um Ol. 84, (Plutarch Perikl. K. 13), und es wird wahrscheinlich, daſs der Archon Kallimachos, Ol. 83 3, für den Kallias zu setzen ist.

[4]) Plutarch. de mus. 6. Der Nomos: die Perser, begann: Κλεινὸν ἐλευθερίας τεύχων μέγαν Ἑλλάδι κόσμον, Pausan. 8, 50, 3.

[5]) S. auſser den bekannten Stellen Aristoteles Metaphys. A ἔλαττον c. 1. p. 993, b. 15.

starb im hohen Alter Olymp. 105, 4, v. Chr. 357¹). Wiewohl die spartanischen Ephoren ihm vier von den elf Saiten seiner Kithar abgeschnitten haben sollen, nahm doch Griechenland im ganzen seine Neuerungen in der Musik mit grofsem Beifall auf; er gehörte zu den gefeiertsten Personen seines Zeitalters. Die Gattungen der Poesie, die er im Geiste der damaligen Zeit ausbildete, sind im ganzen noch immer dieselben, die vier Jahrhunderte früher Terpander aufgestellt hatte, Nomen²), Proömien, Hymnen. Auch bestanden noch gewisse altertümliche Formen, die beobachtet sein wollten, wie das hexametrische Versmafs der Nomen auch von Timotheus nicht ganz verlassen, aber dithyrambisch vorgetragen und mit andern gemischt wurde³). Die bei ihm vorherrschende Gattung der Poesie, von der alle anderen ihre Färbung annahmen, war unstreitig die dithyrambische.

Auch Timotheos fand wieder seinen Obsieger, wenn auch nicht vor dem Forum unbefangener Kunstrichter, doch in der Gunst des Publikums, an Polyeidos, von dem selbst ein Schüler Philotas den Timotheos im Wettkampfe überwand⁴). Auch Polyeidos wird als Verkünstler der Musik angesehen, aber auch er erntete grofsen Ruhm bei den Hellenen. Weit und breit ergötzte die in den Theatern sich zusammendrängende Volksmasse nichts so sehr als die Dithyramben des Timotheos und Polyeidos⁵).

---

¹) Marm. Par. 76. Sein Alter gibt wohl Suidas am richtigsten auf 97 Jahre an.
²) Stephan Byz. v. Μίλητος schreibt ihm 18 Bücher νόμοι κιθαρῳδικοί in 8000 Versen zu, wo der Ausdruck ἔπη nicht streng für Hexameter zu nehmen ist, wiewohl er dies Versmafs einmischte. [ἔπη bedeutet Verszeilen überhaupt, gleichviel in welchem Metrum. Vgl. Ritschl, die Stichometrie der Alten, in dessen opusc. t. 1, p. 80. Aufserdem hatte Timotheos, nach der Angabe bei Stephanus προνόμια αὐλῶν in 1000 ἔπη verfafst.]
³) Plutarch. de mus. 4.
⁴) Athenäus 8. p. 352, b vgl. Plutarch de mus. 21. Verschieden von ihm ist ohne Zweifel der tragödiendichtende Sophist Polyeidos in Aristoteles Poetik K. 16. Einen Dithyrambendichter, dessen Hauptstudium die Musik war, würde Aristoteles wohl nicht ὁ σοφιστής genannt haben.
⁵) In einem kretischen Volksbeschlufs (Corp. Inscr. Graec. n. 3053) wird ein Teïer Menekles gepriesen, weil er mit der Cither oft in Knossos die Weisen des Timotheos und Polyeidos und der alten kretischen Dichter (Kap. 12) gespielt habe.

Neben diesen Dichtern und Musikern stehen noch eine Menge andere, von denen wir noch die Namen des Ion von Chios, der auch ein beliebter Dithyrambiker war [1]), Diagoras von Melos, des berüchtigten Freigeistes [2]), des geistreichen Likymnios von Chios (dessen Zeit nicht genau bekannt ist), Krexos, auch eines der berufenen Neuerer, Telestes von Selinus, eines poetischen Gegners des Melanippides [3]), der in Athen Olymp. 94, 3, v. Chr. 401 einen Sieg gewann, nennen wollen.

Wichtiger bei weitem ist es, eine deutliche Vorstellung von der ganzen Eigentümlichkeit dieses Dithyrambos zu gewinnen, wozu die Feststellung einiger Hauptpunkte dienen kann.

Was erstens die Art der Aufführung anlangt, so wurden zwar in Athen die Dithyramben im peloponnesischen Kriege noch von Chören dargestellt, welche die zehn Stämme an den Dionysischen Festen stellen [4]), daher die Dithyrambendichter auch kyklische Chormeister heifsen: aber je freier seine Versmafse, je mannigfaltiger die rhythmischen Veränderungen wurden, um desto schwerer wurde die Aufführung durch ganze Chöre, um desto gewöhnlicher wurde es, ihn durch einzelne Virtuosen darstellen zu lassen [5]). Der Dithyramb gab nun ganz die antistrophische Wiederkehr derselben Verse auf und bewegte sich in Rhythmen fort, die ganz von dem Affekte und der Laune des Dichters abhingen [6]); besonders charakteristisch waren gewisse Läufer, die am Anfange angebracht wurden und Anabole hiefsen, von

---

[1]) Vgl. Kap. 6.

[2]) Von seinen lyrischen Gedichten gibt der Epikureer Phädros in den herkulanischen Rollen (Herculanensia ed. Drummond et Walpole p. 164) die bedeutendsten Fragmente. [Die früher dem Phädros beigelegte Schrift ist seitdem als das Werk des Epikureers Philodemus περὶ εὐσεβείας erkannt worden. Vgl. die Ausgabe von Gomperz S. 85 und Bergk P. L. p. 958. In dieser Schrift finden sich die beiden einzigen je aus zwei Versen bestehenden Bruchstücke des Diagoras.]

[3]) Athen. 14, p. 616, e, berichtet einen Streit beider Dichter über die Frage, ob die Göttin Athene das Flötenspiel verworfen, in sehr artigen Versen.

[4]) Aristoph. Vögel 1403.

[5]) Von dieser Veränderung spricht Aristoteles Probleme 19. 15, vgl. Rhetorik 3, 9.

[6]) ἀπολελυμένα.

strengen Kunstrichtern viel gescholten [1]), aber vom Publikum ohne Zweifel mit Entzücken angehört. Dabei hinderte nichts aus einer Tonart in die andere überzugehen [2]) und in einem Gedicht alle Arten von Rhythmen durcheinanderzuflechten, so daſs am Ende jeder Zwang gebundener Rede zu verschwinden und die Poesie gerade in ihrem bewegtesten Schwunge zur prosaischen Rede zurückzukehren schien, wie die Kunstrichter des Altertums öfter bemerken.

Zugleich bekam der Dithyramb einen malenden oder, wie Aristoteles sagt, m i m e t i s c h e n Charakter [3]). Die Naturerscheinungen und Thätigkeiten, die er beschrieb, wurden durch Tonweisen und Rhythmen und durch pantomimische Gestikulation der darstellenden Künstler (ähnlich wie in dem nun veralteten Hyporchem) nachgeahmt, und eine besondere Hilfe gewährte dabei eine stärker besetzte Instrumentalmusik, die in vollen, rauschenden Tönen bald den Sturm der Elemente, bald Stimmen der Tiere und was ihr irgend nachzuahmen glücken wollte, darzustellen suchte [4]).

---

[1]) ἡ μακρὰ ἀναβολὴ τῷ ποιήσαντι κακίστη (ein Hexameter mit einer eigentümlichen Synizesis). [Aristoteles Rhet. 3, 9, p. 1409, b, 25: ὁμοίως δὲ καὶ αἱ περίοδοι αἱ μακραὶ οὖσαι λόγος γίνεται καὶ ἀναβολῇ ὅμοιον, ὥστε γίνεται ὃ ἔσκωψε Δημόκριτος ὁ Χῖος εἰς Μελανιππίδην ποιήσαντα ἀντὶ τῶν ἀντιστρόφων ἀναβολάς.

οἵ τ' αὐτῷ κακὰ τεύχει ἀνὴρ ἄλλῳ κακὰ τεύχων.

ἡ δὲ μακρὰ ἀναβολὴ τῷ ποιήσαντι κακίστη.

ἁρμόττει γὰρ τὸ τοιοῦτον καὶ εἰς τοὺς μακροκώλους, λέγειν. Die Verse des Demokritos von Chios, der ein Zeitgenosse des Abderiten war, sind aus Hesiod Werken und Tagen 265 f. parodiert.]

[2]) Dies hieſs μεταβολή. Die Fragmente der Dithyrambiker enthalten daher auch viele Stücke von sehr einfachem Rhythmus in dorischer Tonart.

[3]) [Probl. 19, 15, p. 918, b, 18, wo es heiſst, daſs seit der Zeit, in welcher die Dithyramben mimetischen Charakter erhielten, sie aufhörten Antistrophen zu haben. Natürlich ist dieser mimetische Charakter ein ganz andrer, als derjenige, den Aristoteles Polit. 8, 5 meint, wenn er sagt: ἐν δὲ τοῖς μέλεσιν αὐτοῖς ἐστι μιμήματα τῶν ἠθῶν. Es handelt sich um eine Nachahmung ganz realistischer Art.]

[4]) Auf diese Nachahmung von Ungewittern, brausenden Flüssen oder brüllenden Stieren u. dgl. in den Dithyramben zielt Platon Republ. 3, p. 397. Witzig sagte ein Parasit zu einem solchen Sturm-Dithyrambus des Timotheos: Er habe in manchem Siedekessel schon gröſsere Stürme gesehen, als Timotheos da mache. Athen. 8, p. 338, a.

Was nun den Inhalt oder die Sujets dieser dithyrambischen Poesie anlangt, so knüpfte sie sich darin an Xenokritos Simonides und andere ältere Dichter an, die den Dithyramben bereits Gegenstände aus der heroischen Mythologie untergelegt hatten [1]). Die Dithyramben des Melanippides kündigen dies schon durch ihre Titel an, wie Marsyas, (worin der Mythus behandelt wurde, wie Athena die Flöten erfindet, aber wegwirft und Marsyas sie aufhebt) [2]), Persephone, die Danaiden. Sehr berühmt war Philoxenos Kyklops, in welchem der Dichter, der in Sicilien wohl bekannt war, den schönen sicilischen Mythus darstellte, wie der Kyklope Polyphem die holde Seenymphe Galateia liebt, aber von ihr um' des schönen Akis willen verschmäht sich zuletzt blutig an seinem glücklichen Nebenbuhler rächt. Aus Aristophanes den Philoxenos parodierenden Versen [3]) sieht man, in welchem Geiste dieser Gegenstand ungefähr aufgefafst war. Der Kyklop war als ein harmloses Ungeheuer, als ein gutartiger Kaliban genommen, der mit seinen blökenden Schafen und meckernden Ziegen, wie lieben Kinderchen, durch die Berge streift und in seiner Feldtasche wildes Gemüse zusammensucht und dann in halber Trunkenheit sich bequem und lässig unter seinen Herden hinstreckt. In seiner Liebeswut wird er selbst zum Dichter und tröstet sich durch Lieder, die ihm sehr schön erscheinen, für die Verschmähung; ja selbst seine Lämmer teilen seine Schmerzen und blöken sehnsüchtig nach der schönen Galatee [4]). Die Alten sahen in dem ganzen Gedichte — dessen Sujet später Theokrit aufnahm und

---

[1]) Kap. 14. Vgl. 21.

[2]) [Vgl. oben S. 89 Anmerk. 3. Die Frage scheint demnach damals an der Tagesordnung gewesen zu sein. Die bei Athenäus 14, p. 616, e erhaltenen Verse lauten:

ἁ μὲν Ἀθάνα
ὄργαν' ἔρριψέν θ' ἱερᾶς ἀπὸ χειρός·
εἶπέ τ'· "Ἔρρετ' αἴσχεα, σώματι λύμα.
οὖ με τᾷδ' ἐγὼ κακότατι δίδωμι.].

[3]) Plutos 290. Die Lieder der Schafe und Ziegen, welche der Chor dort nach Karions Willen blöken und meckern soll, gehen auf die Nachahmung dieser Tiere im Dithyrambus.

[4]) Hermesianax Fragm. V. 54.

mit besserem Geschmacke zu einer Idylle umbildete [1]) — versteckte Anspielungen auf Philoxenos Verhältnis zu dem poetisierenden Tyrannen Dionysios, der dem Philoxenos eine Geliebte entrissen haben soll [2]). Fügen wir noch die Nachricht hinzu, dafs der Dithyrambus des Timotheos, die Wehen der Semele [3]), im Altertume als eine unanständige und aller Idealität beraubte Darstellung einer solchen Scene galt [4]): so werden wir ein genügendes Urteil über diesen ganzen neuen Dithyrambus haben. Keine Einheit des Gedankens, wie in der Pindarischen Lyrik, kein das ganze Gedicht durchherrschender Ton, der dem Gemüte eine feste Stimmung und Haltung gibt, keine Unterordnung des Mythus unter bestimmte ethische Ideen, kein von festen Gesetzen geregelter, nach einem Plane kunstreich entworfener Versbau: sondern ein lockeres und üppiges Spiel der lyrischen Empfindung, die nach den zufälligen Antrieben einer mythischen Geschichte in Bewegung gesetzt bald den, bald jenen Gang nimmt und mit Vorliebe sich an solche Punkte anhängt, die einer unmittelbaren Nachahmung in Tönen, einer in sinnlichen Reizen schwelgenden Malerei, Raum gaben. Manche Monodieen in Euripides späteren Tragödien, wie sie Aristophanes in den Fröschen verspottet, haben in dieser sinnlichen Malerei und in diesem Mangel an fester Haltung ganz den Charakter des gleichzeitigen Dithyrambus und möchten davon die anschaulichste Vorstellung gewähren können.

Aus den Produktionen des Euripides, die in das Fach der Lyrik einschlagen, werden wir auch das abnehmen müssen, dafs neben dieser malerischen Abspiegelung sinnlicher Empfindungen auch eine alles zersetzende und auflösende Reflexion, ein über-

---

[1]) Theokrit Id. 11, wo die Scholien zu vergleichen sind.
[2]) [Der Schol. zu Aristoph. Plutos V. 290, der übrigens als Titel des Dithyrambus Γαλάτεια angibt. Vgl. Bergk P. L. p. 1260. Die umfangreichsten Bruchstücke haben sich aus dem Δεῖπνον des Philoxenos erhalten.]
[3]) Σεμέλης ὠδίς.
[4]) Der witzige Stratonikos sagte darüber: Wenn sie einen Handwerker und keinen Gott gebäre: könnte sie wohl ärger schreien? Athen. 8, p. 352, a. [Zu vergleichen ist aufserdem Dio Chrysost. or. 77, p. 768.] — In ähnlichem Geiste machte Polyeidos den Atlas zu einem Schäfer in Libyen, Tzetzes zu Lykophr. 879.

verständiges Räsonnement, sich selbst in der Lyrik sehr geltend machte. Nur dafs der Dithyrambus dafür weniger Raum gewährte als andere Dichtungsarten von ruhigerer Haltung. Namentlich machen wir aufmerksam auf die in der Form von Päanen ausgeführten Lobpreisungen ganz allgemeiner und abstrakter Wesen, wie der Gesundheit, dergleichen in dieser Zeit Mode werden. Von einem solchen Gedichte des Likymnios haben wir mehrere Verse [1]), die grofsenteils in den erhaltenen kleinen Pän des Ariphron auf die Gesundheit aufgenommen sind, in welchem sehr wahr, aber eben so nüchtern, dargethan wird, wie ohne Gesundheit weder Reichtum, noch Herrschaft, noch irgend ein anderes Glück vom Menschen recht genossen werden könne [2]). Lyrischer in der That in seiner Anlage, wenn auch von einem eben so abstrakten Stoffe, ist der Pän oder das Skolion auf die Tugend von dem grofsen Aristoteles; die Tugend wird gleich im Anfange mit begeisterter Wärme als in jungfräulicher Schönheit prangend hingestellt, für welche zu sterben in Hellas ein beneidenswertes Schicksal sei, und die Reihe der grofsen Heroen, die für sie geduldet und gestorben, schliefst mit einer überraschenden, aber von Aristoteles gewifs tief empfundenen Wendung, mit dem Lobe seines edlen Gastfreundes, des Beherrschers von Atarneus Hermeias.

Eine beliebte poetische Ergötzung blieb auch in der Zeit der attischen Litteratur die Elegie, welche immer ihrer Bestimmung treu bleibt, Gastmähler zu erheitern und über die convivialen Genüsse den sanften Schimmer einer poetischen Erhebung zu verbreiten. Daher die Fragmente der Elegie aus dieser Zeit, von Ion dem Chier, Dionysios dem Athener, dem Sophisten Euenos von Paros [3]), Kritias von Athen, alle sehr viel vom Wein, der rechten Weise zu trinken, Tanz und Gesang beim Mahle, dem Kottabos-Spiele, das damals die Jugend mit solchem Eifer trieb, und dergleichen Dingen reden und die Freuden des Mahles mit dem rechten Mafse darin zu ihrem Gegenstande

---

[1]) Sextus Empiricus adv. mathematicos, 11, 49, p. 556 ex rec. Bekk.
[2]) Athen. 15, p. 702, a. Boeckh Corp. Inscript. t. 1, p. 477 sq. Schneidewin, delectus poesis Graec. eleg. iamb. melicae p. 450. [Vgl. Bergk P. L. p. 1249.]
[3]) [Vgl. Bergk P. L. p. 597 ss.]

machen. Sich mitten im Genusse zu sammeln und den materiellen Genuſs auch geistig zu genieſsen und sich dabei einer höheren Würde bewuſst zu bleiben, darauf geht diese Elegie hinaus. »Trinken und scherzen und gerecht gesinnt zu sein«, drückt es Ion aus¹). Wie aber vom geselligen Tische die Gedanken so leicht auf den gesamten geselligen Zustand und die politische Lage hinausſchweifen, die dem sorglosen Genusse ein sicheres Fundament gewährt: so hat auch die Elegie immer noch einen politischen Zug, und Staatsmänner teilten gern ihre Gedanken über das, was Griechenland und den einzelnen Republiken fromme, in dieser Form mit. So wird es mit den Elegieen des Dionysios gewesen sein, der ein nicht unbedeutender Staatsmann in Perikles Zeit war und namentlich die groſse hellenische Niederlassung in Thurii von Seiten der Athener leitete; der Eherne wird er scherzweise genannt, weil er bei den Athenern, die bis dahin nur Silbergeld brauchten, zuerst auf Einführung einer kupfernen Scheidemünze angetragen haben soll. Es wäre zu wünschen, daſs wir den weiteren Verfolg der Elegie des Dionysios wüſsten, in der es hieſs: »Kommt hieher, um eine gute Botschaft zu vernehmen, schlichtet euern Becherkampf, wendet mir allen Verstand zu und vernehmet«²)!

Deutlicher tritt die politische Tendenz in den bedeutenden Fragmenten aus den Elegieen des Kritias, Kalläschros Sohnes, hervor; er sprach es darin mit dürren Worten aus, daſs er Alkibiades Zurückberufung in der Volksversammlung beantragt und den Volksbeschluſs abgefaſst habe³). Die Vorliebe für Lakedämon, die Kritias als athenischer Eupatride und als Freund des Sokrates eingesogen, gibt sich in den Lobpreisungen der alten Sitten zu erkennen, welche die Spartaner beim Mahle beobachteten, während in Athen die Gebräuche der weichlichen Lyder Eingang gewonnen⁴): doch haben wir kein Recht, darin schon die böse und verbrecherische Gesinnung gegen das Volk von

---

¹) πίνειν καὶ παίζειν καὶ τὰ δίκαια φρονεῖν, Athen. 10, p. 447, d.
²) Athen. 15, p. 669, b. [Bemerkenswert ist in dieser Elegie die Voranstellung des Pentameters.]
³) Plutarch Alkib. 33.
⁴) Athen. 10, p. 432, d.

Athen vorauszusetzen, welche sich bei Kritias erst schrittweise mit jener furchtbaren Konsequenz, die im Staatsleben oft einen falschen Schritt zu einem Unheil fürs ganze Leben stempelt, unter der Gewalt der Umstände entwickelt hat.

Von dieser Elegie, die in dem Kreise attischer Bildung geübt wurde, unterscheidet sich wesentlich die Elegie des Antimachos von Kolophon, welche wir die wiedererweckte Liebesklage des Mimnermos nennen können. Antimachos, der nach Olymp. 94, 404 v. Chr., blühte [1]), ist überhaupt ein Wiedererwecker alter Poesie, ein Geist, der von dem Strome der neuen Zeitbildung sich entfernt haltend seinen einsamen Studien nachhing und eben deswegen in seiner Zeit wenig Anklang fand, wie nach einer bekannten Geschichte bei der Vorlesung seiner Thebais alle seine Zuhörer sich entfernten, mit Ausnahme des einzigen Platon. Sein elegisches Gedicht hiefs Lyde und war dem Andenken eines lydischen Mädchens gewidmet, das Antimachos geliebt und frühzeitig verloren hatte [2]). Das ganze Werk war also eine Klage um ihren Verlust, die ohne Zweifel durch die sehnsüchtige und alles sich wieder vergegenwärtigende Erinnerung des Dichters Leben und Wärme erhielt. Freilich wissen wir, dafs Antimachos auch sehr viel mythischen Stoff zur Ausschmückung seines Gedichts brauchte, aber wenn er etwa blofs den allgemeinen Gedanken, dafs seine Liebe ihm Leiden gebracht, durch Beispiele ähnlicher Schicksale aus der Mythologie ausgeschmückt hätte, hätte sein Gedicht auf keinen Fall den Ruhm verdient, den es im Altertume genossen.

Hier nehmen wir auch wieder den Faden der Geschichte der epischen Poesie auf, den wir oben (Kap. 9) bei Pisander haben fallen lassen. Die epische Poesie schlummerte indes nicht, sondern fand in Panyasis von Halikarnass, dem Oheim des

---

[1]) [Apollodor bei Diodor 13, 108 setzt die Blüte des Antimachos gleichzeitig mit dem Regierungsantritt des Artaxerxes, also Ol. 93, 4. Wenn derselbe, wie bei Suidas berichtet wird, ein ἀκουστής des Panyasis war, so mufs er in der von Apollodor angegebenen Zeit bereits in vorgerückterem Alter gestanden haben.]

[2]) Nach der Hauptstelle des Hermesianax. [V. 42 des bei Athenäus 13, p. 597 erhaltenen Bruchstücks.]

Herodot (blühend um Ol. 78, 468) ¹), in Chörilos von Samos, Lysanders Zeitgenossen (um Ol. 94, 404), in dem erwähnten Antimachos von Kolophon, dessen Jugend in Chörilos Alter fällt ²), ihre Organe, die indessen im ganzen bei dem damaligen Publikum eben so viel Gleichgültigkeit erfuhren, wie die Homerische Poesie allgemeine Aufmerksamkeit und Bewunderung genossen hatte ³). Erst die alexandrinischen Litteraturstudien zogen sie hervor und stellten den Panyasis und Antimachos neben Peisandros in die Reihe der ersten Epopöendichter. Wir haben eben deswegen auch von diesen Dichtern verhältnismäfsig wenig Fragmente, die meist nur um gelehrter Notizen willen angeführt werden: Charakteristisches, was von der ganzen Art und Kunst dieser Dichtung eine Vorstellung geben könnte, hat sich wenig erhalten.

Panyasis hat in seiner Heraklee einen grofsen Reichtum von Mythen umspannt und die Abenteuer des Helden in entfernteren Weltgegenden, die ein gewisses romantisches Kolorit tragen, mit Vorliebe ausgeführt. Die Beschreibung der eigentlichen Heroenthaten, der athletischen Stärke und unbezwinglichen Mannhaftigkeit des Helden scheint durch den Reiz von Schilderungen ganz anderer Art gehoben oder gemildert worden zu sein, wie Panyasis ein Gastmahl, an dem Herakles teil nahm, durch anmutige Reden der wackern Zecher belebte und die Dienstbarkeit des Helden bei der Omphale, durch welche Herakles nach Lydien kam, erzählte und ohne Zweifel mit warmen Farben ausmalte ⁴).

---

¹) Dies Datum gibt Suidas; später, etwa um Olymp. 82, trifft Panyasis Ermordung durch den halikarnassischen Tyrannen Lygdamis, denselben, den hernach Herodot vertrieb.

²) Als Lysander als Überwinder von Athen in Samos war, war Chörilos bei ihm, und in den musischen Spielen, die Lysander hier veranstaltete, wurde der noch junge Antimachos von Nikeratos aus Heraklea überwunden. [Duris bei] Plutarch Lysander 18.

³) [Ein beachtenswerter Umstand ist es, dafs diese Nachblüte des Epos da stattgefunden, wo auch früher das Homerische Epos vorzugsweise geblüht hatte. Ebenso ist andrerseits deren teilweiser Zusammenhang mit der Logographie so wie mit der Geschichtserzählung des Herodot nicht zu verkennen.]

⁴) S. Panyasidis Halic. Heracleadis fragm. ed. P. Tzschirner. Vratisl. 1842. [Vgl. O. Müller. Dorier B. 2, S. 471 ff.]

Panyasis hatte auch die älteste Geschichte der Ionier in Kleinasien, ihre Wanderung und Niederlassung unter Neleus und andern Kodriden, zum Gegenstande eines grofsen epischen Gedichts gemacht, das Ionika hiefs [1]). Chörilos der Samier fafste den grofsen Plan, das gröfste oder wenigstens erfreulichste Ereignis der wirklichen Geschichte der Griechen, den Krieg des Perserkönigs Xerxes gegen Griechenland, durch ein Epos zu verherrlichen [2]). Wir können diese Wahl nicht tadeln, auch wenn wir das historische Epos im eigentlichen Sinne für ein mifsgeschaffenes Produkt halten. Aber der persische Krieg war in den Hauptzügen eine Begebenheit von solcher Einfachheit und Grofsartigkeit — der Despot des Orients die Herden seiner willenlosen Völker gegen die im Überflusse der freien Willensthätigkeit bedrängten Republiken von Hellas heranführend — und dabei in dem untergeordneten Detail durch die vielzüngige Sage der Griechen doch schon in so viel Duft und Dämmerung gehüllt, dafs er gewifs einer wahrhaft poetischen Behandlung Raum gab; wenn Aristoteles mit Grund behauptet, die Poesie sei philosophischer als die Geschichte, weil sie mehr allgemeine Wahrheit enthält [3]), so mufs man gestehen, dafs Begebenheiten wie der persische Krieg sich ganz auf die Seite der Poesie, oder einer von Natur poetischen Geschichte, stellen. Ob aber Chörilos diese Begebenheit in ihrer vollen Gröfse auffafste und von ihrer sinnlichen und geistigen Seite mit gleicher Lebendigkeit durchdrang, darüber können wir nicht mehr urteilen, da die wenigen Bruchstücke sich nur auf Einzelheiten und meist auf Nebensachen beziehen [4]). Dafs Chörilos in den ersten Versen seines Gedichts sich beklagte [5]), dafs das ganze

---

[1]) [Die 'Ιωνικά des Panyasis waren in elegischem Versmafse geschrieben und bestanden aus 7000 Versen. Sie lassen sich demnach mit der κτίσις Κολοφῶνος des Xenophanes vergleichen.]
[2]) [Περσικά oder Περσηίς.]
[3]) [Poetica c. 9.]
[4]) Gewifs haben die Athener dem Chörilos nicht jeden Vers mit einem goldenen Stater belohnt, wie man aus Suidas geschlossen: es ist ja klar genug, dafs dies eine Verwechselung mit dem spätern Chörilos ist, den Alexander so fürstlich belohnt haben soll. Horaz Ep. 2, 1, 233.
[5]) [Dafs die bezüglichen Verse den Anfang des Gedichts bildeten, ist blofse Vermutung von Näke.]

Feld der epischen Poesie schon verteilt und ihm kein Preis übrig gelassen sei, ist eine üble Vorbedeutung: nicht darin mufste sein Motiv liegen, wenn er die gröfste That der Hellenen zu schildern unternahm. Aber allerdings scheint das Streben neu zu sein, auf sein Werk im ganzen und im einzelnen sehr stark eingewirkt zu haben; Aristoteles tadelt seine Gleichnisse als weit hergeholt und dunkel [1]), und auch in den Bruchstücken ist einigemal ein gesuchter und spielender Ton mit Recht getadelt worden [2]).

Antimachos Thebais war sehr umfassend und weitläuftig angelegt; in der Ausführung des Details war sehr viel mythische Gelehrsamkeit, im Ausdrucke Studium und Sorgfalt; aber es fehlte dem Ganzen, nach dem Urteile der alten Kunstrichter, ein innerer Zusammenhang, der den Hörer fesselte, und jener Hauch der Anmut, den kein mühsamer Fleifs seinen Arbeiten verschaffen kann [3]). Hadrian blieb daher gewifs seiner Vorliebe für alles Affektierte, Gesuchte und Prunkende ganz treu, wenn er den Antimachos über den Homer setzte und seinen Stil bei einer eigenen Arbeit im epischen Genre nachzuahmen suchte [4]).

---

[1]) Arist. Topik 8, 1.
[2]) A. F. Nacke, Choerili Samii quae supersunt. Lips. 1817.
[3]) S. Antimachi Colophonii reliquiae ed. Schellenberg. p. 38 sqq. *Animadvers. in Antim. Col. fragm. scr. H. G. Stoll. Gotting. 1840 und desselben Ausg. der Fragm. Dillenburg 1845.
[4]) Spartian. im Leben des Hadrian c. 15. Den Titel der Schrift des Hadrian hat man jezt als Catachenae erkannt (*s. Bergk, de Antimachi et Hadriani Catachenis, Zeitschr. f. Altertumsw. 1835. Nr. 37). [Nach Fronto Epistol. p. 35 und 155 Naber lautete der Titel Catachannae.] Das Gedicht mag mit Valerius Catos Dirae einige Ähnlichkeit gehabt haben.

Einunddreifsigstes Kapitel.

Die athenische Staatsberedsamkeit vor der Einwirkung der Rhetorik.

Indem wir die Poesie sowohl in der späteren Tragödie wie in der Komödie allmählich immer mehr zur Prosa herabsinken sahen: wurden wir dadurch schon auf die Prosa als die mächtigere Potenz in der damaligen Litteratur hingewiesen und um so begieriger gemacht, nun die Richtung, den Gang, die Entwickelungsgesetze dieses Gebiets zu untersuchen.

Die Entwickelung der Prosa gehört fast ganz dieser Periode zwischen den Perserkriegen und Alexander dem Grofsen an, da alles, was von Versuchen in Prosa vorherging, teils sich noch zu wenig von der ganz gewöhnlichen Mitteilungsweise des gewöhnlichen Lebens unterschied, um eine eigentliche Schriftsprache zu bilden, teils — wenn es sich davon unterschied — seinen Reiz und Glanz nicht sich selbst, sondern der Nachbildung von Ausdrucksweisen und Kompositionsformen der Poesie verdankte, die in ihrer Ausbildung der Prosa um so viele Jahrhunderte vorangeschritten war.

Indem wir nun diese neue Form geistiger Produktionen in der eigentümlichen Entwickelung, die sie bei den Hellenen erhielt, erkennen wollen, wird es ratsam sein, das Ganze der Prosa nicht gleich nach den Gegenständen, die in dieser Form behandelt werden, in Gattungen zu zerfällen, sondern möglichst als ein Ganzes zusammenzuhalten, wie ja auch die Prosa als kunstreiche Ausbildung der Rede des gemeinen Lebens, deren Objekt die Wirklichkeit und deren Agens der menschliche Verstand ist, überall in den wesentlichsten Beziehungen eins und dasfelbe ist.

Vergleichen wir zuerst die Prosa im ganzen mit der Poesie, so müssen wir gestehen, dafs beide als Schwestern neben einander stehen, so dafs man beide, davon abgesehen, dafs sie durch artikulierte Laute sich vernehmen lassen und durch Schrift fixiert werden, nicht einmal unter einen allgemeineren Begriff bringen kann; auch treten sie, wenn man das geistige Leben der Menschheit im geselligen Verkehr, der Kunst, der Wissenschaft betrachtet, an ganz verschiedenen Stellen hervor.

Die Poesie ist ihrem ganzen Wesen nach Kunst, schöne Kunst. Sie ist aber dazu da, geistige Bewegungen, welche die Seele mit Macht erfüllen, auszudrücken, darzustellen, das, was im Innern treibt und drängt, dem Geiste zur Anschauung, zur vollständigen Betrachtung zu bringen. Sie hat keinen Zweck im äufsern Leben, etwa den Willen anderer Menschen zu bestimmen, diese oder jene Thätigkeit zu veranlassen; sie steht als Poesie über der Bedürftigkeit des ganzen irdischen Lebens. Der Geist erscheint in ihr frei und schöpferisch; wenn er auch seine Nahrung aus der Erfahrungswelt zieht, gestaltet er diese doch nach seinen eigenen Gesetzen und Forderungen, nicht nach denen der Wirklichkeit. Die Poesie ist mit gutem Grunde in sehr verschiedenen Ausdrücken eine Tochter des Himmels genannt worden; und die Griechen haben nur die poetische Begeisterung, nicht die Prosa, als ein Erzeugnis der olympischen Musen angesehen.

Die Prosa ist nicht von Ursprung an eine Kunst, so wenig wie die Gründung und Einrichtung eines Gebäudes zum Schutz gegen Wind und Wetter eine Kunst im eigentlichen Sinne ist; sie ist der natürliche Gebrauch der artikulierten und Begriffe fixierenden Rede für bestimmte Zwecke. Diese Zwecke liegen immer in den Verhältnissen der Menschen zur Wirklichkeit; zunächst in dem Bestreben, die Wirklichkeit, die äufsere Umgebung des Menschen, den geselligen Zustand, so zu gestalten und einzurichten, wie es den Interessen der Einzelnen oder des Ganzen angemessen ist; dann auch in dem Wunsche, diejenigen Kenntnisse des Wirklichen zu gewinnen und zu verbreiten, welche dem Menschen unentbehrlich sind, um die Welt der Wirklichkeit sich unterwerfen zu können, worin erst allmählich ein uneigennütziger Wissenstrieb, das Streben nach Erkenntnis um der Erkenntnis willen, sich Bahn bricht und immer mehr Raum gewinnt.

In allen diesen Beziehungen ist die Prosa noch keine Kunst, aber sie wird zur Kunst, gerade so, wie es die Errichtung von Gebäuden wird, wenn neben dem Zweck des Schutzes gegen

Wind und Wetter, gegen Einbruch und Diebstahl, das Bestreben hinzutritt, dem Gebäude einen bestimmten Charakter zu geben, eigentümliche Empfindungen und Stimmungen durch seine Formen auszudrücken und anzuregen, kurz ein geistiges Leben unmittelbar durch den Anblick darzustellen. So schafft sich ein Volk, das überhaupt zur Kunst Beruf und Anlage hat, aus allen Gegenständen, die es zur Erreichung bestimmter Zwecke, zur Befriedigung leiblicher Bedürfnisse hervorbringt, Mittel zum Ausdrucke von Gemüt und Geist; seine Gefäfse, die Geräte für den alltäglichsten Gebrauch, drücken in ihren Formen und Zierraten den Geist des Volkes, wenn auch nur in dunkler und unzulänglicher Weise, doch auf eine solche Weise aus, dafs eine solche Umgebung wieder imstande ist, auf den Geist selbst mit einer geheimen Gewalt zurückzuwirken.

Diese Triebe und Bedürfnisse des Geistes, die gerade im griechischen Volke so mächtig waren, sind es, die von dem Zeitalter des Perikles an die **Kunst der Prosa** hervorgebracht haben, indem sie Redner, Geschichtschreiber und Philosophen darauf führten, die Gedanken, welche sie mitzuteilen hatten und welche teils auf praktische Wirksamkeit, teils auf theoretische Belehrung hinausgingen, in einer Totalidee, einer grofsen Anschauung des Geistes zusammenzudrängen und in inniger Harmonie mit diesen die Redeformen zu gestalten, so dafs diese Redeformen — um ein Bild zu brauchen — die Operation des Denkens wie eine leise Musik begleiteten und auf das Gemüt einen Gesamteindruck hervorbrachten, der mit den praktischen oder theoretischen Zwecken des Werkes in eben solchem Einklang stehen mufste, wie die Stimmung, in welche uns ein Werk der schönen Architektur versetzt, im Einklange stehen mufs mit der Bestimmung desselben für praktische Lebenszwecke.

Das ist der Gesichtspunkt, von dem aus wir die Geschichte der attischen Prosa hauptsächlich auffassen wollen. Der Charakter dieser Werke im ganzen, mit welchem der Stil der Formen im einzelnen genau zusammenhängt, die davon ausgehende Wirkung auf den Geist des Lesers und der Zusammenhang, worin das alles mit dem Zustande der Nation, der Energie und Spannkraft des Geistes, dem Verhältnis der Vernunft zu den Leidenschaften steht — sollen besonders durch diese Auffassung deutlich werden. Aber es ist von selbst klar, daſs alles dies nicht möglich ist, ohne zugleich auf den Inhalt, die Gegenstände, die praktischen und theoretischen Zwecke der prosaischen Redewerke einzugehen.

Wir können in der ganzen Geschichte der attischen Prosa von den Zeiten des Perikles bis auf Alexander drei Epochen unterscheiden, von denen die erste vorläufig durch Perikles selbst, Antiphon, Thukydides, die zweite durch Lysias, Isokrates, Platon, die dritte durch Demosthenes, Äschines, Demades bezeichnet werden mag. Warum wir gerade diese Namen nennen, wird der Verfolg deutlich machen.

Zur Herbeiführung der ersten Epoche wirken zwei sehr verschiedene Momente zusammen, auf der einen Seite die attische **Staatsweisheit**, auf der andern die **sicilische Sophistik**. Beide wollen wir zunächst ins Auge fassen.

Seit Solon die Demokratie von Athen gegründet, hatte sich bei den ausgezeichnetsten Staatsmännern ein bestimmtes Bewuſstsein gebildet über die Bestimmung Athens, gegründet auf eindringendes Nachdenken über die äuſsere Lage, die inneren Hilfsmittel Attikas und den Charakter und die Anlage seiner Bewohner. Ausbildung der Volksherrschaft, Industrie und Handel, endlich die Herrschaft zur See waren die Hauptstücke, die diesen Staatsmännern in Athens Bestimmung zu liegen schienen. Gewisse Einsichten pflanzten sich von Solon durch eine Kette von Staatsmännern[1]) auf Themistokles und Perikles fort und wurden immer weiter entwickelt und ausgedehnt; und wenn eine entgegenstehende Partei von Politikern, wie Aristeides und Kimon, diese Entwickelung zu hemmen suchten: so waren es doch nicht eigentlich die bezeichneten Hauptpunkte, über die sie mit ihren Gegnern im Streit waren; sie wollten im Grunde nur die allzurasch um sich greifende Bewegung, wie die lodernde Flamme einer Kerze, mäſsigen, um ihr ein längeres Leben zu erhalten.

---

[1]) Von dieser spricht Plutarch Themist. 2. Themistokles schloſs sich als Jüngling an Mnesiphilos an (denselben, der bei Herodot 8, 57 so bedeutend auftritt), der die damals sogenannte σοφία, welche Plutarch als politische Tüchtigkeit und praktischen Verstand definiert, als ein von Solon fortgepflanztes Studium pflegte. [Vgl. v. Solonis c. 3.)

Dies tiefe Nachdenken und helle Bewufstsein dessen, was
Athen not thue [1]), gab den Reden von Männern, wie Themistokles und Perikles, eine Kraft und innere Gediegenheit, die auf
das athenische Volk einen viel tieferen Eindruck machte, als ein
einzelner nützlicher Vorschlag oder Rat es konnte. Zum Volke
war in Griechenland seit alten Zeiten geredet worden, schon
lange vor der Zeit, ehe die Volksversammlungen sich der Regierung im demokratischen Sinne bemeistert hatten; die Könige
der Vorzeit hatten bald mit jener natürlichen Redefülle, die
Homer dem Odysseus zuschreibt, bald mit kurzen, bündigen
Ausdrücken, wie Menelaos, zum Volke gesprochen; Hesiod teilt
den Königen eine eigene Muse zu, die Kalliope, durch deren
Kraft sie vor dem Volke und im Gericht überzeugend und ge-
winnend zu reden vermögen [2]); mit der weiteren Entwickelung
der republikanischen Verfassungen nach dem Zeitalter des Homer
und Hesiod hatten in den vielen unabhängigen Städten Griechenlands zahllose Beamtete und Volksführer zu den Volksversammlungen wie zu den Volksräten oder Ausschüssen geredet, und
gewifs auch manch tüchtiges Wort geredet: aber alle diese Reden
lebten nicht länger als die einzelne Angelegenheit, die sie her-
vorrief: sie verhallten in die Lüfte, ohne einen anderen Eindruck
zu hinterlassen als eine Rede des gemeinen Lebens, und man
dachte in dieser ganzen Zeit nicht daran — so mufs man glauben — dafs die Beredsamkeit über den einzelnen Vorfall hinaus
wirken und auf das Volk in seinem ganzen Thun und Treiben
einen herrschenden Einflufs gewinnen könne. Auch die geist-
vollen, lebendigen Ionier waren in den Zeiten ihrer Geistesblüte
offenbar mehr in der Rede der Unterhaltung und wie sie sich
für Erzählungen im geselligen Kreise eignet, ausgezeichnet, als
in der mächtigeren Rede in Volksversammlungen: wenigstens
flicht Herodot, der sich ja in seiner Geschichtschreibung an die
Ionier anschliefst, sehr gern Gespräche, auch Reden in einem
kleineren Kreise, aber keine Volksreden oder Demegorieen, in

---

[1]) τοῦ δέοντος, ein Ausdruck, der in Athen in Perikles Zeit sehr gebräuchlich war und das bezeichnet, was die gegenwärtige Lage des Staats gerade
zu erfordern schien.

[2]) [Theogonie V. 79 ff.]

seine Erzählung ein und unterscheidet sich schon dadurch wesentlich von Thukydides. Das Altertum stimmt darin überein, dafs nur Athen der Boden der Beredsamkeit war[1]), und wie nur die Werke athenischer Redner durch die Litteratur aufbewahrt worden sind, so war auch sicher schon die nicht für schriftliche Aufzeichnung bestimmte, illitterate Beredsamkeit, aus welcher sich die litterarisch berühmte erst hernach entwickelt hat, in Athen in einem weit höheren Mafse einheimisch, als in dem ganzen übrigen Griechenland.

Bei Themistokles, der mit eben so viel Schärfe als Kühnheit des Geistes in den gefahrvollsten und schwierigsten Zeitläuften die festen Fundamente zu Athens Gröfse legte, tritt die Beredsamkeit als solche noch nicht so hervor, wie die Klugheit seiner Entwürfe und die Energie in der Ausführung; jedoch wird allgemein von ihm gesagt, dafs er vollkommen im Stande gewesen sei, seine Gedanken auszusprechen und durch die Rede zu empfehlen[2]). Eine weit wichtigere Stelle dagegen hatte die Beredsamkeit in Perikles Reden. Die Macht und Herrschaft Athens, wenn auch immer von neuem bestritten und angegriffen, war damals doch schon zu einer gewissen Festigkeit des Bestandes gelangt; es war die Zeit das Gewonnene zu überschauen und der Grundsätze sich bewufst zu werden, nach denen es erhalten und auch noch erweitert werden konnte; endlich fragte es sich, wozu diese mit so grofsen Anstrengungen errungene Macht über die Insel- und Küstengriechen, diese in solcher Fülle zuströmenden Geldmittel Athen dienen sollten. Aus Perikles ganzer politischer Laufbahn geht hervor, dafs er wirklich seinem Volke die Fähigkeit der Selbstregierung teils zutraute teils anzueignen hoffte, dafs er es nicht als einen Spielball ansah, den ein ehrgeiziger Demagog dem andern zuwerfen sollte; indem er alles stärkte, was die Teilnahme des gemeinen Mannes an dem Gemeinwesen beförderte, begünstigte er zugleich alles, was Bildung und Kenntnisse verbreiten konnte, und gab dem Geiste des Volkes durch den erstaunenden Aufwand für die Werke der Bau- und

---

[1]) Studium eloquentiae proprium Athenarum, Cicer. Brut. 13.
[2]) Ἱκανώτατος εἰπεῖν καὶ γνῶναι καὶ πρᾶξαι heifst es — um nicht mehr anzuführen — bei Lysias Epitaph. 42.

Bildkunst eine entschiedene Richtung nach dem Schönen und
Grofsen in jeder Hinsicht. Und so war Perikles Auftreten auf
der Rednerbühne (das er mit Absicht für wichtige Anlässe auf-
sparte) [1]) gewifs nicht blofs auf einzelne durchzusetzende Be-
schlüsse abgesehen, sondern zugleich darauf berechnet in die ganze
Politik von Athen, in die Ansichten der Athener über ihre äufsere
Lage und die Aufgabe ihrer ganzen Existenz einen edlen und
grofsen Geist zu bringen, der nach den Absichten dieses wahren
Volksfreundes ihn noch lange überleben sollte. Ganz so nimmt
Thukydides — den wir in vielfacher Hinsicht als einen würdigen
Zögling der Perikleischen Schule aufzufassen haben — die Absichten und den Geist der Perikleischen Beredsamkeit, indem er
den Perikles dreimal, und jedesmal in sehr umfassender und bedeutender Weise, redend einführt. Die bewundernswürdige Trias
von Reden, die Thukydides dem Perikles in den Mund legt,
bildet für sich ein herrliches Ganzes, das sich auf die schönste
Weise abrundet. Die erste Rede [2]) beweist die Notwendigkeit
des Krieges mit dem Peloponnes und die Wahrscheinlichkeit des
guten Erfolgs; die zweite [3]) — nach den ersten glücklichen
Erfolgen im Kriege — enthält in der Form einer Leichenrede
die erhebendste Befestigung der Athener in ihrer ganzen Hand-
lungs- und Lebensweise, halb Apologie, halb Lobrede auf Athen,
voll Wahrheitsgefühl, edlem Selbstbewufstsein und Mäfsigung;
die dritte [4]) — nach den Leiden, die Athen mehr durch die
Seuche als den Krieg erlitten, die indes das Volk in Athen doch
in seinen Entschlüssen wankend machten — bietet der Bürgerschaft der Athener den einer männlichen Seele würdigsten Trost
dar, dafs bis jetzt nur das unberechenbare Schicksal, nicht aber
ihre eigene Berechnung und Überlegung, sie getäuscht habe und
dafs diese sie auch in Zukunft nicht täuschen werde, wenn sie
sich nicht durch unvorhergesehene Zufälle irre machen liefsen [5]).

---

[1]) Plutarch Perikles 7. [Vgl. aufserdem praecepta rei publicae gerendae
c. 15.]
[2]) Thuk. 1, 140—144.
[3]) Thuk. 2, 35—46.
[4]) Thuk. 2, 60—64.
[5]) Eine Rede des Perikles, in welcher er eine Übersicht über Athens
Streitmacht und Hilfsquellen gab, wird von Thukyd. 2, 13 nur in indirekter

Einunddreifsigstes Kapitel.

Von Perikles ist keine Rede durch die Schrift bewahrt worden [1]). Es kann Verwunderung erregen, dafs man Werke des Geistes nicht zu fixieren und für die Mit- und Nachwelt zu erhalten suchte, die jedermann für höchst vortrefflich hielt, ja die man sich in gewisser Hinsicht schon als das Höchste von Beredsamkeit denken mufs [2]). Man kann sich dies eben nur dadurch erklären, dafs man noch gar nicht daran dachte, dafs eine Rede einen andern Wert haben könne, als die Erreichung eines bestimmten praktischen Zweckes: man war nicht darauf verfallen Reden mit Werken der Poesie in eine Klasse zu setzen und, abgesehen von dem Inhalte, um der Vortrefflichkeit der Behandlung, der Schönheit der Form willen aufzubewahren. Nur einzelne besonders körnige Ausdrücke erhielten sich in bestimmter Erinnerung; doch wirkt ein allgemeiner Eindruck von der Grofsartigkeit und Gedankenfülle jener Reden noch lange fort. Teils dieser langdauernde Eindruck, von dem uns noch späte Schriftsteller berichten, teils der Zusammenhang, in dem Perikles mit den andern ältern attischen Rednern so wie mit Thukydides steht, setzen uns in den Stand uns eine ziemlich deutliche und nicht aus der Luft gegriffene Vorstellung von Perikles Redeweise zu machen.

Fürs erste charakterisiert die Redekunst des Perikles und derer, die sich zunächst an ihn anschlofsen, eine aufserordentliche

---

Rede, auszugsweise, mitgeteilt: eben weil sie nicht diese Gelegenheit zur Entwicklung allgemeiner leitender Gedanken gibt.

[1]) [Über die angeblich von Perikles herrührenden Reden, von welchen Cicero Brutus § 27 und de Oratore 2, § 93 spricht, urteilt bereits richtig Quintilian, 3, 1, 12, indem er sie für untergeschoben erklärt, womit Plutarch Perikles c. 8 zu vergleichen ist. Die bei Aristoteles angeführten Stellen aus Perikleischen Reden, Rhet. 1, 7, p. 1365, a, 32 ss; 3, 4, p. 1407, a, 1 ss.; 3, 10, p. 1411, a, 2 ss; 3, 18, p. 1419, a, 2 ss., beruhen wohl weniger auf mündlicher Überlieferung, wie es Blass, die attische Beredsamkeit von Gorgias bis zu Lysias, S. 34 annimmt, als auf ihrer Aufzeichnung in älteren τέχναι. Vgl. aufserdem Sauppe, die Quellen Plutarchs für das Leben des Perikles, Götting. 1867. S. 26 ff.]

[2]) Platon, der dem Perikles sonst nicht eben gewogen ist, hält ihn doch für den τελεώτατος εἰς τὴν ῥητορικήν und sucht die Quelle in seiner Bekanntschaft mit Anaxagoras Spekulationen, Phaedr. p. 270, a. Cicero nennt ihn im Brutus 12 oratorem prope perfectum, wohl um etwas für die folgenden Redner übrig zu behalten.

Fülle und Schärfe der Gedanken. Der reflektierende Verstand, der noch nicht durch die lange Gewohnheit der allgemeinen Abstraktion abgenutzt und in trivialen Räsonnements erschlafft war, greift mit frischer Kraft die Welt der menschlichen Erscheinungen an und, wie ihm eine reiche Erfahrung und feine Beobachtung entgegenkommt, wirft er seinerseits auf jeden Gegenstand das Licht scharfgefafster genereller Begriffe. Cicero charakterisiert den Perikles, Alkibiades und Thukydides, indem er auch diesen mit Recht in der Reihe der Redner mit aufführt, durch »Gedankenschärfe, Feinheit und Gedrängtheit [1]) und einen gröfsern Reichtum an Gedanken als Worten«, er unterscheidet von ihnen die etwas jüngere Generation des Kritias, Theramenes und Lysias, die auch noch von Perikles Saft und Blut erfüllt gewesen wären [2]), aber ihre Gedanken schon weiter ausgesponnen hätten [3]).

Näher erfahren wir von Perikles Gedanken, dafs in ihnen immer ein hoher Standpunkt der Betrachtung der menschlichen Dinge hindurchleuchtete. Die Majestät, welche Perikles als Redner auszeichnete und ihm den Namen des olympischen erwarb, beruhte besonders auf der Fähigkeit und Übung seines Geistes alle einzelnen Vorfälle auf allgemeine Prinzipien, durchgreifende Ideen zu beziehen und diese Prinzipe und Ideen selbst aus einer edlen und grofsartigen Vorstellung über die Bestimmung des Menschengeschlechts zu schöpfen. Darum sagt Platon von Perikles, dafs er zu seiner geistigen Gewandtheit eine Erhabenheit des Geistes sich erworben, die überall auf bestimmte Zwecke hinausarbeitete [4]).

---

[1]) Er sagt subtiles, acuti, breves, wovon subtiles auf genaue Unterscheidung der Begriffe und scharfe Ausprägung jedes Gedankens überhaupt geht.

[2]) Retinebant illum Periclis succum.

[3]) So de Oratore 2, 22. Etwas anders klassifiziert Cicero die alten Redner im Brutus 7. Hier stellt er den Alkibiades mit Kritias und Theramenes zusammen und meint ihre Beredsamkeit könne man aus Thukydides kennen lernen; er nennt sie: grandes verbis, crebri sententiis, compressione rerum breves et ob eam causam interdum subobscuri. Den Kritias schildern Philostratos vit. Sophist. 1, 16; besser Hermogenes περὶ ἰδεῶν (in Walz Rhetor. Graeci t. 3, p. 388); man sieht daraus, dafs er in seinem Stile zwischen Antiphon und Lysias in der Mitte stand.

[4]) Platon Phaedr. p. 270, a: τὸ ὑψηλόνουν τοῦτο καὶ πάντη τελεσιουργὸν ... ὁ Περικλῆς πρὸς τῷ εὐφυὴς εἶναι ἐκτήσατο. Das τελεσιουργόν be-

Darum hafteten auch seine Gedanken so tief in der Brust der Hörer; sie blieben — nach dem schönen Bilde des Eupolis — wie der Stachel der Biene tief in den Gemütern zurück¹).

Das Treffende und für den bestimmten Fall Geeignete und zugleich Grofse und Idealische in Perikles Gedanken war es also, worauf der Eindruck seiner Rede beruhte, und zwar, wie wir hinzufügen können, dies allein. Perikles Beredsamkeit ging ganz darauf aus Überzeugung zu bewirken und dem Geiste seines Volkes eine feste dauernde Richtung zu geben: jedes Bestreben dagegen durch Aufregung der Affekte und Leidenschaften eine augenblickliche lebhafte Wirkung, wie einen Rausch des Geistes, hervorzubringen, war ihm völlig fremd. Wir müssen nach der ganzen Entwickelung der attischen Beredsamkeit urteilen, dafs in Perikles Reden auch nicht das Geringste von den Mitteln zu finden sein konnte, durch welche die spätere Redekunst heftigere und unregelmäfsigere Gemütsbewegungen hervorzubringen wufste. Wie uns die äufsere Haltung des Perikles auf der Rednerbühne beschrieben wird als ein sehr ruhiges, die Gesichtszüge kaum merklich veränderndes Mienenspiel, eine sehr gehaltene und würdevolle Bewegung, die Gewänder bei keiner Art rednerischer Gestikulation sich verwirrend, der Ton der Stimme stets in gleicher Stärke und Höhe getragen²): gerade so mufs man sich auch die Stimmung und Verfassung des Gemütes denken, die er selbst ausdrückte und bei Andern anregte. Am weitesten war Perikles von aller Sucht entfernt das Volk durch etwas anderes zu ergötzen, als durch die Erkenntnis, was ihm Heil bringe. Niemals liefs sich Perikles zu irgend einer Schmeichelei gegen das Volk herab. Eine so grofse Idee er auch von den Anlagen und der Bestimmung des athenischen Volkes hatte, so scheute er sich nicht im einzelnen Falle dem Volke auch die bittere Wahrheit zu sagen. Aber auch das erschien, nach Cicero, am Perikles als Volksfreundlichkeit und machte einen gewinnenden

---

deutet, nach dem Zusammenhange, das Hinausarbeiten auf ein bestimmtes grofses Ziel.

¹) [Beim Schol. zu Aristophanes Acharn. V. 529. Vgl. Cicero im Brutus § 9 und im Orator c. 15.]

²) Plutarch. Perikl. 5.

Eindruck, wenn er gegen den Willen des Volkes sprach¹). Auch in Lagen, in welchen er persönlich bedroht war, erwartete er sein eigenes Heil nur von der Überzeugung des Volkes und die Überzeugung nur von der energischen und klaren Darlegung der Wahrheit: nichts von momentanen Rührungen und Aufwallungen²). Eben so wenig bemühte er sich jemals das Volk zu erheitern und zu unterhalten; wie Perikles nie auf der Rednerbühne sein Gesicht zum Lachen verzog³), so war seiner Würde überhaupt nichts von geselligem Frohsinn beigemischt⁴); ein erhabener Ernst beherrschte seine ganze öffentliche Erscheinung.

Auch von dem sprachlichen Ausdrucke der Perikleischen Beredsamkeit kann man sich nach einzelnen Überlieferungen und dem Charakter der Zeit eine Vorstellung bilden. Perikles bediente sich der Rede des gemeinen Lebens, des attischen Dialekts, wie er gäng und gäbe war (selbst mehr als Thukydides)⁵): aber er wuſste den Worten durch die Genauigkeit und Sorgfalt im Gebrauch eine Schärfe und Prägnanz zu geben, worauf das Körnige seiner Rede zum Teil beruhte. Wiewohl seine Rede die des Verstandes, nicht der Phantasie, war: so verstand er es doch sehr seinen Gedanken die sinnliche Anschaulichkeit und Eindringlichkeit zu verschaffen, welche treffende Bilder und Vergleichungen gewähren, und der unentwickelte Zustand der Prosa brachte es von selbst mit sich, daſs er dabei auch poetische Redeweisen brauchte. Gerade solche bildliche Ausdrücke und Apophthegmen haben sich aus Perikles Rede — besonders durch

---

¹) Cicero de Orat. 3, 34.
²) Wie sehr sich darin der Charakter der griechischen Beredsamkeit geändert, sieht man sehr deutlich daraus, daſs Dionysius von Halikarnass es ganz unglaublich findet, daſs Perikles in der dritten Rede bei Thukydides so ruhig und würdevoll gesprochen, als der Historiker ihn, in echt Perikleischem Geiste, sprechen läſst. »Wo dieselben Ankläger und Richter zugleich sind, da bedarf es zuerst vieler tausend Thränen und Klagen, um mit Wohlwollen angehört zu werden«. Dionys. de Thucydide iudicium c. 45. p. 927. Der Rhetor der Augusteischen Zeit verwechselt offenbar den Geist der verschiedensten Zeiten.
³) Plutarch Perikl. 5: προσώπου σύστασις ἄθρυπτος εἰς γέλωτα. [Vgl. praecepta gerendae rei publicae c. 4.]
⁴) Summa auctoritas sine omni hilaritate, Cic. de Offic. 1. 30.
⁵) Wie aus dem Kap. 27 gegen Ende angeführten Faktum erhellt.

Aristoteles — nicht wenige erhalten. Wie wenn er von den Samiern sagte, daſs sie den kleinen Kindern glichen, die den Brei nähmen, aber dabei schrieen, und bei der Bestattung einer Anzahl junger Leute, die im Kriege gefallen, das schöne Bild brauchte, daſs dem Jahre sein Frühling genommen sei [1]).

Zweiunddreiſsigstes Kapitel.

Die sophistische Redekunst.

Der Impuls zu einer weiteren Fortbildung der Rede geht zunächst von den Sophisten aus, die überhaupt einen solchen Einfluſs auf die griechische Geisteskultur geübt haben, wie nicht leicht auſser den ältern Dichtern eine andere Klasse von Menschen.

Die Sophisten waren, wie ihr Name es bezeichnet [2]), Leute, die von der Weisheit Profession machten und jeden, der sich ihnen dazu anvertrauen wollte, weise zu machen versprachen. Sie waren, wie ihnen die Sokratiker oft vorwarfen, die ersten, welche die Weisheit um Geld verkauften, indem sie sich sowohl für einzelne Vorträge (ἐπιδείξεις) von jedem Zuhörer ein Eintrittsgeld bezahlen lieſsen [3]), als auch für bestimmte bedeutende Summen Jünglinge ganz in ihre Lehre aufnahmen und nicht eher entlieſsen, als bis sie sophistisch durchgebildet waren. Die Lernbegierde war damals in Griechenland so groſs [4]), daſs ihnen nicht bloſs in Athen, sondern auch bei den Oligarchen von Thessalien Zuhörer und Zöglinge in Menge zuströmten, daſs die Er-

---

[1]) Aristoteles Rhetor. 1, 7. 3, 4. 10. [Zu vergleichen ist noch Plutarch Perikl. c. 8, wo einiges aus einem dem Stesimbrotos zugeschriebenen Werke angeführt wird.]

[2]) [Nach dem Zeugnisse eines Grammatikers im Etymol. M. p. 722, 16 hatte Aristoteles so die sieben Weisen genannt.]

[3]) In dessen Betrage eine lächerliche Verschiedenheit statt fand; es gab Vorträge für eine Drachme und andere, wo 50 Drachmen Eintrittsgeld bezahlt wurde.

[4]) Vergl. die Bemerkung Kap. 27.

scheinung eines der grofsen Sophisten, wie Gorgias, Protagoras, Hippias, in einer Stadt wie ein Fest gefeiert wurde, dafs diese Männer Reichtümer erwarben, wie sie Kunst und Wissenschaft bei den Griechen nicht leicht wieder erworben haben [1]).

Aufser dieser äufseren Profession ist aber auch der eigentliche Inhalt und Kern der Lehre den Sophisten, wenn auch mit gröfseren oder kleineren Modifikationen, doch im ganzen gemeinsam. Fafst man diesen von Seiten der Philosophie, so besteht er in einem Verzichten auf wahre Erkenntnis. Die Philosophie hatte damals das erste Stadium ihrer Lebensbahn durchlaufen; sie hatte mit kühnem Mute die höchsten Fragen der Spekulation zu beantworten gestrebt, und die verschiedensten Antworten hatten Überzeugung hervorgebracht und Anhang gewonnen; diese Differenz mufste, wenn man auch ihres Grundes sich nicht bewufst wurde, doch durch sich selbst den Zweifel an aller Erkenntnis der inneren Natur der Dinge wecken. So war nichts natürlicher, als dafs nach jenem Fluge der Spekulation eine Epoche der Skepsis eintrat, in welcher die Allgemeingültigkeit jedes Wissens bezweifelt und verneint wurde. Jedes Erkennen sei subjektiv, habe nur für den bestimmten Menschen Gültigkeit, war der Sinn des berühmten Ausfpruchs [2]) des Protagoras von Abdera, der in Perikles Zeit [3]) in Athen

---

[1]) [Letzteres mag richtig sein, wenn es wahr ist, wie bei Plato in Meno 91,d behauptet wird Protagoras habe seine Kunst mehr eingetragen als Phidias und zehn anderen Bildhauern die ihrige, ohne dafs wir jedoch berechtigt wären, das betreffende Mafs allzu hoch zu bemefsen. Nach dem Zeugnisse des Isokrates in der Rede über Vermögenstausch § 155 hinterliefs Gorgias, der am meisten unter allen Sophisten sich Geld erworben hatte, die Summe von blofs 1000 Stateren d. h. etwa 15000 Mark und dies, obgleich er weder verheiratet gewesen, noch irgendwelche solche Lasten wie sie in einzelnen Staaten den Bürgern auferlegt waren, zu tragen gehabt.]

[2]) Ἄνθρωπος πάντων μέτρον. [Nach dem Zeugnisse des Platon, im Theaetet p. 161, c, bildeten diese Worte, die vollständig also angeführt werden: πάντων χρημάτων μέτρον ἄνθρωπος· τῶν μὲν ἐόντων ὡς ἔστι, τῶν δὲ οὐκ ἐόντων ὡς οὐκ ἔστι, den Anfang der Ἀλήθεια überschriebenen Schrift des Protagoras, mit welchem Titel sich der des ersten Teils des Gedichts des Parmenides vergleichen läfst. S. oben Bd. I. S. 422. Anm. 1.]

[3]) Um Olymp. 84, v. Chr. 444, nach Apollodors Chronologie. [Genaueres bei Sauppe in seiner Ausgabe von Platons Protagoras S. 5 ff.]

auftrat und lange Zeit grofses Ansehen behauptete, bis durch eine Reaktion gegen die um sich greifende Freidenkerei er selbst vertrieben und seine Bücher öffentlich auf dem Markte verbrannt wurden ¹). Indem er mit Heraklit eine ewige und beständige Bewegung in der Welt annahm, durch welche dem Menschen bald diese bald jene Eindrücke zugeführt würden, folgerte er, dafs das Individuum nichts könne als diesen Eindrücken in ihrem Wechsel sich überlassen; was also dem bestimmten Menschen erscheine, sei für ihn. Nach dieser Lehre mufsten über denselben Gegenstand auch entgegengesetzte Vorstellungen gleich wahr sein und es kam nur darauf an eine Ansicht mit dem gehörigen Scheine auszustatten, um sie für den Augenblick wahr zu machen. Darum gehörte es zu den Hauptleistungen des Protagoras und der Sophisten überhaupt über dieselbe Sache für und wider auf gleich überredende Weise sprechen zu können — nicht um die Wahrheit zu finden, sondern um das Nichtsein der Wahrheit darzuthun. Jedoch war es nicht Protagoras Meinung mit der absoluten Wahrheit auch die Tugend ihrer Wirklichkeit zu berauben; er reduzierte sie aber auf solche Empfindungen des Subjekts, die dasfelbe in einen besseren Zustand brächten, insbesondere eine stärkere Thätigkeit desfelben anregten. Von den Göttern sagte er gleich am Anfange des Buchs, das seine Verbannung von Athen bewirkte: »Von den Göttern weifs ich nicht zu erforschen, ob sie sind oder nicht sind. Denn vieles hindert mich an dieser Forschung, die Unsicherheit der Sache und die Kürze des menschlichen Lebens« ²).

Von einer ganz andern Gegend der hellenischen Welt, anderen Lehrern, einer älteren philosophischen Schule ³), ging Gor-

---

¹) Protagoras wurde in Athen wegen Atheismus verklagt und vertrieben, durch Pythodoros, einen der Vierhundert, also Ol. 92, 1 oder 2, v. Chr. 411; wenn es unter den Vierhundert geschah, was freilich nicht ausgemacht ist. [Nach Meier, de Andocidis or. c. Alcibiad. comm. VI, p. 37 (Opusc. t. 1. p. 222), dem Sauppe zu Platons Protagor. S. 6 f. beistimmt, wäre die Anklage und der kurz darauf erfolgte Tod des Protagoras, der während seiner Reise nach Sicilien stattfand, in das Frühjahr 415 zu setzen, also gleichzeitig mit dem Hermokopidenprozesse. Zu derselben Zeit wurde auch Diagoras, der sogenannte Atheist, verurteilt.]

²) [Diogen. Laert. 9, 51.]

³) [Nach dem Zeugnisse des Peripatetikers Satyros bei Diogen. Laert. 8,

gias aus, der gebürtig aus Leontini in Sicilien Athen zuerst als Gesandter seiner Vaterstadt Ol. 88, 2, v. Chr. 427, betrat: und doch ist zwischen ihm und Protagoras eine so grofse Übereinstimmung des Strebens, dafs man daran deutlich sieht, welche mächtige Antriebe zu einer solchen Denkweise in der Zeit liegen mufsten. Gorgias benutzte die dialektische Methode der Eleaten, aber zu einem entgegengesetzten Resultat: während jene alle Kraft ihres Denkens darauf gewandt hatten ein ewiges, einiges Sein zu erkennen, brauchte Gorgias dieselben Mittel, ja zum Teil dieselben Schlufsfolgen, die Zeno und Melissos in andern Sinne angewandt, um zu beweisen, dafs nichts sei, dafs, wenn etwas sei, es nicht erkennbar sei, es nicht in Rede mitzuteilen sei[1]). Das Resultat war wiederum, dafs es überhaupt nicht das Streben des Weisen sein könne Erkenntnis zu gewinnen, sondern nur diejenigen Vorstellungen in anderen Menschen zu erwecken, die ihm wünschenswert sei zu erwecken. Und Gorgias unterschied sich hauptsächlich dadurch von den übrigen Sophisten, dafs er dies mit voller Entschiedenheit ausfprach; dafs er nichts ankündigte und versprach, als seine Schüler zu gewaltigen Rednern zu machen, und seine Kollegen auslachte, welche die Tugend zu lehren verhiefsen: eine Richtung, die allen sicilischen Sophisten gemein war. Dagegen die Sophisten im griechischen Mutterlande alle mehr auf das Materielle hinausgingen und, wenn auch kein Wissen, doch heilsame Vorstellungen und Prinzipe der Lebensweisheit zu gewinnen trachteten, wie Hippias von Elis, der seine Vorträge durch die mannigfachsten Kenntnisse zu würzen suchte und als der erste Polyhistor in Griechenland angesehen werden kann[2]), und Prodikos von Keos, wohl der

---

58 war er ein Schüler des Philosophen Empedokles, den Aristoteles als den Erfinder der Rhetorik bezeichnet. Vgl. Diogen. Laert. 8, 57; 9, 25, Sext. Empir. 7, 6 und Quintil. 3, 1, 8.]

[1]) [Es war dies in einer Schrift geschehen deren Titel περὶ τοῦ μὴ ὄντος ἢ περὶ φύσεως lautete, wie aus Sext. Empiric. adv. Mathem. 7, 65—87 hervorgeht, wo sich ein Auszug aus derselben findet. Zu vergleichen ist die dem Aristoteles zugeschriebene Schrift de Melisso K. 5 und 6.]

[2]) Bei Platon ist öfter von seinen physikalischen und astronomischen Kenntnissen die Rede; eben so forschte er nach Genealogieen, Kolonieen und »im ganzen, aller Archäologie«. Plato Hippias maj. p. 285. Man hat Frag-

respektabelste unter den Sophisten, der wenn auch vielleicht keine tiefgeschöpfte, aber immer eine der Zeit dienliche Moral in angenehme Formen, wie die berühmte Allegorie — Herakles am Scheidewege — einkleidete [1]).

Im allgemeinen wirkten indes unleugbar die Sophisten für den sittlichen Zustand in Griechenland, so wie für ernste Wissenschaft, verderblich. Die nationale Sittlichkeit, welche das Gute und Schlechte, wenn auch nicht immer im höchsten Sinne, doch mit redlicher Absicht und — was die Hauptsache war — mit einer gewissen instinktmäfsigen Sicherheit unterschied, war schon durch die Kühnheit, mit welcher die Philosophie sich darüber emporzuschwingen suchte, erschüttert worden: aber eine Lehre, die alles oder nichts für wahr erklärte, mufste sie gänzlich untergraben. Und wenn Protagoras und Gorgias selbst sich scheuten Tugend und Gottesfurcht für einen leeren Wahn zu erklären, thaten das, bei zunehmender Emancipation des freien Denkens von allen hergebrachten Grundsätzen, ihre Schüler und Anhänger in vollem Mafse. Im Laufe des peloponnesischen Krieges bildete sich in Athen eine Klasse der Gesellschaft aus, die auch nicht ohne Einflufs auf den Gang der Staatsangelegenheiten blieb, deren Credo kein anderes als dies war, dafs der Glaube an die Götter so wie die Gerechtigkeit Erfindungen alter Volksherrscher und Gesetzgeber seien, welche diese Vorstellungen in Umlauf gesetzt, um die rohe Menge im Zaum zu halten; oder mit einer noch schlimmeren Variation: dafs die Gesetze von der Menge der schwachen Menschen zu ihrem Schutze gemacht würden, die Natur aber das Recht des Stärkeren gegründet habe und der Stärkere daher sein Recht brauche, wenn er die Schwächeren seinen Lüsten so weit dienstbar mache, als er eben vermöge. Dies sind die Lehren, die Plato im Gorgias und der Republik dem Kallikles, einem Schüler des Gorgias, und dem Thrasymachos von Chalkedon, der als Lehrer der Redekunst im

---

mente von ihm über politische Altertümer, wahrscheinlich aus seiner Συναγωγή. Böckh Praef. ad Pindari Scholia p. XXI. Auch seine Aufzeichnung der Olympioniken war ein merkwürdiges Werk. [Vgl. Müller, Fragm. Histor. graec. t. 2.]

[1]) [Vgl. Xenoph. memor. 2, 1, 21.]

peloponnesischen Kriege blühte, in den Mund legt und die Platons eigener Oheim, der kluge und geistreiche Kritias, (der schon mehrere Male in dieser Geschichte erwähnt worden ist) [1]), nach sicheren Zeugnissen unverholen ausfprach.

Sehen wir aber von diesem Einflusse der Sophisten auf die Denkweise der Zeit ab, wenden wir uns zu der Frage, was sie zur Ausbildung der Form der Gedanken-Mitteilung thaten: so können wir nicht anders, als ihre Verdienste sehr hoch stellen. Von den Sophisten geht alle künstlerische Ausbildung der prosaischen Rede aus, die — wenn auch anfangs nicht auf dem richtigsten Wege — doch allmählich zu dem vollendeten Stile eines Platon und Demosthenes führte. Sowohl die Sophisten des eigentlichen Hellas wie die sicilischen machten die Reden zum Gegenstande ihres Studiums, jedoch mit dem Unterschiede, dafs sich die ersteren mehr die Richtigkeit, die andern die Schönheit der Rede angelegen sein liefsen [2]). Protagoras forschte über grammatische Korrektheit der Rede (ὀρθοέπεια) [3]), wiewohl er im praktischen Gebrauch auch eine strömende Fülle der Rede entwickelt, der Sokrates mit seiner Dialektik bei Platon umsonst einen Zügel anzulegen sucht; und Prodikos legte sich besonders auf Untersuchungen über die Bedeutung und den genauen Gebrauch der Worte und die Unterscheidung der Synonymen; seine

---

[1]) Als Tragiker — aber auch nur um solche Lehren zu verbreiten — Kap. 26; als Elegiker Kap. 30; als Redner Kap. 31.

[2]) Diesen Unterschied macht Leonhard Spengel in der nützlichen Schrift: Συναγωγὴ τεχνῶν sive Artium scriptores. Stuttg. 1828. p. 63.

[3]) [Vgl. Platon Phaedr. p. 267, c und Cratylus p. 391, c. Dafs er eine Schrift unter dem Titel ὀρθοέπεια geschrieben, wie es einige annehmen, läfst sich durch kein sicheres Zeugnis erweisen. Dagegen findet sich im Verzeichnisse der Werke seines Zeitgenossen und Landsmannes, des neben Aristoteles vielseitigsten philosophischen Forschers, Demokrit, eine Schrift angeführt περὶ Ὁμήρου ἢ ὀρθοεπείης καὶ γλωσσέων. Beachtung verdienen diese Forschungen hauptsächlich deshalb, weil sie durch Unterscheidung der Wortformen den Grund zur wissenschaftlichen Erkenntnis der Sprache gelegt haben. Der Spott, den sich gegen dieselben Platon sowohl als Aristophanes erlauben, war keineswegs ein gerechtfertigter. Das Aufsehen, welches die Entdeckungen des Protagoras, z. B. hinsichtlich des Geschlechtsunterschiedes der Substantiva, verursachte, geht deutlich aus Aristophanes Wolken V. 659 ff. hervor.]

eigenen Reden waren mit solchen Unterscheidungen überfüllt, wie die Rede, welche Platon im Protagoras dem Prodikos mit solcher Laune nachgebildet hat ¹).

Bei Gorgias dagegen war schöne, zierliche, den Menschen gefallende und sich einschmeichelnde Rede die Hauptsache; er war von Haus aus Rhetor oder Schönredner und hatte selbst schon eine darauf abzielende Jugendbildung genossen. Bei den **sicilischen Griechen**, insbesondere den **Syrakusiern**, die man wegen ihres aufgeweckten Geistes und natürlichen Scharfsinns am meisten unter allen Doriern mit den Athenern vergleichen kann ²), hatte sich früher als in Athen selbst aus den Streitigkeiten der Gerichte eine kunstmäfsige Beredsamkeit zu entwickeln begonnen. Die Verhältnisse von Syrakus in der Zeit des Perserkrieges hatten viel dazu beigetragen die natürlichen Anlagen zu wecken; insbesondere der Aufschwung, den die Demokratie nach der Vertreibung des Tyrannen (Ol. 78, 3. 466 v. Chr.) nahm, und die verwickelten Händel, welche aus der Ausführung privatrechtlicher Forderungen, die seit langer Zeit durch Gewalt zurückgedrängt worden waren, erwuchsen ³). In dieser Zeit that sich **Korax**, der schon bei dem Tyrannen Hieron sehr viel gegolten, ebenso als Volksredner, wie als Anwalt vor Gericht⁴) hervor; die viele Praxis führte ihn von selbst auf ein deutlicheres Bewufstsein der Prinzipien seiner Kunst, und so kam ihm der Gedanke diese in einer besondern Schrift niederzulegen, die man, wie die unzähligen, die in dichter Reihe darauf folgten, τέχνη ῥητορική

---

¹) [S. 337, a.]

²) Siculi, acuta gens et controversa natura, Cicero im Brutus 12, 46. Nunquam tam male est Siculis, quin aliquid facete et commode dicant, Verrin. 4, 43, 95.

³) Cum sublatis in Sicilia tyrannis res privatae longo intervallo iudiciis repeterentur, sagt Cicero Brut. 12, 46 nach Aristoteles. Aus Aristoteles schöpfen auch die Schol. zu Hermogenes t. 8, p. 196. in Reiskes Rednern. [Bei Walz, Rhet. gr. t. 4, p. 13.] Vgl. Montfaucon Biblioth. Coislin. 592 [und Walz, Rhet. gr. t. 5, p. 215, t. 6, p. 11, 49.]

⁴) Oder als Redenschreiber für andere; denn es ist zweifelhaft, ob in Syrakus patroni, causidici nach römischer Weise gestattet wurden, oder ob jeder, wie in Athen, genötigt war in eigener Sache selbst zu sprechen, in welchem Falle er indes sich jedenfalls von einem andern die zu haltende Rede machen lassen konnte.

oder schlechtweg τέχνη nannte. So geringen Umfang diese
Schrift gehabt haben mag¹), so merkwürdig ist sie als das erste
Werk der Art bei den Griechen und wohl im menschlichen Geschlecht überhaupt. Denn diese Techne des Korax war nicht
blofs der erste Versuch einer Theorie der Beredsamkeit, sondern
das erste theoretische Buch über irgend eine Kunst ²), und es ist
sehr merkwürdig, dafs, während die so alte Poesie sich so viele
Jahrhunderte allein durch mündliche Unterweisung und Übung
fortgepflanzt hatte, ihre so viel jüngere Schwester gleich damit
anfing sich in der Form einer Theorie festzusetzen und den
Lernbegierigen mitzuteilen. Vom Inhalte dieser Techne wissen
wir freilich nichts, als dafs den Reden darin eine regelmäfsige
Form und Einteilung gegeben war; namentlich war die Einleitung,
das Proömion, unterschieden und ihm die Bestimmung gegeben
die Hörer günstig zu stimmen und durch Dinge, die sie gern
hörten, ihr Wohlwollen gleich von Anfang an zu gewinnen³).

Ein Schüler des Korax und hernach sein Rival war Tisias,
der sich eben so als Redner und zugleich als Verfasser einer
Techne bekannt machte. An Tisias schlofs sich wieder Gorgias
an; ja nach einer Nachricht⁴) war bei der schon erwähnten Gesandtschaft der Leontiner aufser Gorgias auch Tisias, wiewohl
damals der Schüler schon der ungleich berühmtere von beiden
war. Mit Gorgias erlangt diese kunstmäfsige Beredsamkeit einen
Ruhm und Glanz in Griechenland, wie er wenig litterarischen
Erscheinungen zu teil geworden. Die Athener, denen diese

---

¹) Auch dies bezeugt Aristoteles a. a. O., der überhaupt in einer verlorenen Schrift [Συναγωγὴ τεχνῶν, wahrscheinlich eine Übersicht in chronologischer Folge aller früherer τέχναι] der Haupt-Auktor der Geschichte der Rhetorik bis auf seine Zeit war; überdies erwähnt er die Techne des Korax in seiner Rhetorik 2, 24. [Vgl. dazu Spengel in seinem Kommentare S. 343 f.]

²) Die Schriften älterer Architekten über Bauwerke, wie die des Theodoros von Samos, über den Hera-Tempel von Samos, des Chersiphron und Metagenes über den Diana-Tempel von Ephesos, waren wohl blofse Rechenschaften über den geführten Bau. [Vgl. O. Müller, Archäol. § 35, 1. Eine Ausnahme von dem oben Gesagten dürften jedoch einige der unter Hesiods Namen verbreiteten Gedichte bilden.]

³) Man nannte diese Einleitungen κολακευτικὰ καὶ θεραπευτικὰ προοίμια.

⁴) Des Pausanias 6, 17, 5. Der Hauptzeuge freilich, Diodor 12, 53, erwähnt den Tisias dabei nicht.

sicilische Beredsamkeit noch eine neue Sache war, die aber vollkommen die Anlagen und den Sinn hatten, um ihre Schönheiten zu schätzen ¹), waren ganz entzückt davon und es wurde bald Mode so viel wie möglich in Gorgias Art zu reden. Gorgias stattliche Erscheinung, das Gewählte und Glänzende seines Kostüms, eine grofse Zuversicht und erhabene Sicherheit in seinem Wesen, vermehrten sehr den Eindruck seiner Redekunst. Überdies hatte er seiner Redekunst eine Art Philosophie, wiewohl, wie eben bemerkt wurde, von ganz negativer Art unterlegt ²), wovon bei Korax und Tisias keine Spur ist; eben weil es kein Erkennen der Wahrheit gibt, kann das Bestreben des Weisen nur darauf gerichtet sein den Menschen die Vorstellungen beizubringen, die dem Weisen nützlich seien. Darum sei die Rhetorik, die Werkmeisterin der Überredung ³), die Kunst aller Künste, weil sie in den Stand setze über jede Sache, auch ohne genauere Kenntnis von derselben, schön und überzeugend zu reden ⁴).

Gorgias wandte diesem Begriffe der Rhetorik gemäfs wenig Fleifs auf die Gedanken, nur insofern, dafs er sich wie andere Sophisten in der Behandlung allgemeiner Themata übte, welche man loci communes nennt und deren geschickte Benutzung und Einflechtung den Rhetoren von jeher dazu gedient hat, um ihre Unkenntnis des speziellen Gegenstandes zu verhüllen. Verwandt waren die Lob- und Tadelreden, die Gorgias auf alle mögliche Dinge schrieb und die ihm zur Übung dienten, um auch gegen

---

¹) ὄντες εὐφυεῖς καὶ φιλόλογοι, sagt Diodor. [Hervorzuheben ist der Umstand, dafs ungeachtet des sicilischen Ursprungs der Rhetorik, ihre Ausbildung unter Zugrundelegung der attischen Sprache stattgefunden hat.]

²) Gorgias Schrift περὶ φύσεως ἢ τοῦ μὴ ὄντος enthielt diese Philosophie, wovon Aristoteles Schrift über Melissos, Xenophanes und Gorgias die beste Kunde gibt.

³) πειθοῦς δημιουργός. [Vgl. Platon Gorgias p. 455, a und Prolegomena in Hermog. bei Walz Rhet. gr. t. 7, p. 33.]

⁴) [Von dem bei Pausanias 6, 17, 7 erwähnten Standbilde des Gorgias, welches ihm der Enkel seiner Schwester, Eumolpos, in Olympia errichtet hatte, ist bei den neueren Ausgrabungen die aus einem schwarzen Marmorblocke bestehende Basis entdeckt worden: sie trägt eine Inschrift in vier Distichen, deren drittes also lautet:

Γοργίου ἀσκῆσαι ψυχὴν ἀρετῆς ἐς ἀγῶνας
οὐδείς πω θνητῶν κάλλιον' ηὗρε τέχνην].

die allgemeine Meinung und begründete Überzeugung dem Schlechten gute, dem Guten schlechte Seiten abgewinnen zu können. Dazu seine Trug- und Fangschlüsse, die er den Eleaten abgeborgt hatte, um der unkundigen Menge als tiefer Denker zu erscheinen und ihre Begriffe von wahr und unwahr völlig zu verwirren. Alles dies gehört zu dem Rüstzeuge, mit welchem Gorgias, nach dem damals gebräuchlichen Ausdrucke, in jedem Fall die schwächere Rede, d. h. die schlechtere Sache, zur Siegerin der stärkeren besseren [1]), zu machen verhiefs.

Aber Gorgias eigentümliches Studium ging doch vorzugsweise auf die Form der Rede hinaus und er verstand es in der That durch Glanz der Worte und künstlichen Bau der Sätze nicht blofs die Ohren, sondern auch den für solche Reize sehr empfänglichen Geist der Griechen, so zu blenden, dafs das Inhaltleere und Frostige seiner Reden darüber eine Zeitlang übersehen werden konnte. Da die Prosa damals erst die Laufbahn ihrer kunstreichen Ausbildung begann und die eigentümlichen Kräfte und Schönheiten, die in ihr lagen, selbst noch nicht kannte, so war es natürlich, dafs sie sich möglichst dem Muster der lange vor ihr gereiften Poesie anschmiegte; das Ohr der Griechen, fast nur an poetische Darstellungen gewöhnt, verlangte auch von der Prosa, wenn sie mehr als eine Sache des Bedürfnisses, wenn sie schön sein sollte, eine grofse Ähnlichkeit mit der Poesie. Diese gab ihr Gorgias auf doppelte Weise: erstens durch den Gebrauch von poetischen Worten, namentlich seltenen und neuen Wortkompositionen, wie sie besonders die lyrische und dithyrambische Poesie liebte [2]). Da diesem poetischen Kolorit keineswegs ein hoher Flug der Gedanken, eine besonders lebhafte Aufregung der Phantasie entsprach, da es ein blofs äufserer Schmuck blieb, bekam Gorgias Stil dadurch etwas Hochtrabendes und Schwülstiges, das in der griechischen Rhetorik mit dem Kunst-

---

[1]) ἥττων und κρείττων λόγος.
[2]) S. Aristoteles Rhetorik 3, 1, 3 und 3, 1. Hier werden dem Gorgias und Lykophron besonders die διπλᾶ ὀνόματα zugeschrieben. In der Poetik 22 sagt derselbe, dafs die διπλᾶ ὀνόματα, d. h. ungewöhnliche und neue Kompositionen, besonders dem Dithyramb zukämen.

ausdrucke **gorgiasieren**[1]) bezeichnet wird. Zweitens schien der damalige Geschmack von der Prosa einen Ersatz für die rhythmischen Verhältnisse der gebundenen Rede zu verlangen. Diesen verschaffte ihr Gorgias, indem er den Sätzen einen eigenen symmetrischen Bau gab, durch den sie den Eindruck einander paralleler und entsprechender Glieder machten und dem Ganzen den Charakter einer kunstmäfsig abgemessenen Rede gaben. Dazu gehörten die gleich langen, die einander in der Form entsprechenden und besonders die gleichmäfsig auslaufenden Sätze[2]) und die in ihrer Bildung sich entsprechenden, so wie die gleichtönenden und sich beinahe reimenden Worte[3]); dazu ferner die Gegensätze, wobei es aufser dem Gegensatze des Gedankens im allgemeinen auf ein Entsprechen aller einzelnen Teile und Punkte ankam: ein Bemühen, das den Redner leicht zu künstlichen und gesuchten Beziehungen verführen konnte[4]) und bei den sicilischen Rhetoren bereits von Epicharm verspottet worden war[5]). Dazu

---

[1]) Γοργιάζειν. [Der Ausdruck scheint erst von dem jüngeren Philostratos erfunden.]
[2]) ἰσόκωλα, πάρισα, ὁμοιοτέλευτα. [Vgl. Volkmann, die Rhetorik der Griechen und Römer, Leipz. 1874, S. 409 ff. und Cicero im Orator K. 52, § 175.]
[3]) παρονομασίαι, παρηχήσεις. [Vgl. Volkmann a. a. O. S. 441.]
[4]) Wie schon in der geschraubten, wiewohl nicht geistlosen, Definition der tragischen Illusion, sie sei eine ἀπάτη, Täuschung:

ἥν ὅ τε ἀπατήσας δικαιότερος τοῦ μὴ ἀπατήσαντος
καὶ ὁ ἀπατηθεὶς σοφώτερος τοῦ μὴ ἀπατηθέντος,

d. h. wo der Täuschende mehr seine Schuldigkeit thut, als der nicht Täuschende, und der Getäuschte mehr Kunstsinn zeigt, als der nicht Getäuschte. [Angeführt von Plutarch de gloria Atheniens. c. 5 und de audiendis poetis c. 1.] Alle diese Figuren kommen in Menge in dem bedeutendsten und sicher echten Fragmente vor, das die Scholien zum Hermogenes [Maximus Planud. ad Hermog. περὶ ἰδεῶν bei Walz. Rhet. gr. t. 5, p. 548 ss.] aus Gorgias Leichenrede erhalten haben. Foss, de Gorgia Leontino, Halis. 1828, p. 69. Spengel, Συναγωγή p. 78.
[5]) In dem Verse: τόκα μὲν ἐν τήνοις ἐγὼν ἦν, τόκα δὲ παρὰ τήνοις ἐγών, der einen Gegensatz der Worte, ohne inneren Gegensatz, enthält, wie er bei dieser Antithesensucht sich leicht einschlich. S. besonders Demetr. de elocut. § 24. [Mit Recht macht Spengel in seinem Kommentar zu Aristoteles Rhetorik S. 401 darauf aufmerksam, dafs von einer Verspottung der Rhetorik durch Epicharm, zu einer Zeit, in welcher sie noch gar nicht erfunden war,

nehme man das Witzige, Spielende, die Aufmerksamkeit vielfach Reizende, das Gorgias seinem Ausdruck zu geben wufste, und man begreift wohl, wie diese künstliche Prosa, die keine Poesie und doch auch keine Rede des gewöhnlichen Lebens schien, die Athener bei ihrer ersten Erscheinung so sehr einnehmen konnte. Dafs der Geschmack des Zeitalters in seiner allmählichen Entfaltung gerade einen solchen Redebau schön finden mufste, zeigt sich auch darin, dafs er sich so schnell verbreitete und besonders in Gorgias Schule immer weiter entwickelte. Von Agathons Gleich- und Gegensätzen ist schon oben gesprochen worden [1]); vor allen aber wufste sich Gorgias Lieblingsschüler und ergebenster Anhänger, der Agrigentiner Polos [2]), sehr viel mit diesen Zierlichkeiten der Rede und trieb die Sache bis ins Kleinlichste [3]), so wie auch ein anderer Schüler des Gorgias, der von Aristoteles oft erwähnte Alkidamas, sowohl im Prunk poetischer Rede als auch in der affektierten Eleganz der Gegensätze seinen Meister weit überbot [4]).

---

keine Rede sein kann. Demetrius, der den Vers wohl einzig aus Aristoteles Rhet. 3, 9 p. 1410, b, 4 kannte, wo übrigens alle Handschriften ἐν τύμων haben, scheint also eine verfehlte Vermutung aufgestellt zu haben.]

[1]) Kap. 26.

[2]) [Aufser Polos scheint Likymnios, den Aristoteles mehrmals erwähnt, einer der bedeutendsten Schüler des Gorgias gewesen zu sein. Erwähnt mag noch der im Philebos des Platon auftretende Protarchos werden, über welchen R. Hirzel in Hermes B. 10 S. 254 f. zu vergleichen ist.]

[3]) Plato verspottet mit der Anrede ὦ λῷστε Πῶλε seine Jagd nach Assonanzen.

[4]) Die Deklamationen, die unter dem Namen des Gorgias, Alkidamas, sowie eines anderen Schülers von Gorgias, Antisthenes, übrig sind, werden alle mit gutem Grunde für Nachbildungen späterer Rhetoren angesehen. [Vgl. darüber Blass, Geschichte der attischen Beredsamkeit von Gorgias bis auf Lysias, S. 65 ff. Über Alkidamas ist die Abhandlung von J. Vahlen, in den Sitzungsber. der phil. hist. Kl. der kais. Akademie in Wien B. 43, S. 491 ff. nachzusehen. Nietzsche im rhein. Museum B. 25, S. 528–540 und B. 28, S. 210 ff. hat es wahrscheinlich gemacht, dafs der Inhalt des Certamen Homeri et Hesiodi aus dem Μουσεῖον des Alkidamas entlehnt ist.]

Dreiunddreifsigstes Kapitel.

Die erste kunstmäfsige Staats- und Gerichtsberedsamkeit bei den Athenern.

Die Entwickelung der Kunst der Beredsamkeit bei den Athenern geht aus einer Vereinigung der natürlichen Kraft der Rede, wie sie in den athenischen Staatsmännern, am gröfsten in Perikles, vorhanden war, mit den rhetorischen Studien der Sophisten hervor. Der erste, in welchem diese Vereinigung bewirkt wird, ist Antiphon, Sophilos Sohn[1]), der Rhamnusier. Antiphon war beides, praktischer Staats- und Geschäftsmann und schulmäfsiger Rhetor. Was das erste anlangt: so bezeugt Thukydides, dafs die oligarchische Herrschaft der Vierhundert öffentlich zwar durch Peisandros beim Volke durchgesetzt wurde, aber Antiphon es war, der den ganzen Plan entwarf und die Ausführung gröfstenteils betrieb, »ein Mann, wie Thukydides sagt[2]),' der keinem Zeitgenossen an Tüchtigkeit nachstand und sich vor allen auszeichnete im Denken und im Aussprechen des Erkannten. Zwar hielt er keine Reden vor dem Volk noch liefs er sich freiwillig in einen Gerichtskampf ein, sondern scheute den Argwohn des Volks, das sich vor seiner gewaltigen Kraft im Reden[3]) fürchtete: jedoch war in Athen kein Einzelner so wie er instande diejenigen, welche im Gerichte oder vor dem Volke einen Kampf zu bestehen hatten, durch seine Ratschläge zu unterstützen. Auch hat Antiphon selbst nach dem Sturze der Vierhundert durch die demokratische Partei, als er eben deswegen, weil er diese Regierung mit gegründet, auf den Tod angeklagt war, unter allen bis auf diese Zeit die trefflichste Verteidigungsrede

---

[1]) [Über Sophilos s. unt. S. 124 Anm. 3. Von dem Rhamnusier Antiphon mufs der gleichzeitige Sophist Antiphon unterschieden werden. Über letzteren ist zu vergleichen die Abhandlung von H. Sauppe, de Antiphonte Sophista, Gött. 1867, und von Wilamowitz Möllendorf, Hermes B. 11, S. 295 ff.]

[2]) [8, 68. Cicero im Brutus 12 § 47 beruft sich auf diese Stelle.]

[3]) δεινότης, hier in weiterem Sinne gebraucht, von jeder Macht zu überreden.

gehalten«¹). Doch half ihm seine treffliche Beredsamkeit, deren Wirkung durch das Mifstrauen des Volks aufgewogen werden mochte, in diesem wichtigsten Falle nichts; die Ränke des Theramenes brachten ihm den Untergang; er wurde Ol. 92, 2 (411 v. Chr.) in einem Alter von beinahe siebzig Jahren²) hingerichtet, sein Vermögen konfisciert und selbst seine Nachkommen der bürgerlichen Ehre beraubt³).

Man sieht aus Thukydides Zeugnis deutlich, welches die Anwendung war, die Antiphon von seiner Beredsamkeit machte. Er trat nicht, wie andere beredte Männer, als Ratgeber des Volks in der Ekklesia, noch als öffentlicher Ankläger in den Gerichten auf, sondern sprach öffentlich nur in eigener Sache und angegriffen; sonst arbeitete er für andere. Mit ihm gewinnt das Geschäft der Redenschreiber⁴) eine grofse Bedeutung, ein Geschäft, das man lange nicht für so ehrenvoll hielt, wie das des öffentlichen Redners, auf das mancher Athener sogar verächtlich herabblickte, das indes auch von grofsen Staatsrednern nebenbei betrieben wurde und nach den athenischen Einrichtungen auch

---

¹) Es ist sehr zu beklagen, dafs diese Rede uns nicht mehr erhalten ist. Harpokration führt sie öfter unter dem Titel ἐν τῷ περὶ μεταστάσεως an. [Auf diese Rede bezieht sich die in der Eudemischen Ethik 3, 5 erzählte Äufserung: καὶ μᾶλλον ἂν φροντίσειεν ἀνὴρ μεγαλόψυχος τί δοκεῖ ἑνὶ σπουδαίῳ ἢ πολλοῖς τοῖς τυγχάνουσιν, ὥσπερ Ἀντιφῶν ἔφη πρὸς Ἀγάθωνα κατεψηφισμένος τὴν ἀπολογίαν ἐπαινέσαντα.]

²) Wenn er, wie angegeben wird, gegen Ol. 75, 1, v. Chr. 480, geboren war. Sein hohes Alter und seine Beredsamkeit zusammen scheinen ihm den Namen Nestor beim athenischen Volke verschafft zu haben. [Philostr. V. Soph. 1, 15, 2 sagt: προσρηθεὶς Νέστωρ ἐπὶ τῷ περὶ παντὸς εἰπὼν ἂν πεῖσαι.]

³) Der Volksbeschlufs, wonach er gerichtet wurde, und das Urteil des Gerichts stehen in den Vitae X Oratorum, unter Plutarchs Schriften Kap. 1, 23—29.

⁴) λογογράφοι nannte sie das attische Volk. [Vgl. Schol. Plat. Phaedr. p. 317 Bekk: λογογράφους γὰρ ἐκάλουν οἱ παλαιοὶ τοὺς ἐπὶ μισθῷ λόγους γράφοντας καὶ πιπράσκοντας αὐτοὺς εἰς δικαστήρια, ῥήτορας δὲ τοὺς δι' ἑαυτῶν λέγοντας. Platon Euthyd. p. 289, d. u. f. gebraucht den Ausdruck λογοποιοί, zum Teil offenbar in derselben herabwürdigenden Absicht, die auch im Phädrus p. 257, c, d zu Tage tritt. Wie dem Vorwurfe, dafs man von einer von einem Logographen verfafsten Rede Gebrauch mache, zu begegnen sei, darüber spricht ausführlich der Verfasser der sogenannten Rhetorik an Alexander c. 36, woselbst Spengels Anmerkung zu vergleichen ist.]

gar nicht entbehrt werden konnte. Denn da in Privatsachen die beteiligten Parteien selbst reden mußten und in öffentlichen Prozessen zwar in der Regel jeder Athener klagen, aber der Angeklagte keinen Anwalt statt seiner reden lassen durfte, sondern nur etwa Freunde nach dem Hauptspruche auftreten und diesen oder jenen Punkt weiter ausführen durften: so begreift man, daß in der Zeit, als man an einen Sprecher im Gericht schon größere Anforderungen machte, die meisten Athener fremder Hilfe dabei benötigt waren, daher sie sich entweder bei der Anfertigung der Reden unterstützen ließen, oder sie auch ganz so hielten, wie ein geübter Redner sie für sie verfertigt hatte. Daher die sogenannten Logographen, wie Antiphon, dann Lysias, Isäos, auch Demosthenes, ziemlich die Stelle der römischen Patroni oder Causidici, unserer Advokaten, vertraten: wiewohl sie, wenn sie nicht zugleich Staatsgeschäfte trieben, weit weniger geehrt waren, als diese [1]). Dies Redenschreiben für andere führte auch wahrscheinlich zuerst dazu, Reden überhaupt niederzuschreiben und in dieser Form auch anderen als den Beteiligten mitzuteilen; sicher ist wenigstens, daß dies zuerst durch Antiphon geschah [2]).

Außerdem errichtete Antiphon auch eine Schule der Redekunst, in welcher er junge Leute ganz fachmäßig zu Rednern bildete, und brachte, wie es nun schon seit Korax Sitte war, seine Grundsätze in systematischen Zusammenhang, indem er eine Techne schrieb. Als Lehrer der Rhetorik schloß er sich eng an die Sophisten an, die Antiphon, obgleich nicht persönlich von irgend einem unterrichtet [3]), sehr genau gekannt haben

---

[1]) So wurde schon Antiphon von dem Komiker Platon wegen des Redenschreibens für Geld angegriffen. Photius cod. 259. [Übereinstimmend mit Vitae X Orator. p. 833, c und Philostrat. vit. Sophist. 1, 15.]

[2]) Orationem primus omnium scripsit, sagt Quinetilian von ihm Instit. 3, 1, 11. [Bestimmter sagt Diodor (wahrscheinlich derselbe, von dem Suidas unter Πωλίων eine ἐξήγησις τῶν ζητουμένων παρὰ τοῖς ι' ῥήτορσιν anführt) bei Clemens Alex. Strom. 1, p. 365: πρῶτον δικανικὸν λόγον εἰς ἔκδοσιν γραψάμενον. Vgl. noch Hermog. π. ἰδεῶν p. 415 Spengel.]

[3]) Dies bezeugt das γένος 'Αντιφῶντος. Daß Antiphons Vater schon Sophist gewesen (Vitae X Orat. 1. Photius codex 259) ist nach der Chronologie kaum möglich. [Darüber, ob es neben dem Redner Antiphon noch einen

muſs; er bearbeitete ebenfalls wie Protagoras und Gorgias Themata, die rein zur Übung bestimmt keinen unmittelbaren praktischen Zweck hatten. Dies konnten teils ganz allgemeine Gegenstände sein, wie sie in den verschiedensten Verhältnissen zur Sprache kamen, die sogenannten loci communes [1]; teils besondere, konkrete, aber erdichtete Fälle, die man mit scharfsinnigem Witze so zu erfinden und gestalten wuſste, daſs sie der Rede für und wider fast gleichen Vorteil gestatteten und die sophistische Fertigkeit übten, das eine und das andere auf eine gleich plausible Weise durchführen zu können.

Wir haben noch unter den Reden des Antiphon, deren im ganzen fünfzehn auf uns gekommen sind, zwölf, welche in die letzte Klasse von Schulübungen fallen. Sie bilden drei Tetralogieen zusammen, so daſs immer vier einen und denselben Fall behandeln, als erste und zweite Rede des Anklägers und des Verteidigers[2]). Die erste Tetralogie dreht sich um diesen Fall. Ein Bürger kehrt mit einem Sklaven des Nachts von einer Mahlzeit zurück und wird von Mördern überfallen. Der Bürger wird sogleich getötet; der Sklav lebt noch so lange, um den Verwandten des Ermordeten sagen zu können, daſs er einen bestimmten Mann, der mit dem Herrn in Feindschaft lebte und einen schweren Prozeſs gegen ihn zu verlieren im Begriff stand, unter den Mördern erkannt habe. Dieser wird nun von den

---

Sophisten dieses Namens gegeben, bestand bereits im Altertume Meinungsverschiedenheit. Vgl. Didymus bei Hermogenes, π. ἰδεῶν t. 3, p. 385 Walz. Der bei Xenophon Mem. 1, 6 erwähnte Antiphon ist offenbar nicht der Redner, sondern derselbe, der bei Suidas als τερατοσκόπος unter dem Beinamen λογομάγειρος genannt ist. Sonderbar ist die Notiz bei Plutarch V. X Orat. daſs Einige das Werk des Glaukos von Rhegium dem Antiphon beigelegt hätten. Die Gründe, durch welche G. Perrot, l'éloquence politique et judiciaire à Athènes, Paris 1873, p. 141 ff. eine Anzahl von Bruchstücken, die im Florilegium des Stobäus erhalten sind, für den Redner Antiphon in Anspruch nimmt, sind nicht überzeugend.]

[1]) Daſs Antiphon sich auch in solchen loci communes geübt, beweist das genaue Wiederkehren solcher Gemeinplätze in verschiedenen Reden; er schaltete sie ein, wo er sie gerade brauchen konnte. Vgl. von Herod. Totschl. § 14. 87 und vom Choreuten § 2. 3.

[2]) Λόγοι πρότεροι καὶ ὕστεροι. [Vgl. auſserdem Philostr. v. Soph. 1, 15, 2.]

Verwandten des Mordes angeklagt. Nun drehen sich die Reden darum die wahrscheinliche Beweiskraft der erwähnten Aussagen und übrigen Umstände zu erhöhen und zu schwächen: wie überhaupt die Kunst des Sachwalters hauptsächlich darin bestand die Momente der Wahrscheinlichkeit [1]) nach dem Vorteile seiner Partei zu behandeln. Während z. B. der Kläger das gröfste Gewicht auf die Feindschaft legt, welche den Angeklagten zum Morde getrieben haben werde, behauptet der Angeklagte, dafs er gewifs nicht einen Tod veranlafst haben werde, von dem er voraussehen konnte, dafs man ihn darum beargwohnen werde. Während der Erste das Zeugnis des Sklaven als das einzige in der Sache mögliche sehr hoch stellt, behauptet der Zweite, dafs man die Sklaven nicht, wie es allgemeiner Gebrauch war, foltern würde, wenn man ihrem simpeln Zeugnisse traute. Darauf sagt wieder der Kläger in der zweiten Rede unter anderem: Sklaven follte man allerdings, um einen Diebstahl oder ein Vergehen, welches sie dem Herrn zu gefallen verhehlten, herauszubekommen: aber in Fällen von dieser Art lasse man sie frei, um das Zeugnis eines Freien zu gewinnen [2]); was aber die Ausrede betrifft, dafs der Angeklagte den Argwohn vorausgesehen haben werde: so sei die Furcht vor diesem Argwohne nicht stark genug, um die Gefahr aufzuwiegen, in welche der Verlust des Prozesses ihn gebracht haben würde. Der Verklagte weifs indes die Wahrscheinlichkeit sehr auf seine Seite zu drehen, indem er unter anderem bemerkt, dafs der Freie durch die Gefahr der Ehre und des Vermögens abgehalten werde, ein falsches Zeugnis zu geben; den Sklaven aber habe vor seinem Tode keine Rücksicht abhalten können, nicht im Interesse der Familie seines Herrn den alten Feind desselben anzuklagen. Und nachdem er aus der Abwägung der Wahrscheinlichkeits-Momente die Summa möglichst zu seinem Vorteile gezogen, schliefst er sehr passend

---

[1]) τὰ ἐξ εἰκότων, auch τεκμήρια genannt, und weil sie der Kunst des Sachwalters bedurften, ἔντεχνοι πίστεις. Dagegen sind Beweise, die nur vorgelegt zu werden brauchen, um zu beweisen, ἄτεχνοι πίστεις von den alten Rhetoren genannt worden. [Vgl. Aristot. Rhet. 1, 2, 2.]

[2]) Zum eigentlichen Zeugen, μαρτυρεῖν, gehörte persönliche Freiheit: von den Sklaven erprefste man Aussagen durch die Folter.

damit, dafs er seine Unschuld nicht durch Wahrscheinlichkeiten¹), sondern faktisch erweisen wolle, indem er — dem Gebrauche des attischen Rechtes gemäfs — alle seine Sklaven und Sklavinnen zur Inquisition darbietet, damit sie auch auf der Folter bezeugten, dafs er, der Angeklagte, in der Nacht, in welcher der Mord begangen sein soll, das Haus nicht verlassen habe.

Ich habe diese wenige Punkte unter vielen andern eben so scharfsinnigen Argumenten für und wider nur deswegen hervorgehoben, um Lesern, denen Antiphons Reden noch unbekannt sind, eine schwache Vorstellung von dem Scharfsinne und der Erfindungsgabe zu geben, womit die damaligen Sachwalter die faktisch vorliegenden Umstände ihrem Interesse gemäfs zu drehen und zu wenden wufsten. Die sophistische Kunst, die schwächere Sache zur stärkern zu machen, verwächst bei Antiphon so mit der gerichtlichen Beredsamkeit²), dafs ein und derselbe Redenschreiber recht gut imstande sein mufste, für beide Parteien einander bekämpfende Reden anzufertigen.

Aufser diesen Übungsreden³) haben wir von Antiphon nur noch drei für wirkliche Rechtsstreite geschriebene Prozefsreden, die Anklage der Stiefmutter wegen Vergiftung, die Verteidigungsrede wegen der Ermordung des Herodes und eine andere Verteidigungsrede für einen Choregen, dem ein Choreut während der Übungen an Gift gestorben war. Alle diese Reden beziehen sich auf Klagen wegen Tötung⁴) und sind eben deswegen mit den Tetralogieen zusammengestellt worden, denen fingierte Themata derselben Art zum Grunde liegen: die Einteilung der Werke der griechischen Reden nach den Gattungen der Prozesse war bei den Gelehrten des Altertums⁵) sehr gewöhnlich und liegt

---

¹) Er sagt § 10 sehr spitzfindig: Indem sie den Vorsatz aussprechen, mich aus Wahrscheinlichkeitsgründen zu überführen, behaupten sie doch, nicht dafs ich wahrscheinlich, sondern dafs ich wirklich der Mörder sei. [Vgl. Bd. I. S. 627, Anm. 4.]
²) Dem δικανικὸν γένος.
³) [Nach einer sehr ansprechenden Vermutung Spengels und Sauppes in seinen Quaestiones Antiphonteae, Göttingen 1861, bildeten diese Tetralogieen eine Zugabe zu der τέχνη des Antiphon.]
⁴) Φονικαὶ δίκαι.
⁵) Wie sie bei Dionys von Halikarnass öfter vorkommt.

vielen Anführungen der alten Grammatiker zum Grunde, wo z. B. die Reden in vormundschaftlichen Angelegenheiten, in Geldgeschäften, in Schuldsachen, als besondere Abteilungen angeführt werden. So hat sich nun von Antiphon gerade die Abteilung der Prozesse wegen Totschlags, wie von Isäos blofs die der Erbschaftssachen, erhalten. In diesen Reden herrscht dieselbe Schärfe und Feinheit der Beweisgründe, derselbe Sachwalterverstand, wie in den Tetralogieen, verbunden mit weit gröfserer Ausführung und fleifsigerer Ausbildung der Form, da in den Tetralogieen die Absicht des Verfassers blofs auf die Erfindung und Verknüpfung der Argumente hinausgeht.

Diese ausgeführteren Reden gehören zu den wichtigsten Denkmälern, die für die Geschichte der Redekunst noch vorhanden sind. Sie stehen hinsichtlich des Stils in naher Verwandtschaft mit dem Geschichtswerke und den darin eingestreuten Reden des Thukydides und bestätigen die von vielen Grammatikern[1] überlieferte Angabe, dafs Thukydides den rhetorischen Unterricht des Antiphon genossen habe, was sich mit den Lebensumständen beider sehr gut verträgt[2]). Antiphon und Thukydides werden von den Alten selbst oft verbunden[3]) und als die bedeutendsten Meister der altertümlich-strengen Rede-

---

[1]) Der bedeutendste Gewährsmann ist Cäcilius von Kalakte, ein ausgezeichneter Rhetor der Ciceronischen Zeit, von dem wir viele treffende Urteile und wichtige Angaben haben. S. die Plutarchischen Vitae X Orat. I. und Photios Bibliothek Codex 259. Auch bleibt es immer wahrscheinlich, dafs Platon Menexen. p. 236, a unter dem Schüler des Antiphon den Thukydides meint. [Die Zeit des Cäcilius mufs etwas später angesetzt werden. Er war ein etwas jüngerer Zeitgenosse des Dionysius von Halikarnass, so dafs seine Blüte unter die Regierung des Augustus fällt, etwa 20 Jahre v. Chr. Vgl. Burckhardt, Caecilii rhetoris fragm., Bas. 1863, p. 5.]

[2]) Thukydides konnte — bei der Neuheit der damaligen rhetorischen Studien — sehr gut noch in seinen zwanziger Jahren Antiphons Unterricht geniefsen, der etwa 8 Jahr älter als er war. [Classen, in der Einleitung zu Thukydides S. XIX hält blofs ein näheres persönliches Verhältnis für wahrscheinlich und erblickt in den Worten des Thukydides 8, 68 den Ausdruck seiner Pietät.]

[3]) Dionys. Hal. de verb. comp. p. 150 Reiske; Tryphon in Walz Rhetor. gr. t. 8, p. 750 und andre.

kunst¹) angeführt, deren Wesen wir gleich an dieser Stelle richtig zu fassen suchen müssen. Es besteht aber keineswegs, wie man nach dem Ausdrucke mutmafsen könnte, der sich nur durch die Vergleichung mit der späteren Glätte und Anmut rechtfertigt, in einer gesuchten Rauheit und abstofsenden Schroffheit des Ausdrucks, sondern darin, dafs dem Redenden alles daran liegt, die Gedanken, die er mit Klarheit und scharfer Bestimmtheit aufgefafst hat, in derselben scharfen Bestimmtheit wiederzugeben. Der Geist der damaligen Zeit hatte im Denken, bei unleugbarem Mangel an Übung und Geläufigkeit in mancher Hinsicht, doch zugleich eine damit eng zusammenhängende Kraft und Frische; viele Reflexionen, die hernach durch die häufige Wiederholung trivial wurden und eben darum immer mehr auf eine leichtsinnige und oberflächliche Weise angewandt wurden, nahmen damals noch die ganze Energie des Geistes in Anspruch und gewährten ihm damit zugleich den Genufs des Begreifens der Dinge; ganz abgesehen von dem Werte und der Wichtigkeit der Ergebnisse des Denkens ist in Schriftstellern wie Antiphon und Thukydides eine immer wache Regsamkeit und unermüdliche Spannkraft des Geistes, gegen welche — um nicht weiter hinab zu gehen — selbst Platon und Demosthenes, bei einer so viel reicheren Bildung und gröfsern Erfahrung, zurückweichen müssen.

Indem wir uns an die Rede zuerst in ihren einzelnen Elementen, dann in der syntaktischen Zusammensetzung derselben halten, werden wir zugleich eine deutlichere Vorstellung von der Bewegung der Gedanken in diesen Schriftstellern gewinnen. Charakteristisch ist für Antiphon, wie für Thukydides, eine grofse Schärfe im Wortgebrauch²). Sie zeigt sich unter anderem in dem Bestreben, genau zu unterscheiden und auch sinnverwandte Ausdrücke scharf gegen einander abzugrenzen: ein Bestreben,

---

¹) αὐστηρὸς χαρακτήρ, αὐστηρὰ ἁρμονία, austerum dicendi genus, s. Dionys. Hal. de compos. verbor. p. 147 ff.

²) ἀκριβολογία ἐπὶ τοῖς ὀνόμασιν nennt sie Marcellin. Vita Thucyd. § 36. [Diese Genauigkeit in der Wahl des Ausdrucks darf wohl als die Frucht der von den Sophisten auf die ὀρθοέπεια verwandten Sorgfalt betrachtet werden. Vgl. unten Seite 158, Anm. 1.]

das durch Prodikos angeregt war und oft auch, wie bei diesem Sophisten, ins Übertriebene und Affektierte geht ¹). Abgesehen von einzelnen Worten, gab der Formenreichtum und die Bildungsfähigkeit der griechischen Sprache den Schriftstellern die Macht, ganze Klassen von Ausdrücken zu erschaffen, die eine feine Modifikation des Begriffs anzeigen, wie die Participia im Neutrum, welche eine Kraft im Geiste anzeigen, die von der bloſsen Eigenschaft eben so verschieden ist, wie von der einzelnen Handlung ²). In Betreff der grammatischen Formen so wie der Bindepartikeln streben die Schriftsteller des alten Stils nicht nach derjenigen gleichmäſsigen Fortführung, durch welche die Rede einen glatten Fluſs bekommt und in ihrem Fortgange an jeder Stelle leicht zu übersehen ist; ihnen ist es wichtiger, die feineren Nüancen des Gedankens durch Veränderungen in den Formen auszudrücken, auch wenn der Ausdruck dadurch eine gewisse Unebenheit und Schwierigkeit erhält ³). Was aber die Verbindung der Sätze zu einem gröſsern Ganzen betrifft, so steht in dieser Hinsicht die Sprache des Antiphon wie des Thukydides in der Mitte zwischen der anreihenden, locker zusammenfügenden Schreibart des Herodot ⁴) und dem periodischen Stile der Schule des Isokrates. Wie die Periode, die den Eindruck eines geschlossenen Kreises, eines völlig abgerundeten Ganzen macht, sich erst in jener späteren

---

¹) Wie wenn es in Antiphons Rede von Herodes Totschlag § 94 heiſst (nach wahrscheinlicher Lesart): Jetzt seid ihr Untersucher (γνωρισταί) der Zeugnisse; dann werdet ihr Richter (δικασταί) des Prozesses sein; jetzt Mutmaſser (δοξασταί), dann Erkenner (κριταί) der Wahrheit. Ähnliche Beispiele § 91. 92.

²) Wie wenn Antiphon Tetral I, γ, § 3 sagt: die Gefahr und die Schande, welche stärker als der Zwist war, war selbst, wenn sie zu der That sich entschlieſsen wollten, wohl im Stande σωφρονίσαι τὸ θυμούμενον τῆς γνώμης, d. h. das in ihrem Sinne leidenschaftlich Auflodernde zu dämpfen. Thukydides, der diese Ausdrucksweise eben so liebt, wie Antiphon, stimmt gerade auch in diesem τῆς γνώμης τὸ θυμούμενον mit ihm überein 7, 68.

³) Als ein Beispiel führe ich den auch bei Antiphon häufigen Übergang aus dem kopulativen Satze in den adversativen an. Der Schriftsteller fängt mit καί an, aber läſst statt des entsprechenden καί ein δέ folgen. Dadurch werden die beiden Glieder im Anfange als sich entsprechende Teile eines Ganzen gesetzt, aber hernach der Gegensatz, in dem sich das zweite Glied zum ersten befindet, als wichtiger hervorgehoben.

⁴) λέξις εἰρομένη. [Vgl. B. 1, S. 457.]

Schule entwickelte, werden wir in einem der nächsten Kapitel betrachten; hier genügt es, den völligen Mangel einer solchen periodischen Abrundung in der Rede des Antiphon und Thukydides zu bemerken. Dagegen konnte es auch diesen Schriftstellern nicht an gröfseren Sätzen fehlen, in denen das Vermögen, Beobachtungen und Gedanken innerlich in die rechte Verbindung zu bringen, sich auch äufserlich kundthat. Aber diese gröfseren Sätze erscheinen noch mehr als eine Anhäufung von Gedanken, die keine notwendige Grenze hat und — wenn dem Schriftsteller noch mehr untergeordnete und unterstützende Umstände bekannt wären — noch immer weiter fortgesetzt werden könnte[1]), nicht als eine in einem Körper vereinigte und dadurch in allen ihren Verhältnissen bedingte Summe von Gedanken. Nur diejenige Art von Sätzen, in denen die Glieder nicht einander untergeordnet, sondern neben einander gestellt werden, d. h. die Kopulativ- Adversativ- und Disjunktiv-Sätze[2]), haben schon in dieser Periode der Redekunst eine grofse Ausbildung erhalten und werden mit grofser Kunst in allen ihren Teilen ebenmäfsig durchgeführt. Es ist in der That höchst merkwürdig, mit welchem Geschick ein Redner, wie Antiphon, seine Gedanken gleich so zu fassen weifs, dafs sie solche binäre Verbindungen teils entsprechender, teils entgegengesetzter Glieder ergeben, und mit welchem Fleifse er dies symmetrische Verhältnis nach allen Seiten hin aufzuzeigen und die Symmetrie wie in einem Architekturwerke an jeder Stelle durchzuführen weifs.

Kaum hat z. B. der Redner über Herodes Totschlag den Mund geöffnet, so ist er schon mitten in einem kunstreichen Systeme von Parallelsätzen der angegebenen Art: »Ich möchte wohl, ihr Richter, dafs mein Vermögen der Rede und meine Kunde in den Geschäften im gleichen Verhältnis stände zu meiner unglücklichen Lage und den erlittenen Leiden. Nun aber habe ich das Letztere erfahren mehr als billig ist; das Erstere aber

---

[1]) Wir werden von dieser Art von Sätzen, die besonders in der Erzählung ihren Platz haben, bei Thukydides genauer sprechen. [S. unten S. 160 f.]

[2]) Die Sätze mit καί (τε) καί, mit μέν — δέ, mit ἤ (πότερον) ἤ. Im ganzen bildet alles das zusammen die ἀντικειμένη λέξις.

mangelt mir mehr als mir nützlich' wäre. Denn wo ich Schaden leiden sollte an meinem Leibe durch eine unrichtige Beschuldigung, da half mir meine Geschäftskunde nichts; wo es aber darauf ankommt, mich zu retten durch wahrhafte Angabe des Geschehenen, da schadet mir mein Unvermögen im Reden, u. s. w.«. Man sieht wohl, daſs dieser symmetrische Satzbau [1]) seinen Grund hat in einer eigentümlichen Bewegung der Gedanken, nämlich in der Neigung und Gewohnheit, zu vergleichen und zu unterscheiden, alle Dinge so zusammenzustellen, daſs ihr Entsprechendes und ihr Unterschiedenes auf eine markierte Weise hervortreten, kurz in einer eigenen Verbindung von Witz und Scharfsinn, die bei jenen alten Attikern in hohem Maſse vorhanden war. Indessen ist auch nicht zu leugnen, daſs die Gewohnheit so zu reden etwas verführerisches hatte und dieser Parallelismus der Glieder darum oft weiter geführt wurde, als es die natürliche Beschaffenheit des Gedankens gestattete, besonders da mit dem Streben nach Gegenüberstellung von Begriffen und Gleichgewicht der Gedanken sich nun auch ein rein formelles Spiel mit Klängen verband, das jene Gedankenverhältnisse anschaulich und für das Ohr selbst eindrücklich machen sollte, aber oft mit solcher Vorliebe gepflegt wurde, daſs es weit darüber hinauswuchs.

Gerade diese symmetrische Architektonik der Sätze war es nämlich, wo alle die schon bei Gorgias erwähnten Figuren der Rede, das Isokolon, Homöoteleuton, Parison, nebst den Paronomasieen und Parechesen, recht ihre Stelle fanden. Diese Zierden der Reden finden sich sämtlich bei Antiphon wieder, wenn auch nicht in solchem Maſse, wie bei Gorgias, und mit einer gewissen attischen Besonnenheit und Mäſsigung behandelt. Aber auch Antiphon miſst in antithetischen Sätzen dem Hörer' eben so viel Worte und dabei möglichst gleichklingende auf der einen wie auf der anderen Seite zu [2]); auch Antiphon stellt gern Wörter

---

[1]) ἐναρμόνιος σύνθεσις bei Cäcilius von Kalakte (Photius cod. 259), concinnitas bei Cicero, Brutus c. 83.
[2]) Wie z. B. von Herod. Totschl. §. 73: Stärker sein muſs — eure Macht, mich auf gerechte Weise zu erretten, als der Feinde Willen, mich auf ungerechte Weise zu verderben — τὸ ὑμέτερον δυνάμενον ἐμὲ δικαίως σώζειν, ἢ τὸ τῶν ἐχθρῶν βουλόμενον ἀδίκως ἐμὲ ἀπολλύναι.

von ähnlichem Klange einander gegenüber, um den Unterschied der Begriffe recht merklich zu machen [1]); auch seine Rede hat etwas Abgezirkeltes und gesucht Regelmäfsiges, das an die steife Symmetrie und den Parallelismus der Bewegungen erinnert, welcher in den älteren Werken der griechischen Skulptur herrscht.

Während Antiphon auf diese Weise durch diese Künstlichkeiten, welche die alten Rhetoren Figuren des Ausdrucks [2]) nannten, der Rede einen gewissen altertümlichen Schmuck gibt, fehlen nach der einsichtsvollen Bemerkung eines der besten Rhetoren des Altertums [3]) die Figuren des Gedankens [4]). Diese Wendungen des Gedankens, welche die ruhige Entwickelung desselben unterbrechen, gehen meistenteils von Affekt und Leidenschaft aus, sie sind es, durch welche die Rede das Pathos bekommt, wie die Ausrufung des Unwillens, die ironische und höhnische Frage, die nachdrücklich-heftige Wiederholung desselben Begriffs in mannigfachen Formen [5]), die immer heftiger andringende Steigerung [6]), das plötzliche Abbrechen der Rede, als wenn das, was noch zu sagen sei, über alle Kraft des Ausdrucks gehe [7]). Oft ist aber auch in diesen Figuren eben so viel Schlauigkeit, wie Bewegung des Gemüts, wie in dem Herumsuchen nach dem Ausdruck, als könne man den rechten nicht finden, um diesen dann mit desto gröfserem Nachdruck hervorspringen zu lassen [8]), dem Berichtigen

---

[1]) Ein Beispiel einer solchen Paronomasie ist in der Rede von Herodes Totschl. §. 91: Wenn in einer Hinsicht gefehlt werden soll, so ist es gottesfürchtiger ungerechter Weise loszusprechen, als gegen Recht umzubringen: ἀδίκως ἀπολῦσαι ὁποιότερον ἂν εἴη τοῦ μὴ δικαίως ἀπολέσαι. [Zu vergleichen sind auch noch die unmittelbar folgenden Worte: τὸ μὲν γὰρ μόνον ἁμάρτημά ἐστι τὸ δὲ ἕτερον καὶ ἀσέβημα. Ähnlich orat. 1 § 15: εἶναι φάσκουσα αὐτῆς μὲν τοῦτο εὕρημα, ἐκείνης δ᾽ ὑπηρέτημα oder § 21: ἀθέως καὶ ἀκλεῶς.]

[2]) σχήματα τῆς λέξεως.

[3]) Cäcilius von Kalakte bei Photios cod. 259. p. 485 Bekker, der ganz verständig hinzufügt: er wolle nicht behaupten, dafs nicht einmal eine Figur des Gedankens bei Antiphon vorkomme, aber er thue dies nicht aus Studium, κατ᾽ ἐπιτήδευσιν, und nur selten.

[4]) σχήματα τῆς διανοίας.

[5]) Polyptoton. [Vgl. Volkmann, die Rhet. der Gr. und Römer, S. 400.]

[6]) Klimax. [Volkmann a. a. O. S. 403.]

[7]) Aposiopesis. [Volkmann a. a. O. S. 429.]

[8]) Aporia. [Volkmann a. a. O. S. 423.]

der eigenen Rede, um den Schein der gröfsten Skrupulosität im Ausdrucke zu erregen [1]), dem Unterschieben einer Antwort in die Seele des Gegners, als wenn sie sich von selbst verstünde [2]), der Verdrehung der Worte eines andern, um einen ganz andern Sinn hineinzulegen, als der andere gemeint [3]) u. dgl. Alle diese Redeweisen sind der älteren attischen Beredsamkeit fremd, aus Gründen, die tiefer liegen, als in der Geschichte der Rhetorschulen, und in der Entwickelung und Umbildung des athenischen Charakters ihren Grund haben. Jene Figuren beruhen, wie gesagt, teils auf einer Leidenschaftlichkeit, die allen Anspruch auf ruhige Besonnenheit aufgibt, teils auf einer Schlauheit und Verstellung, die jedes Mittel anwendet, um sich selbst den besten Schein zu verschaffen [4]). Beide Eigenschaften, jene Leidenschaftlichkeit und diese Pfiffigkeit, nahmen im Charakter der Athener erst später überhand, und wenn sie auch nach der Erschütterung, welche die Sitte in Griechenland durch die Theorieen der Sophisten und zugleich durch die Parteikämpfe des peloponnesischen Krieges betraf, die nach Thukydides besonders die Neigung zur Intrigue nährten [5]), immer stärker hervortreten: so dauerte es doch geraume Zeit, ehe die Kunst der Rede in dem Grade davon ergriffen wurde, dafs sie die dafür geeigneten Formen der Rede vollständig entwickelte. In Antiphon herrscht, wie in Thukydides, noch ganz die ältere Geradheit und Besonnenheit der Rede; alle Kraft des Geistes ist auf die Erfindung und Auseinandersetzung der Gedanken gerichtet, die der Sprechende für sich anzuführen hat; was darin Unwahres und Verblendendes liegt, ist im Gedanken selbst, nicht in verdunkelnden Gemütsbewegungen gegeben. Antiphon mufs, ähnlich wie Perikles, mit unbewegten Gesichtszügen, im Tone der ruhigsten Besonnenheit gesprochen haben: wenn auch bereits sein Zeitgenosse Kleon, dessen Weise

---

[1]) Epidiorthosis, auch Metanöa genannt. [Ebenso Epanorthosis, Epitimesis und Hypallage. Vgl. Volkmann a. a. O. S. 423.]

[2]) Anthypophora, Subjectio. [Auch zuweilen Hypophora. Vgl. Volkmann a. a. O. S. 211 u. 420.]

[3]) Anaklasis. [Volkmann a. a. O. S. 408.]

[4]) Πανουργία. Cäcilius nennt die σχήματα διανοίας daher τροπὴν ἐκ τοῦ πανούργου καὶ ἐνάλλαξιν.

[5]) Thukydides 3, 81.

zu reden von der kunstmäfsigen Beredsamkeit der Zeit sich sehr entfernte, in heftigem Affekt auf der Rednerbühne hin und her lief, den Mantel zur Seite warf und sich mit der leidenschaftlichsten Gestikulation auf die Hüfte schlug [1]).

Andokides, der dem Antiphon in Jahren zunächststehende attische Redner, von dem wir noch Reden besitzen, ist eine interessantere Person für die damalige Geschichte Athens, als für die Ausbildung der Redekunst. Aus einem vornehmen Geschlechte entsprossen, das die Mysterienherolde für die Feier der Eleusinien stellte [2]), finden wir ihn frühzeitig in Staatsgeschäften als Feldherrn und Gesandten, bis er in den Prozess wegen der Verstümmelung der Hermen und Entheiligung der Mysterien verflochten sich zwar durch wahre oder falsche Angaben der Schuldigen rettete, aber doch Athen zu verlassen genötigt wurde. Von dieser Zeit an verging sein Leben in Handelsunternehmungen, die er besonders in Kypern betrieb, und Bemühungen, die Rückkehr in sein Vaterland zu erlangen, bis er nach dem Sturze der Dreifsig unter dem Schutze der allgemeinen Amnestie, welche die Parteien beschworen hatten, zurückkehrte. Wir finden ihn nun zwar wegen der alten Schuld nicht unangefochten, aber doch in Staatsgeschäften, bis er, im Verlaufe des korinthischen Krieges nach Sparta zur Unterhandlung des Friedens abgesandt, von den Athenern von neuem verbannt wurde, weil die Ergebnisse seiner Unterhandlung sie nicht befriedigten.

---

[1]) Dies führt Plutarch im Nikias 8. Tib. Gracch. 2. als den ersten Verstofs gegen den κόσμος der Rednerbühne an. Die Hauptstelle darüber findet sich bei Äschines c. Timarch. § 25: καὶ οὕτως ἦσαν σώφρονες οἱ ἀρχαῖοι ἐκεῖνοι ῥήτορες, ὁ Περικλῆς, καὶ ὁ Θεμιστοκλῆς καὶ ὁ Ἀριστείδης, ὥστε, ὃ νυνὶ πάντες ἐν ἔθει πράττομεν, τὸ τὴν χεῖρα ἔξω ἔχοντες λέγειν τότε τοῦτο θρασύ τι ἐδόκει εἶναι καὶ εὐλαβοῦν τ' αὐτὸ πράττειν. Weiter führt der Redner als Beispiel die diese Haltung des Körpers wiedergebende Bildsäule des Solon an. Dazu bemerkt der Scholiast: λέγεται δὲ Κλέων ὁ δημαγωγὸς παραβὰς τὸ ἐξ ἔθους σχῆμα (nämlich τὸ ἐντὸς ἔχειν τὴν χεῖρα λέγοντα) περιζωσάμενος δημηγορῆσαι.]

[2]) τὸ τῶν κηρύκων τῆς μυστηριώτιδος γένος. [Vgl. Athen. 6, p. 234, f. Die Angabe des Geburtsjahres des Andokides in den Vitae X Orat. Ol. 78, 1, 468 v. Chr. wird jetzt allgemein für unrichtig gehalten und dafür ungefähr 440 angesetzt. Vgl. darüber Kirchhoff, Andocidea, im Hermes B. 1, S. 7.]

Wir haben von Andokides drei Reden[1]), die erste über seine Rückkehr aus dem Exil, gehalten nach der Herstellung der Demokratie durch den Sturz der vierhundert Gewalthaber; die zweite über die Mysterien, gehalten Ol. 95, 1, 400 v. Chr., in welcher Andokides die sich immer erneuernde Anklage der Mysterienschändung auf den Anfang der ganzen Sache zurückgehend zu widerlegen sucht; die dritte über den Frieden mit Lakedämon, gehalten um Ol. 97, 1, 392 v. Chr., in der Andokides die athenische Volksversammlung antreibt, den Frieden mit Lakedämon zu beschliefsen. Die letztere Rede unterliegt schon von Seiten alter Grammatiker Zweifeln an ihrer Echtheit[2]); sicher unecht aber ist die Rede gegen Alkibiades, welche darauf anträgt, nicht den Redner, sondern den genannten Staatsmann durch den Ostrakismus zu verbannen. Die Rede könnte, wenn sie echt wäre, nach den uns bekannten Umständen der Verhandlung über Alkibiades Ostrakismus, unmöglich von Andokides sein; sie müfste dann mit einem neuern Kritiker[3]) dem Phäax zugeschrieben werden, welcher damals mit Alkibiades die Gefahr des Ostrakismus teilte: aber Inhalt und Form der Rede beweisen unwidersprechlich, dafs sie ein Machwerk eines spätern Rhetors ist[4]).

Andokides ist unter den Rednern, die von alten Grammatikern in die ruhmvolle Liste der Zehn aufgenommen worden sind, wohl der geringste an Talent und Studium[5]). Er zeigt

---

[1]) [Aufserdem besitzen wir noch einige Bruchstücke von einem in den Jahren 420—418 v. Chr. geschriebenen Pamphlet, dessen Titel wahrscheinlich συμβουλευτικός, πρὸς τοὺς ἑταίρους lautete. Vgl. darüber Kirchhoff a. a. O.]

[2]) [In der Hypothesis heifst es zum Schlusse: ὁ δὲ Διονύσιος νόθον εἶναι λέγει τὸν λόγον, womit ohne Zweifel Dionysios von Halikarnass gemeint ist.]

[3]) Taylor lectt. Lysiacae c. 6, den Ruhnken und Valckenaer nicht widerlegt haben.

[4]) Nach M. Meier, de Andocidis quae vulgo fertur oratione in Alcibiadem: eine Reihe von Programmen der Hallischen Universität. [Jetzt gesammelt im 1. Bde. seiner Opuscula. Eine Rede des Phäax gegen Alkibiades scheint Plutarch v. Alc. c. 13 zu erwähnen.]

[5]) Man mufs sich wundern, dafs nicht vielmehr Kritias unter die Zehn aufgenommen worden ist, aber ihm schadete wohl, einer der Dreifsig gewesen zu sein. Vgl. Kap. 31. [Der für Kritias Nichtaufnahme unter die Zehn attischen Redner angegebene Grund dürfte kaum zutreffend sein, wenn daran festzuhalten ist, dafs diese Auswahl erst in der Augusteischen Zeit stattgefunden

weder besondern Scharfblick in der Behandlung der grofsen Angelegenheiten, auf welche sich seine Reden beziehen, noch auch die Präzision in der Gedankenverbindung, welche sonst alle Schriftsteller der Zeit auszeichnet. Doch kann ihm gerade die Freiheit von der Manier, in welche damals ausgezeichnetere Köpfe so leicht verfielen, in Verbindung mit einer gewissen natürlichen Lebhaftigkeit — als ein Nachlassen von der Strenge des Stils, wie sie in Antiphon und Thukydides gefunden wird, zum Ruhme angerechnet werden [1]).

Vierunddreifsigstes Kapitel.
Die politische Geschichtschreibung des Thukydides.

Thukydides, ein Athener aus dem Demos Alimus, war gegen Ol. 77, 2, neun Jahre nach der Schlacht von Salamis, geboren [2]).

---

und wahrscheinlich dem Cäcilius zuzuschreiben ist. Nach Philostratus Leben der Sophisten 2, 1, 35 war es Herodes Attikus, der den Kritias in späterer Zeit zu Ehren brachte. Beachtenswert ist der Umstand, dafs Aristoteles in seiner Rhetorik keinerlei Beispiele weder aus Antiphon noch aus Andokides entlehnt hat.]

[1]) Die ἀντικειμένη λέξις ist auch bei Andokides vorherrschend, aber ohne das Streben nach äufserer Symmetrie.

[2]) Nach der bekannten Nachricht der Pamphila (einer litterarischen Frau aus Neros Zeit) bei Gellius N. A. 15, 23. Daran zu zweifeln berechtigt wenigstens nicht, dafs Thukydides selbst, 5, 26, sagt, er sei im rechten Alter gewesen, den peloponnesischen Krieg zu beobachten. Dies konnte er sehr gut von den Jahren von 40 67 Jahren sagen. Die ἡλικία für den Krieg war freilich eine andre, aber für Geistesarbeiten schien den Alten im ganzen ein späteres Alter geeignet als uns. [Nach Krüger, Untersuch. über das Leben des Thukyd. S. 9 ff. vgl. dessen epikritischen Nachtrag S. 8 ff., fällt das Geburtsjahr des Thukydides in die 80. oder 81. Olympiade, während Ullrich in seinen Beiträgen zur Erkl. u. Krit. des Thukydides 2, 1 S. 64 Anm. 131 das Lebensalter des Thukydides im Beginne des peloponnesischen Kriegs zwischen drei- und achtundzwanzig Jahre schätzt. Die Angabe über das Lebensalter des Thukydides beruht einzig auf der ἀκμή desselben, die Apollodor in den Anfang des peloponnesischen Kriegs gesetzt hat. Vgl. Diels, im rh. Mus. B. 31 S. 48 f.]

Sein Vater Oloros oder Orolos [1]) hat einen thrakischen Namen, wiewohl Thukydides selbst schon geborner Athener war, seine Mutter Hegesipyle trägt denselben Namen wie die thrakische Gemahlin des grofsen Miltiades, des Siegers bei Marathon; durch sie gehört Thukydides dem ruhmvollen Geschlechte der Philaïden an. Dies Geschlecht hatte nämlich von dem ältern Miltiades her, der unter der Pisistratiden Herrschaft Athen verlassen und ein eigenes Reich im thrakischen Chersones gegründet hatte, die Verbindung mit den Völkern und Fürsten jener Gegenden unterhalten; der jüngere Miltiades, der Sieger bei Marathon, hatte die Tochter eines Königs in Thrakien Orolos geheiratet; die Kinder dieser Ehe waren Kimon und die jüngere Hegesipyle; die letztere heiratete einen jüngeren Orolos, wahrscheinlich einen Enkel des Fürsten, der durch seine Verwandten das Bürgerrecht in Athen erhalten hatte; der Sohn dieser Ehe war Thukydides [2]).

Thukydides gehörte auf diese Weise einer angesehenen, mächtigen und besonders in Thrakien begüterten Familie an. Er selbst besafs Goldbergwerke in Thrakien, zu Skapte-Hyle oder Wald-rode, in derselben Gegend, aus welcher nach den Athenern

---

[1]) [Die Form Orolos, welcher O. Müller den Vorzug gibt, hat keinerlei sichere Gewähr aufser der Empfehlung bei Marcellinus 16, 17, der sich auf die Autorität der von Didymus gelesenen Grabinschrift beruft. Bei Thukydides selbst 4, 104 steht Oloros. Vgl. M. Schmidt, Didymi fragm. p. 322 s.]

[2]) Auf diese Weise wird man am besten die Angaben bei Marcellinus Vita Thucydidis und Suidas mit den bekannten historischen Daten vereinigen. Die Genealogie ist dann im ganzen diese:

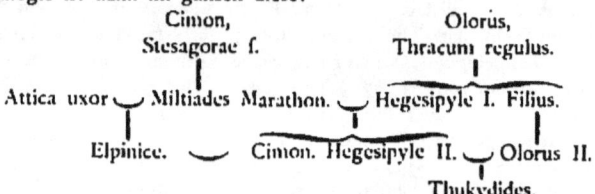

[Dieselbe Stammtafel, mit einigen näheren, zum Teil von O. Müller herrührenden Begründungen gibt Roscher, Leben, Werk und Zeitalter des Thukydides S. 90 f. Dagegen vermutet Classen, Einl. S. XIII, dafs eine andere Tochter des Königs Oloros, eine Schwester der Hegesipyle, der Gemahlin des Miltiades, mit einem attischen Bürger vermählt gewesen, und Oloros, des Thukydides Vater, ein Sohn dieser Ehe war.]

Philippus die Mittel schöpfte, seine Macht unter den Griechen zu begründen. Dieser Besitz hatte auf die Schicksale des Thukydides grofsen Einflufs, namentlich auf seine Entfernung von Athen, worüber er selbst die genauesten Nachrichten gibt [1]). Im achten Jahre des peloponnesischen Krieges (Ol. 89, 1, v. Chr. 423) wollte der spartanische Feldherr Brasidas Amphipolis am Strymon nehmen. Thukydides, Oloros Sohn, stand mit einer kleinen Flotte von sieben Schiffen bei der Insel Thasos: wahrscheinlich auf seinem ersten Kommando, das er sich durch Auszeichnung in untergeordneten Kriegsämtern verdient haben mag. Brasidas fürchtete auch diese kleine Flotte, weil er wufste, dafs ihr Anführer Goldbergwerke in jener Gegend besafs, und grofsen Einflufs auf die Angesehensten des Landes ausübte, daher es ihm leicht sein würde, aus den dortigen Völkerschaften Hilfstruppen zum Entsatze von Amphipolis zu sammeln. Brasidas bewilligte deswegen der Besatzung von Amphipolis eine bessere Kapitulation, als zu erwarten war, um nur die Stadt schnell in seine Macht zu bekommen, und Thukydides kam mit seiner Flotte zu spät zur Rettung der bedeutenden Stadt und konnte nur die Küstenfestung Eion beschützen. Die Athener, welche ihre Feldherrn und Staatsmänner ganz nach dem Erfolge ihrer Mafsregeln zu beurteilen pflegten, verurteilten ihn wegen Pflichtverletzung [2]); er wurde genötigt ins Exil zu gehen, in welchem er zwanzig Jahre lang blieb, die er meist in Skapte-Hyle verlebte. Auch benutzte er die Erlaubnis heimzukehren nicht, welche der Friede von Sparta mit Athen enthielt; erst nach der Herstellung der Freiheit durch Thrasybul kam er, durch einen besondern Volksbeschlufs zurückgerufen, wieder in sein Vaterland [3]). Hier mufs er, wie sein Geschichts-

---

[1]) Thukyd. 4, 104 ff.
[2]) Wahrscheinlich war die Klage gegen ihn eine γραφὴ προδοσίας. [Über Thukydides Schuld oder Unschuld sind auch heute noch die Ansichten geteilt. Für die erstere erklären sich Grote, hist. of Gr. B. 6, S. 565, Oncken, Athen und Hellas B. 2, S. 319: dagegen E. Curtius, gr. Gesch. B. 2, S. 445, 750, H. Hiecke, der Hochverrat des Geschichtschr. Thukydides, Berlin 1869, und Classen Anh. zu Thukyd. 4, 106.]
[3]) [Als den Urheber desselben nennt Pausanias 1, 23, 9, dessen Quelle das Werk des Periegeten Polemon gewesen zu sein scheint, einen gewissen Oinobios.]

werk bezeugt, einige Jahre gelebt haben, doch nicht so lange, als er nach seinen natürlichen Lebenskräften erwarten konnte: daher die Nachricht sehr glaublich ist, dafs er sein Leben gewaltsam durch einen Meuchelmord verloren habe [1]).

Aus diesen Lebenskunden von Thukydides erhellt, dafs Thukydides nur seine jüngern Jahre, bis zum achtundvierzigsten, in Gemeinschaft mit seinen Landsleuten in Athen selbst zubrachte. Hernach war er zwar Mitteilungen aus allen Gegenden von Griechenland zugänglich, wie er selbst die Gelegenheit rühmt, die sein Exil ihm verschafft, auch mit Peloponnesiern umzugehen und genaue Nachrichten von ihnen einzuziehen [2]): aber er trat aus der geistigen Bewegung Athens heraus und mufste den Veränderungen, die sich in der Mitte und gegen das Ende des peloponnesischen Krieges begaben, fremd bleiben: als er aber in die Heimat zurückkehrte, fand er schon ein anderes Geschlecht, mit andern Geistesrichtungen und einen wesentlich veränderten Geschmack [3]) vor, mit dem er sich schwerlich in seinem Alter noch so befreunden konnte, dafs das Gepräge seines eigenen Geistes sich darnach verändert hätte. Thukydides ist also ganz Zögling des ältern Athens unter Perikles; seine reelle und formelle Bildung stammt aus jener grofsartigsten und kraftvollsten Periode Athens; wie seine politischen Grundsätze und Ansichten ganz die sind, welche Perikles dem Volke von Athen einschärfte: so ist auch der Stil seiner Rede einerseits aus der natürlichen Kraftfülle der Perikleischen Beredsamkeit, andrerseits aus der kunst-

---

[1]) Unwichtige und zweifelhafte Punkte, so wie offenbare Irrtümer, welche besonders die Verwechselung mit dem berühmten Staatsmanne, Thukydides, Melesias Sohn, in die alten Biographieen des Geschichtsschreibers gebracht hat, sind hier stillschweigend beseitigt worden. [Das Todesjahr des Thukydides läfst sich nur annähernd bestimmen auf Grund der B. 3, 116 sich findenden Erwähnung des Ätnaausbruchs i. J. 426, der der Zeit nach als der dritte, von welchem man wisse, bezeichnet wird. Demnach scheint Thukydides den im J. 396, von welchem Diodor 14, 59 spricht, nicht mehr gekannt zu haben. Dafs Thukydides Grab sich in Athen befand und er also dort auch gestorben ist, läsfst sich nach den von R. Schöll, zur Thukydides Biographie, Hermes B. 13, S. 433 ff. geltend gemachten Gründen nicht bezweifeln.

[2]) Thukyd. 5, 26.

[3]) S. unten Kap. 35 Lysias.

mäfsigen Strenge des altertümlichen Stils in Antiphons Schule hervorgegangen ¹).

Als Geschichtschreiber schliefst sich Thukydides so wenig an die ionischen Logographen an, deren Reihe durch Herodot ihren Gipfel erreicht, dafs mit ihm vielmehr eine ganz neue Art der Geschichtschreibung beginnt. Er kennt die Werke mehrerer unter jenen Ioniern (ob auch die des Herodot, ist zweifelhaft) ²): aber er erwähnt sie nur, um sie als unkritisch, fabelhaft, mehr zur Ergötzung als zur Belehrung bestimmt, zu verwerfen ³). Thukydides Studium waren die Rednerbühnen, Volksversammlungen und Gerichte in Griechenland; hier wurzelt seine Geschichte in Inhalt und Form. Während die Früheren davon ausgingen ein in die Augen fallendes Sinnliche zu schildern, die Naturbeschaffenheit von Ländern, die Eigentümlichkeiten von Völkern, die Denkmäler, die Heereszüge, und von da aus sich so weit erhoben, ein allwaltendes Dämonion in den Schicksalen der Staaten und Fürsten nachzuweisen, ist es bei Thukydides die menschliche Handlung in ihrer Entwickelung aus dem Charakter und der Lage des Individuums und ihrer Einwirkung auf den allgemeinen Zustand, welche seine Aufmerksamkeit allein in Anspruch nimmt. In Übereinstimmung damit ist auch das Ganze seines Werkes eine Gesamthandlung, ein geschichtliches Drama, ein grofser Prozefs, dessen Parteien die kriegführenden Republiken und dessen Objekt die athenische Herrschaft über Griechenland ist. Es ist sehr merkwürdig, wie Thukydides als der Schöpfer

---

¹) Das Verhältnis zum Perikles erkannte Wyttenbach ganz richtig, der in der Praefatio ad Eclogas historicas sagt: Thukydides ita se ad Periclis imitationem composuisse videtur, ut, quum scriptum viri nullum exstet, eius eloquentiae formam effigiemque per totum historiae opus expressam posteritati servaret. Von Antiphons Lehre oben Kap. 33.

²) Die Beziehungen, die man auf Herodot in den Stellen 1, 20. 2, 8, 97 gefunden hat, sind nicht recht klar; in der Geschichte der Ermordung von Hipparch, die Thukydides zweimal herbeizieht, um die falschen Meinungen seiner Zeitgenossen zu berichtigen, 1, 20. 6, 54—59, ist Herodot fast ganz in Übereinstimmung mit ihm und von jenen falschen Meinungen frei. S. Herodot 5, 55. 6, 123. Manches würde wohl Thukydides anders geschrieben haben, wenn Herodots Werk ihm bereits bekannt gewesen wäre, namentlich die Stellen 1, 74. 2, 8. Vgl. oben Kap. 19.

³) [Vgl. besonders 1, 97.]

dieser Gattung von Geschichte auch gleich den Begriff derselben aufs bestimmteste und strengste aufgefafst hat. Sein Werk soll durchaus nichts sein als die Geschichte des peloponnesischen Krieges, und nicht etwa die Geschichte Griechenlands während des peloponnesischen Krieges: daher alles ausgeschlossen bleibt, was von den äufsern Verhältnissen der Staaten so wie ihrer Politik nicht den grofsen Kampf um die Hegemonie berührt, aber auch alles aus allen Teilen Griechenlands aufgenommen wird, was in den Streit dieser Mächte eingreift. Thukydides hatte gleich von Anfang an diesen Krieg als eine grofse weltgeschichtliche Begebenheit im Geiste, der nicht zu Ende kommen konnte, ohne die grofse Frage zu entscheiden, ob Athen eine Weltmacht werden oder auf den Standpunkt einer einzelnen griechischen Republik neben vielen andern gleich freien und gleich mächtigen zurückgeworfen werden solle: es konnte ihn nicht irren, dafs der Krieg mit dem Peloponnes nach der Form der Verträge, die Nikias zu Stande gebracht, nach den ersten zehn Jahren durch einen zweideutigen und schlecht gehaltenen Frieden unterbrochen worden war und erst während des sicilischen Feldzugs wieder völlig zum Ausbruche kam; Thukydides beweist mit dem Eifer des eigenen Interesses und mit der vollen Kraft der Wahrheit, dafs alles dies ein grofser Kampf und der Friede kein wahrer Friede war [1]).

Eben so ergibt sich auch die Einteilung und Anordnung des Stoffes ganz nach dem Begriffe, den Thukydides sich von seinem Thema gebildet. Der Krieg selbst zerfällt durch die Art der Führung, die bei den Griechen noch mehr als bei uns durch die Jahreszeit bedingt war, in Sommer und Winter; die Sommer enthalten die Feldzüge, die Winter Rüstungen und Unterhandlungen. Die chronologischen Data nimmt Thukydides, da die Griechen keine allgemeine Ära hatten und der Kalender jeder Landschaft nach eigentümlichen Schalt-Cyclen geordnet war und seine eigentümlichen Benennungen hatte, von der natürlichen Folge der Jahreszeiten und dem Zustand der Ackerfelder her, der auch als Motiv zu Kriegsunternehmungen oft in Betracht kam; Angaben wie diese »da das Getreide in die Ähren schofs«, oder

---

[1]) Thukyd. 5, 26.

»da das Getreide eben reif wurde« ¹) geben eine solche Genauigkeit, als man zur Auffassung des Zusammenhangs dieser Ereignisse nur wünschen kann. In der Geschichte der Feldzüge sucht Thukydides das seiner Natur nach Zusammengehörende, die Erzählung einer bestimmten Unternehmung, eines Land- oder See-Zuges, möglichst zusammenzuhalten und geht lieber in der Zeitfolge etwas voraus und hernach wieder zurück, um das Verwirrende des häufigen Abbrechens und Wiederanknüpfens zu vermeiden. Daſs indes Begebenheiten langwieriger Art, wie die Belagerungen von Potidäa und Plataeä, an verschiedenen Stellen vorkommen müssen, liegt in der Natur der Sache und würde auch nicht anders sein können, wenn auch die Abteilung nach den Sommern und Wintern hätte aufgegeben werden können ²). Denn immer konnte eine Begebenheit, wie die Belagerung von Potidäa, erst dann auf eine lichtvolle und befriedigende Weise zu Ende gebracht werden, wenn der übrige Stand der kriegführenden Mächte, durch welchen den Belagerten die Hoffnung auf Entsatz abgeschnitten wurde, vorher vollständig überblickt worden war. Auch wird einen aufmerksamen Leser des Thukydides nirgends eine übermäſsige Zerschneidung der Begebenheiten stören; diejenige Begebenheit, die als eine genommen die gröſste in seiner Geschichte ist und die Aufmerksamkeit mit der stärksten Federkraft spannt, die glückverheiſsende und schreckenvoll endende Unternehmung der Athener in Sicilien, ist durch wenige und kurzbehandelte Einschiebungen unterbrochen ³). Das ganze Werk würde, wenn es fertig geworden wäre, in drei sehr wohlgegliederte Teile zerfallen: I. der Krieg bis zum Frieden des Nikias, der von den Verheerungszügen der Spartaner unter Archidamos der Archidamische Krieg genannt wird; II. die unruhigen Bewegungen unter den griechischen Staaten nach dem

---

¹) περὶ ἐκβολὴν σίτου, ἀκμάζοντος τοῦ σίτου u. dgl.
²) Dies zur Rechtfertigung gegen Dionysios Vorwürfe, de Thucyd. iudicium c. 9. p. 816. Reiske. Dem Dionysios fehlt zur richtigen Beurteilung des Thukydides die Hauptsache, die strenge Wahrheitsliebe der Alten.
³) Und wie glücklich sind auch diese Ereignisse z. B. die Lage, in die Athen durch die Befestigung Dekeleas versetzt war, die Greuel, welche die thrakischen Soldtruppen in Mykalessos begingen (7, 27—30), in das Ganze der sicilischen Expedition verwebt.

Frieden des Nikias und die sicilische Unternehmung; III. der wiederausgebrochene Krieg mit dem Peloponnes, von den Alten der dekeleische Krieg genannt, bis zum Ruine Athens. Nach der Einteilung in Bücher, die zwar nicht von Thukydides, aber von ganz verständigen Grammatikern des Altertums, gemacht ist [1]), besteht das erste Drittel aus den Büchern II. III. IV.; das zweite aus V. VI. VII.; vom dritten hat Thukydides selbst nur ein Buch, das achte, vollendet [2]).

Wir müfsen bei dieser Frage nach Thukydides Einteilung und Anordnung des Stoffes auch noch das erste Buch, und zwar dies ganz besonders, in Betracht ziehen, weil die Anordnung desfelben weniger durch die Sache selbst als durch Thukydides Reflexionen darüber gegeben ist. Der Schriftsteller beginnt mit der Behauptung, dafs der peloponnesische Krieg das gröfste Ereignis sei, das seit Menschengedenken sich begeben habe, und beweist dies durch einen Rückblick auf die älteren Zeiten Griechenlands mit Einschlufs der Perserkriege. Er geht die ältesten Zeiten, die Nachrichten vom trojanischen Kriege, die zunächst und später darauf folgenden Jahrhunderte und endlich die Perserkriege durch und zeigt, dafs alle Unternehmungen der Zeit nicht mit dem Kraftaufwande wie der peloponnesische Krieg ausgeführt wurden, weil insbesondere zwei Dinge, das versatile Vermögen und die Seemacht [3]), sich bei den Griechen erst spät einfanden und in gröfserem Mafsstab entwickelten. Auf diese Weise führt Thukydides geschichtlich die Maxime durch, welche Perikles den Athenern praktisch eingeschärft hatte, dafs nicht Land und Leute, sondern Geld und Schiffe die Basis ihrer Macht sein müfsten, und der peloponnesische Krieg selbst erschien ihm als ein grofser Beweis dieses Satzes, weil die Peloponnesier, bei aller Übermacht an einheimischem Landbesitz und der Zahl freier Menschen, dessenungeachtet so lange gegen Athen im Nachteile waren, bis sie durch die Verbindung mit Persien sich reiche Geldquellen und dadurch eine bedeutende Flotte verschafft hatten [4]). Nach-

---

[1]) [Vgl. Marcellin. § 57.]
[2]) [S. unten S. 147 und den Schlufs des Kapitels.]
[3]) χρήματα καὶ ναυτικόν.
[4]) Thukydides Räsonnement ist offenbar ganz richtig für eine Politik, die die Gröfse des Staats durch Herrschaft der Küsten des mittelländischen

dem nun Thukydides die Gröfse seines Gegenstandes durch diese Vergleichung erwiesen und von der Art seiner Behandlung der Geschichte kurze Rechenschaft gegeben hat, handelt er von den Ursachen des Krieges. Er teilt diese in unmittelbare oder offenkundige und in tiefer liegende, nicht ausgesprochene [1]). Die ersteren sind die Händel von Korinth mit Athen über Kerkyra und Potidäa und die darauf begründeten Klagen der Korinthier in Lakedämon, welche die Lakedämonier zu dem Beschlusse bringen, dafs Athen den Frieden gebrochen habe. Die zweiten liegen in der Furcht vor Athens anwachsender Macht, welche die Lakedämonier zum Kriege nötigte, wenn es die Freiheit des Peloponnes behaupten wollte. Dadurch wird der Geschichtschreiber veranlafst, das Wachsen dieser Macht selbst nachzuweisen und alle die Kriegszüge und politischen Mafsregeln zu überblicken, wodurch Athen von der erwählten Führerin der Insulaner und asiatischen Griechen gegen Persien zur Beherrscherin des ganzen Archipelagus mit seinen Küstenländern geworden war. Es ist wohl klar, wenn man diesen Abschnitt über die Ursachen des Kriegs mit dem vorhergehenden verbindet, dafs Thukydides überhaupt dem Leser eine Übersicht von der ganzen Geschichte Griechenlands, wenigstens von dem, was ihm das Wichtigste darin schien, der Entwickelung der Geld- und Seemacht, verschaffen will, damit die grofse Handlung des peloponnesischen Krieges sich auf einem dem Leser bekannten Boden bewege und die Lage und Beschaffenheit der darin auftretenden Staaten als gegeben vorausgesetzt werden könne. Aber weil Thukydides seine ganze Darstellung auf den Krieg konzentriert und damit ein inneres Begreifen der Gründe, nicht ein blofs äufseres Merken bezweckt: so stellt er die Erzählung dieser früheren Begebenheiten ganz unter allgemeine Begriffe und opfert diesen willig die äufsere Zeitfolge auf, nach welcher die tiefer

---

Meeres begründen will, wie die Athens: Staaten dagegen, die sich erst durch die Überwindung binnenländischer Völker und grofser Massen des Kontinents stärkten, ehe sie in den Kampf um die Herrschaft an den Küsten des mittelländischen Meeres gingen, wie Makedonien und Rom, hatten doch τῆν καὶ σώματα zur Basis ihrer Macht, und χρήματα καὶ ναυτικόν fiel ihnen dann von selbst zu.

[1]) αἰτίαι φανεραί   ἀφανεῖς.

liegenden Gründe des Kriegs, d. h. das Wachstum der athenischen Macht, sich unmittelbar an die im ersten Abschnitte gegebene Darstellung der Schwäche Griechenlands in den älteren Zeiten angeschlossen haben würden.

Auch im dritten Teile des ersten Buchs, der die Verhandlungen der peloponnesischen Bundesstaaten unter sich und mit Athen enthält, durch welche der Ausbruch des Krieges entschieden wurde, erkennt man die sich halb versteckende Absicht des Historikers, dem Leser eine klare Vorstellung von den früheren Ereignissen zu geben, auf denen der gegenwärtige Zustand Griechenlands und besonders die Macht Athens beruhten. In diesen Verhandlungen fordern nämlich unter anderem die Athener von den Spartanern sich der Sühnschuld zu entledigen, welche Pausanias Tötung im Heiligtume der Pallas auf sie geladen; dabei erzählt der Historiker Pausanias verbrecherische Unternehmung und seinen Untergang; und knüpft daran wieder, als eine blofse Episode, die letzten Schicksale des Themistokles an. Hier ist offenbar der Umstand, dafs Themistokles in den Sturz des Pausanias hineinverwickelt wurde, nicht hinreichend, um die Einflechtung der Episode zu rechtfertigen: aber es liegt dem Thukydides daran, den grofsen Mann, der die athenische Seemacht und Politik begründet hatte, auch in diesen weniger bekannten Schicksalen dem Leser darzustellen und dabei der Geistesgröfse des Mannes den vollen Tribut gerechter Würdigung zu zahlen [1]).

So viel über die Anlage und Einrichtung des Werkes; wir wenden uns zu der Behandlung des Stoffes selbst. Thukydides Geschichtschreibung ist keine aus den Büchern geschöpfte, sondern stammt unmittelbar aus dem Leben, aus eigener Ansicht und mündlicher Überlieferung; sie ist die erste Niederlegung des Erlebten in Schrift und trägt das Gepräge der Frische und lebendigen Wahrheit, das nur eine Geschichtschreibung der Art tragen kann. Thukydides hat, wie er selbst sagt [2]), seine Aufzeichnungen gleich mit dem Kriege selbst begonnen, indem er voraussah, was es für ein Krieg werden würde; er hat immerfort die einzelnen Begebenheiten, wie er sie selbst erlebte und

---

[1]) Das Letztere geschieht von Thukydides 1, 138.
[2]) 1, 1. ἀρξάμενος εὐθὺς καθισταμένου.

durch genaueste Erkundigung von Leuten beider Parteien — nicht ohne viele Mühe und Aufwand — erfuhr[1]), aufgezeichnet und teils vor dem Exil in Athen, teils während desselben in Skapte-Hyle an seinem Werke gearbeitet. Am letztern Orte zeigte man später noch die Platane, unter welcher Thukydides zu schreiben pflegte[2]). Was indes Thukydides auf diese Weise im Verlauf des Krieges niederschrieb, waren immer nur Vorarbeiten, die man mit unseren Memoiren vergleichen kann[3]); die eigentliche Verarbeitung hat Thukydides erst nach dem Ende des Krieges im Vaterlande vorgenommen[4]). Dies sieht man teils aus den häufigen Beziehungen auf die Ausdehnung, den Ausgang und den ganzen Zusammenhang des Krieges[5]), insbesondere aber daraus, dafs das Werk unvollendet geblieben:

---

[1]) Thukyd. 5, 26. 7, 44. Vgl. Marcellin. § 21.

[2]) [Natürlich handelt es sich hier um eine älmliche Sage, wie sich dieselben überall im Altertume an diejenigen Örtlichkeiten knüpften, die berühmten Männern angeblich zum Aufenthaltsorte gedient hatten. Plutarch de exilio K. 14 berichtet blofs von Thukydides schriftstellerischer Thätigkeit in Skapte-Hyle, während die Platane bei Marcellinus 5, 13 erwähnt wird.]

[3]) ὑπομνήματα, commentarii rerum gestarum, sagen die Alten.

[4]) [Einen scharfsinnigen Verteidiger hat die Ansicht der allmählichen Veröffentlichung des Thukydideischen Geschichtwerks an Ullrich gefunden. Nach ihm hätte Thukydides den ersten sogenannten Archidamischen Krieg, den er selbst 5, 20, 24 als τὸν πρῶτον πόλεμον oder 5, 26 τὸν δεκαετῆ bezeichnet, durch den Frieden des Nikias als beendigt betrachtet und die Darstellung desselben unmittelbar nach dessen Schlufs begonnen. Auf diese Weise fiele die Abfassung des Werkes bis zur Mitte des vierten Buches in die Zeit, während welcher Thukydides in der Verbannung lebte. Der Wiederausbruch des Kampfes jedoch überraschte Thukydides und bewog ihn innezuhalten, um die Beendigung dieses neuen Krieges abzuwarten. Erst nach einer Unterbrechung von 10 bis 11 Jahren, die bis zur Rückkehr des Thukydides nach Athen verflossen, nahm er den Faden seiner Arbeit wieder auf und verwandte auf dieselbe seine letzten Lebensjahre. Ähnlich, wenn auch in Einzelheiten abweichend, ist die Ansicht von Steup, quaestiones Thucydideae, Bonn 1866. Zu vergleichen ist aufserdem die Abhandlung von Czwiklinski, de tempore quo Thuc. priorem historiae partem composuerit. Gnesnae 1873, ders. im Hermes B. 12, S. 23 ff. und der Aufsatz von Wilamowitz, die Thukydideslegende ebds. B. 12, S. 337 ff.]

[5]) S. Thukydides 1, 13. 93. 2, 65. 5, 26. Auch ist der Ton mancher Stellen so, dafs man wohl merkt, der Schriftsteller schreibt in der Zeit der neuen spartanischen Hegemonie. Besonders gilt dies von der Stelle 1, 77: ὑμεῖς γ' ἂν οὖν εἰ καθελόντες ἡμᾶς ἄρξαιτε u. s. w.

woraus man schliefsen mufs, dafs jene Memoiren, die Thukydides im Verlaufe des Krieges aufgesetzt und die notwendig bis zur Übergabe Athens an die Lakedämonier reichten, doch nicht hinlänglich ausgearbeitet waren, um das Fehlende des Werkes daraus zu ergänzen. Auch ist die Nachricht ganz glaublich, dafs von dem uns vorliegenden Werke das achte Buch noch nicht fertig und durch Abschreiber vervielfältigt war, als Thukydides starb, und dafs es erst von der Tochter des Thukydides oder von Xenophon hinzugefügt wurde, nur dafs darauf nicht der geringste Zweifel an der Echtheit dieses Buchs gegründet werden darf, sondern höchstens einige Verschiedenheiten in der Komposition daraus erklärt werden könnten, dafs der Meister noch nicht die letzte Hand an diesen Teil seines Werks gelegt hatte [1]).

Die Art, wie Thukydides diese Sammlungen gemacht, die Nachrichten verglichen, geprüft, zusammengefügt hat, läfst sich nun freilich von uns nicht mehr kontrollieren, da die mündliche Überlieferung jener Zeit verloren ist [2]): aber wenn völlige Klarheit der Erzählung, Übereinstimmung aller einzelnen Punkte unter einander und mit der sonst bekannten Lage der Dinge, Harmonie des Erzählten mit den Gesetzen menschlicher Natur und den Charakteren der handelnden Personen eine Bürgschaft der Wahrheit und Treue der Geschichtschreibung ist, so haben wir diese Bürgschaft bei Thukydides im vollsten Mafse. Die Alten, welche in der Beurteilung ihrer eigenen Historiker sehr streng waren und die Glaubwürdigkeit der meisten angefochten haben, erkennen Thukydides Wahrhaftigkeit und Genauigkeit einstimmig an; auch Dionysios von Halikarnass, welcher den Stil des Thu-

---

[1]) Über die Reden, die man vermifst, s. unten Seite 162. [Schon die Form, in welcher die betreffenden Nachrichten gegeben werden, scheint zu beweisen, dafs wir es mit Vermutungen zu thun haben, wie denn auch auf Theopomp geraten worden ist.]

[2]) [Die Vergleichung des von Thukydides 5, 47 mitgeteilten, zwischen Athen, Argos, Mantinea und Elis Ol. 89, 4 abgeschlossenen Bundesvertrags mit dem auf einer Marmorplatte aufgefundenen Texte zeigt zahlreiche Abweichungen, für die aber nach Kirchhoffs Urteil, zur Geschichte der Überlieferung des Thukydideischen Textes, Hermes 12, S. 68 ff., eher die Nachläfsigkeit der Abschreiber des Geschichtswerks als sein Verfasser verantwortlich gemacht werden mufs.]

kydides und die Anlage seines Werkes vom Standpunkt eines damaligen Rhetors aus meistert, läfst seinem Vorsatze die Wahrheit zu sagen alle Gerechtigkeit widerfahren [1]), und sein sonderbarer Vorwurf, dafs er einen zu traurigen Gegenstand erwählt und den Ruhm seiner Landsleute nicht dadurch gefördert habe, verwandelt sich, vom rechten Standpunkte angesehen, in das Lob strenger historischer Wahrheit. Die Abweichungen späterer Historiker, des Diodor und Plutarch besonders, bestätigen nach genauer Prüfung durchgängig Thukydides Genauigkeit [2]), und Aristophanes stimmt da, wo er sich mit Thukydides berührt, in der Auffassung der Charaktere von Staatsmännern und der Lage Athens zu verschiedenen Zeiten, gerade so genau mit dem letztern überein, als der kecke karikierende Pinsel des komischen Sittenmalers mit dem getreu nachzeichnenden Griffel des Historikers zusammentreffen konnte. Ja wir dürfen fragen, ob es irgend eine Periode der Geschichte des Menschengeschlechts gibt, die mit einer solchen Klarheit vor unsern Augen steht, als die ersten einundzwanzig Jahre des peloponnesischen Krieges durch das Werk des Thukydides; wo wir jede Begebenheit in allen irgend wesentlichen Punkten, in ihren Gründen und Anlässen, ihrem Verlauf und Ergebnis, mit der Bestimmtheit und dem Gefühl von Vertrauen auf die führende Hand des Historikers verfolgen können, wie in jenen einundzwanzig Jahren [3]). Unter den römischen Historikern kann nur Sallusts Geschichte des Jugurthinischen Krieges und der Catilinarischen Verschwörung dagegen in die Wage gelegt werden; was von Tacitus Zeitgeschichte, den Historien, erhalten ist, steht bei gleicher Ausführlichkeit doch in der Deutlichkeit und Bestimmtheit der faktischen Erzählung

---

[1]) De Thucyd. iudic. c. 6, 1, 2. Vgl. Cicero Brutus 83 § 287: Thucydides rerum gestarum pronuntiator sincerus.

[2]) So ist Diodor, in der Geschichte der Jahre zwischen dem persischen und peloponnesischen Kriege, ungeachtet der annalistischen Jahresrechnung, lange nicht so genau als Thukydides, der nur wenige Jahre bestimmt angibt. Von Diodor sind nur die Hauptdata, Regierungsantritte, Todesjahre u. dgl., zu brauchen.

[3]) [Weniger günstig, aber kaum richtiger, als dieses Urteil lautet das von G. Grote und neuerdings das von Müller-Strübing. Vgl. dessen Schrift Aristophanes und die historische Kritik, S. 386 ff.]

weit zurück; Tacitus eilt nur immer von einem Herz und Gemüt ergreifenden Moment zum andern und vernachläfsigt darüber mehr als billig, von dem Zusammenhange der äufsern Begebenheiten befriedigende Rechenschaft zu geben ¹). Die neuere Historiographie wird sich diese Durchsichtigkeit der Thukydideischen Darstellung immer zum Muster nehmen müssen, aber es wird ihr bei der Trennung zwischen populärem Wissen und bestimmten Fachstudien ²), bei den komplicierteren Einrichtungen des neuern Lebens und weil selbst in den freiesten Staaten unserer Zeit sich so vieles der Öffentlichkeit immer noch mehr entzieht als im alten Sparta, über dessen geheime Staatsverhandlungen ³) Thukydides klagt, kaum möglich sein jene zu erreichen.

Thukydides selbst bestimmt sein Werk solchen, die die Wahrheit des Geschehenen kennen lernen und in ähnlichen Fällen, wie sie nach dem Laufe menschlicher Dinge wiederkommen müssen, das Heilsame unterscheiden wollen; diesen hinterläfst er sein Buch zum dauernden Studium ⁴). Hierin liegt schon eine Hinneigung zu jenem Pragmatismus der Geschichte, wo die Bildung zum Staatsmann, Feldherrn, überhaupt die praktische Anwendung als Hauptzweck, die Erzählung des Geschehenen als Mittel, angesehen wird, wie wir ihn im späteren Altertum finden werden. Jedoch ist Thukydides nur in der Intention, nicht in der Ausführung, ein Pragmatiker in diesem Sinne; er begnügt sich bei der Geschichtschreibung selbst die Dinge, wie sie sich ereignet haben, darzustellen, ohne Nutz-

---

¹) So ist es aufserordentlich schwer aus Tacitus Historien eine in allen Punkten klare Vorstellung von dem Kriege der Othonianer und Vitellianer in Oberitalien zu gewinnen.
²) Wodurch z. B. die Beschreibung einer Seuche, wie die bei Thukydides 2, 47—53. jetzt unmöglich ist, da ein Laie sie nicht mit der Schärfe der Beobachtung, ein Mediciner nicht in solcher allgemeinen Verständlichkeit zu geben im Stande wäre.
³) τὸ κρυπτὸν τῆς πολιτείας.
⁴) Dies bedeutet das berühmte κτῆμα ἐς ἀεί, 1, 22: kein Denkmal für die Ewigkeit. Thukydides setzt damit ein Schriftwerk, das man besitzen und immer von neuem lesen muss, einem Werk entgegen, das bestimmt ist, eine Versammlung von Zuhörern einmal zu ergötzen.

anwendungen für den Geschäftsmann oder Krieger daraus zu ziehen.

Thukydides würde diese innere Wahrheit und Klarheit der Geschichte niemals haben erreichen können, wenn er sich begnügt hätte, dasjenige, was er eigentlich durch Zeugnisse erfahren konnte [1]), die in die Sinne fallende Erscheinung, aufzuzeichnen und etwa hie und da eigene Räsonnements einzustreuen. Er hat die ganze Geschichte durch seinen Geist gehen lassen; sie ist vollkommen Produkt seines Geistes und ihre Glaubwürdigkeit beruht wesentlich darauf, dafs Thukydides Geist die Fähigkeit und Bildung hatte, alle Gedanken, welche die handelnden Personen bei ihren Begebenheiten gedacht hatten, nach Anleitung der Handlungen selbst ihnen nachzudenken. Thukydides läfst nur in seltenen Fällen, wo er selbst seinen Zweifel kundgibt, über die Motive der handelnden Personen im Dunkeln: er gibt diese aber auch nicht als seine eigenen Voraussetzungen und Ansichten, sondern unmittelbar als Geschichte; er konnte dies als redlicher, gewissenhafter Mann nur, wenn er wirklich die Überzeugung hatte, dafs nur diese und keine anderen Überlegungen und Absichten die handelnden Personen leiteten. Seine eigene Meinung spricht Thukydides höchst selten als solche aus; noch seltener sein Urteil über moralischen Wert oder Unwert von Handlungen. »Es ist, wenn man Thukydides liest, als wenn nicht Thukydides, sondern die Geschichte selbst spräche«: so hat man in neuerer Zeit den Eindruck dieser Geschichtserzählung zu bezeichnen gesucht, gewiss richtig und treffend, wenn man sich dabei nur auch bewufst wird, dafs Thukydides erst die Geschichte ganz in seinen Geist aufnehmen mufste, um ihr vollkommenes Organ zu werden. Jede Person, die bei Thukydides

---

[1]) [Dafs zu diesen Zeugnissen bereits vorhandene Geschichtswerke in höherem Mafse als bisher angenommen wurde, gehören, hat in höchst scharfsinniger Weise Ed. Wölfflin in der Schrift Antiochus von Syrakus und Coelius Antipater, Winterthur 1872, erwiesen, indem er zeigt, dafs dem über Sicilien im Anfange des 6. Buches Gesagten das Werk des Antiochus von Syrakus, zum Teil in wörtlichen Auszügen, zu Grunde liegt. Ohne sie näher zu begründen hatte bereits Niebuhr diese Ansicht ausgesprochen. Antiochus von Syrakus ist der älteste sicilische Geschichtschreiber, da Hippys von Rhegium, von welchem Σικελικά erwähnt werden, eher den Logographen zuzuzählen ist.]

auftritt, ist ein bestimmtes geistiges Wesen, von um so klarer ausgeprägter Eigentümlichkeit, je bedeutender ihr Anteil an der Haupthandlung ist, und so bewundernswürdig die Kraft und Schärfe der Darstellung ist, mit der Thukydides, bei einigen Personen, wie bei Themistokles, Perikles, Brasidas, Nikias, Alkibiades, die Summa ihrer Charakterdarstellung in wenige Worte zusammenzieht: so ist doch die Feinheit viel bewundernswürdiger, mit der alle Charaktere in jedem Zuge ihrer Handlungen und den begleitenden Gedanken festgehalten und durchgeführt werden[1]).

Am entschiedensten und zugleich am kühnsten spricht sich Thukydides Bewufstsein, die Begebenheiten des Krieges in ihren inneren geistigen Wurzeln zu erfassen, in einem Teile seiner Geschichtschreibung aus, der ihm am meisten eigentümlich angehört, den Reden[2]). Einerseits freilich sind diese in direktem Ausdruck mitgeteilten Reden bei einem alten Historiker um vieles natürlicher, als sie es bei einem neueren wären. Reden in Volksversammlungen, Bundesräten, vor dem Heere gehalten, waren oft selbst durch die sich daran knüpfenden Folgen wichtige Ereignisse, und zugleich vollkommen offenkundige, welche getreu aufzubewahren und mitzuteilen nichts hinderte, als die Schranken des menschlichen Gedächtnisses. Dazu kam, dafs die Griechen, bei der grofsen Lebhaftigkeit, mit welcher sie aufser dem Inhalt auch die Form jeder öffentlichen Mitteilung auffassten, gewohnt waren, nicht blofs die Sache, die Gedanken in indirekter Rede auszugsweise mitzuteilen, sondern die Redner selbst redend einzuführen, wie z. B. die Platonischen Dialogen gröfstenteils erzählte Dialogen sind. Wie dabei natürlich jeder Erzählende vieles aus eigener Erfindung supplierte, was sein Gedächtnis nicht bewahrt hatte: so erhielt auch Thukydides keine gleichlautenden Berichte über die Reden, so wenig er auch selbst die von ihm gehörten Reden ganz getreu wiederzugeben imstande war. Er erklärt daher selbst seinen Entschlufs in den Reden sich zwar

---

[1]) Marcellinus nennt den Thukydides δεινὸς ἠθογραφῆσαι, wie unter den Dichtern an Sophokles das ἠθοποιεῖν besonders hervorgehoben wird.

[2]) [Eine eingehende Beurteilung dieser Reden, vom rhetorischen Standpunkte enthält das Programm von H. Steinberg, Beiträge zur Würdigung der Thukydideischen Reden, Berlin 1870.]

so nahe wie möglich an das Überlieferte zu halten, aber — bei dessen Unzulänglichkeit — die Personen das sprechen zu lassen, was ihrer Lage am angemessensten sei [1]). Wir müssen indes hier noch einen Schritt weiter gehen als Thukydides geht, und ihm eine noch freiere, von dem einzelnen überlieferten unabhängigere Thätigkeit zuschreiben, als er sich vielleicht selbst bewufst geworden ist. Thukydides Reden enthalten die vollständige Motivierung der wichtigeren Handlungen aus den Gesinnungen der Staaten, Parteien und Individuen, von denen diese Handlungen ausgehen. Wo nun eine solche Motivierung ihm nötig scheint, werden Reden mitgeteilt; wo nicht, werden sie weggelassen, auch wenn in der Wirklichkeit eben so viel gesprochen worden war, wie an jener Stelle. Daraus folgt notwendig, dafs die gegebenen Reden vieles in sich zusammenfassen und konzentrieren müssen, was in der Wirklichkeit an verschiedenen Stellen gesprochen worden ist, wie z. B. erst bei der zweiten Verhandlung der athenischen Volksversammlung über das Schicksal der Mitylenäer, in welcher der zur wirklichen Ausführung kommende Beschlufs gefafst wurde, die beiden einander entgegenstehenden Parteien, die streng tyrannische und die mildere und humanere, in den Reden des Kleon und Diodotos geschildert werden, wiewohl Kleon schon am vorigen Tage durch eine Rede den ersten grausamen Beschlufs gegen die Mitylenäer durchgesetzt [2]) und dabei gewifs vieles gesagt hatte, was bei Thukydides erst in der zweiten Verhandlung zum Vorscheine kommt [3]). An einer Stelle teilt auch Thukydides statt einer Rede

---

[1]) τὰ δέοντα μάλιστα, Thukyd. 1, 22.
[2]) Thukyd. 3, 36.
[3]) Auch stehen die Reden oft in Beziehungen zu einander, welche nicht wirklich stattgefunden haben können. Die Rede der Korinthier 1, 120 ff. antwortet gewifsermafsen auf die Rede des Archidamos in der spartanischen Volksversammlung und auf die des Perikles in Athen, wiewohl die Korinthier keine von beiden gehört haben. Aber dies Verhältnis ergibt sich daraus, dafs die Rede der Korinthier die Siegeshoffnungen eines Teils der Peloponnesier ausdrückt, während Archidamos und Perikles die ungünstige Lage des Peloponnes von verschiedenen Seiten mit Klarheit auffassen. Vgl. auch was Kap. 31 über Perikles Reden bei Thukydides gesagt ist. [Vgl. aufserdem Roscher a. a. O. S. 144—176.]

ein Gespräch mit¹), weil die Umstände keine öffentliche Volksrede zuliefsen, in den Verhandlungen der Athener mit dem Rate von Melos, von dem Angriffe der Athener auf diese dorische Insel nach dem Frieden des Nikias: aber es ist dem Thukydides sehr wichtig, den Standpunkt an dieser Stelle genau zu bezeichnen, auf den die Athener in ihrer selbstsüchtigen und tyrannischen Politik gegen alle schwächeren Staaten damals gelangt waren ²).

Dafs man von Thukydides Reden keine mimische Nachbildung in der Art erwarten mufs, dafs die Redeweise verschiedener Völkerschaften und Individuen bis ins kleinste nachgeahmt worden wäre, versteht sich von selbst; darüber wäre die Einheit des Tons, die Harmonie seiner ganzen Darstellung, verloren gegangen. Thukydides geht in der Charakteristik der Personen, die er sprechen läfst, so weit, als es ihm das allgemeine Gesetz seiner Geschichtschreibung gestattet: er gibt die Gedanken der Personen wieder, und nicht blofs dem Inhalte nach den Charakteren derselben angemessen, sondern auch in der Art, wie die Gedanken entwickelt und verbunden werden³). Gleich im ersten Buche werden die Kerkyräer, die immer nur den gemeinsamen Nutzen ihrer Bundesgenossenschaft mit Athen hervorheben, die Korinthier, die eine gewisse moralische Würde zu behaupten suchen, die Besonnenheit, Verstandesreife und edle Simplicität des trefflichen Archidamos, das trotzige Selbstgefühl des Ephoren Sthenelaidas, eines Spartaners von der gemeineren Gattung, vortrefflich geschildert, und mit der Absicht und den Grundgedanken ihrer Reden stimmt der Ton der Ausführung

---

¹) [5, 85–114.]
²) Dionysios sagt de Thucyd. iudic. c. 38, p. 910: die hier entwickelten Grundsätze seien nicht Athenern, sondern nur Barbaren angemessen, und tadelt den Thukydides deshalb aufs heftigste: aber es waren die Grundsätze, nach denen die Athener handelten und die sie auch aus sophistischen Lehren zu beschönigen wufsten.
³) [Sehr richtig sagt darüber Böckh, Encyklopädie und Methodologie der philologischen Wissenschaften S. 655: »Sein Stil ist die Frucht einer rhetorischen Durchbildung, von der wir uns kaum eine Vorstellung machen können; auch die Reden seiner Personen sind nach verschiedenen rhetorischen Manieren höchst kunstvoll und charakteristisch gearbeitet«.]

vollkommen überein, wie die gründliche Ausführlichkeit des Archidamos und die schneidende Breviloquenz des Sthenelaidas. Die Hauptsache bleibt dem Thukydides bei der Abfassung der Reden die Gesinnungen zu zeigen, aus denen die Handlungsweise der Personen hervorging, und diese Gesinnungen sich selbst vortragen, begründen, rechtfertigen oder beschönigen zu lassen. Dies geschieht mit einer solchen inneren Wahrheit und Übereinstimmung, der Historiker weifs sich so in die Denkweise der Personen zu versetzen, ihren Absichten und Gesinnungen eine solche Begründung und scheinbare Sicherheit zu geben, dafs man gewifs sein kann, dafs die Personen selbst unter dem unmittelbaren Impuls ihrer Interessen und Bestrebungen ihre Sache nicht besser führen konnten. Man mufs sich gestehen, dafs ein Teil dieser bewundernswürdigen Fähigkeit wohl der Schule der sophistischen Rhetorik verdankt wird, in der man sich übte für beide Parteien, auch für die gute und schlechte, zu sprechen, aber zugleich ist sicher, dafs die Anwendung, welche Thukydides von dieser Kunst macht, die heilsamste und beste war, die man sich denken kann, und dafs ohne dies Vermögen, sich in verschiedene und entgegengesetzte Denkweisen hineinzudenken und jeder eine gewisse Art von Begründung und Berechtigung angedeihen zu lassen (ohne welche überhaupt eine Denkweise in der Geschichte niemals einen bedeutenden Einflufs gewinnen wird), wahre Historiographie nicht denkbar ist. So entwickelt Thukydides die Grundsätze, auf welche die Athener die Behandlung ihrer Bundesgenossen gründeten, mit einer solchen Konsequenz, dafs man ihrem Räsonnement gewissermafsen Recht zu geben genötigt wird. Sie zeigen in einer Reihe von Reden, die an verschiedenen Stellen eintreten, aber sich auf eine solche Art an einander schliefsen, dafs die weitere Fortbildung und immer härtere Steigerung dieser Grundsätze am Tage liegt: dafs sie ihre Macht nicht durch Gewalt gewonnen und durch die Umstände genötigt worden wären, ihr die Form einer Herrschaft zu geben, dafs sie jetzt ihre Herrschaft nicht aufgeben könnten, ohne ihre eigene Existenz aufs Spiel zu setzen, dafs die Herrschaft, weil sie zu einer Tyrannei geworden sei, auch mit Strenge und Härte behauptet werden müsse und Menschlichkeit und Billigkeit nur gegen unsers Gleichen, die uns selbst wieder Gutes erweisen können, am Platze sei [1]), bis dann im Gespräch mit den Meliern die Athener das Recht des Stärkeren als ein allgemeines Naturgesetz ausfprechen und blofs darauf ihre gewaltsame Forderung gründen, dafs die Melier ihnen sich unterwerfen sollen. »Wir verlangen und thun nichts, sagen sie, als was dem gemäfs ist, was die Menschen von den Göttern denken und für sich selbst verlangen. Denn wie wirs von den Göttern glauben, so sehen wir es von den Menschen deutlich, dafs sie überall durch eine Naturnotwendigkeit, wo sie die Gewalt haben, herrschen und befehlen. Wir haben dies Gesetz weder eingeführt, noch zuerst in Anwendung gebracht: aber da wir es als bestehend empfangen haben und unseren Nachkommen für immer hinterlassen werden, so wollen wir auch jetzt darnach handeln, indem wir wissen, dafs ihr und alle andern bei gleicher Macht dasselbe thun würdet« [2]). Diese Grundsätze, nach denen allerdings Griechen und andere Menschen auch schon früher gehandelt, aber dabei wenigstens die Maske des Rechts vorgenommen hatten, spricht der Geschichtschreiber in diesem Dialog mit einer solchen objektiven Kälte und Ruhe, so ganz ohne Andeutung eigener Empfindungen dabei, mit völlig unverzogener Miene aus, dafs man zu glauben versucht wird, Thukydides selbst kenne als Schüler der damaligen Sophisten kein anderes Recht in der Politik, als das des Stärkeren. Aber offenbar ist ein grofser Unterschied zwischen der Denk- und Handlungsweise, welche Thukydides als die in Athen herrschend gewordene mit objektiver Unbefangenheit wiedergibt, und Thukydides Überzeugungen, was der Menschheit und seinem Volke zum Heile gereiche. Wie wenig Thukydides als sittlicher Mensch die neuen Ansichten dieser Zeit gut hiefs, zeigt die ausnehmend lehrreiche und ergiebige Schilderung, die er von den Veränderungen entwirft, welche nach den ersten Jahren des Krieges in dem politischen

---

[1]) Thukyd. 3, 37--40. Dies sagt freilich Kleon, der an der Stelle der milderen Partei des Diodotos unterliegt: aber die Ausnahme, die hier einmal aus Humanität mit den Mitylenäern gemacht wird, bleibt eine Ausnahme, und im ganzen bleibt Kleons Geist in der äufseren Politik Athens der herrschende.

[2]) Thukyd. 5, 105 nach der richtigen Erklärung von Arnold.

Leben der einzelnen Staaten, besonders durch die Faktionenkämpfe im Innern, eintraten, wo Thukydides es gewifs nicht als einen heilsamen Wechsel darstellt, dafs »die Einfalt, welche zu einer edlen Sinnesart wesentlich gehört, damals verlacht wurde und aus der Welt verschwand« [1]). So wird auch die Verherrlichung der athenischen Demokratie und Lebensweise, welche besonders in Perikles erhabener Leichenrede gegeben ist, sehr bedingt teils dadurch, dafs Thukydides die Herrschaft der Fünftausend die erste gute Verfassung nennt, die er in Athen erlebt [2]), teils durch die gelegentliche Äufserung, dafs die Lakedämonier und Chier allein, so viel ihm bekannt geworden, mit dem Glücke Mäfsigung und Besonnenheit zu vereinigen gewufst hätten [3]). So werden wir überhaupt bei Thukydides seine eigene ernst sittliche Gesinnung von der unbefangenen Wahrheitsliebe wohl zu unterscheiden haben, mit der er die damalige Welt schildert, wie sie war, und werden ihm auch eine tief im Herzen wurzelnde Gottesfurcht darum nicht absprechen, weil es sein Vorsatz ist, die menschlichen Dinge in ihrem rein menschlichen Zusammenhange zu beschreiben und zwar den Glauben der handelnden Personen als Motiv ihrer Handlungen in Berechnung zu ziehen, aber seinen eigenen Glauben nicht den Ereignissen aufzudrängen. Religion, Mythologie, Poesie sind Dinge, die Thukydides, bis zu einer gewissen Einseitigkeit [4]), von sich als Historiker entfernt hält; und man kann ihn nicht mit Unrecht den Anaxagoras der Geschichte nennen, der das Göttliche eben so bestimmt von dem Kausalnexus des menschlichen Lebens absondert, als der ionische Physiker den Nus von den Wirkungen der Kräfte in der materiellen Natur entfernt gehalten hatte.

---

[1]) τὸ εὔηθες, οὗ τὸ γενναῖον πλεῖστον μετέχει, καταγελασθὲν ἠφανίσθη.
[2]) Thukyd. 8, 79.
[3]) Thukyd. 8, 24: εὐδαιμονήσαντες ἅμα καὶ ἐσωφρόνησαν.
[4]) Dafs Thukydides die ältere Kultur von Griechenland in manchem Punkte zu geringschätzig behandelt, läfst sich bestimmt nachweisen; überhaupt zeigt der erste Teil des ersten Buchs, die eigentliche Einleitung, schon weil sie zum Erweis eines allgemeinen Satzes geschrieben ist, für den Thukydides gewissermafsen plädiert — nicht die Unbefangenheit der Darstellung, wie der Hauptteil des Werks. [Zu vgl. ist der vortreffliche Aufsatz von U. Köhler, über die Archäologie des Thukydides in den zu Ehren Th. Mommsens herausgegebenen Abhandlungen.]

Thukydides Ausdruck und sprachlicher Stil hängt mit dem Charakter seiner Geschichtschreibung zu genau zusammen und ist von zu eigentümlichem Gepräge, als dafs wir, ungeachtet der Kürze dieser Charakteristik, nicht den Versuch machen sollten, die Hauptpunkte seiner Eigentümlichkeit dem Leser deutlich zu machen.

Der Zugang zu einer richtigen Auffassung dieses eigentümlichen Stils ist, wie uns scheint, schon durch die Bemerkung gegeben, dafs im Thukydides die gedankenschwere Beredsamkeit des Perikles sich mit dem altertümlichen strengen Kunststile der Rhetorik des Antiphon vereinigt.

Thukydides hat im Wortgebrauch die grofse Schärfe und Präzision, welche alle vorzüglichen Schriftsteller dieser Zeit auszeichnet, wo jedes Wort in allen seinen Teilen in voller Bestimmtheit genommen wird. Sie artet auch bei ihm an einigen Stellen fast in eine Sucht sinnverwandte Worte zu distinguieren (nach Prodikos Weise) aus [1]).

Dieser Bestimmtheit des Ausdrucks kommt ein grofser Reichtum des Sprachmaterials zu Hilfe, wobei Thukydides wie Antiphon, noch viele altertümliche poetische Worte braucht, nicht um seine Rede damit auszuschmücken, wie Gorgias that, sondern weil ihm der damalige Sprachgebrauch diese kernigen, das Gemüt ansprechenden Ausdrücke noch gewährte [2]). Auch im Dialekt blieb Thukydides der älteren attischen Sprachweise, wie sie die Tragödie darstellt, mehr getreu als seinen Zeitgenossen unter den komischen Dichtern [3]).

Ebenso gewährte eine gewisse altertümliche im ganzen mehr der Poesie als der Prosa zustehende, Freiheit in den Strukturen dem Thukydides das Mittel, Begriffsverbindungen auf eine viel schärfere Weise, ohne Einmischung überflüssiger und darum störender Redeteile, auszuprägen, als es bei einer gröfseren Beschränkung der Konstruktionen auf das Regelmäfsige geschehen kann. Ein solches Mittel ist die Freiheit, von Verben abgeleitete

---

[1]) 1, 69. 2, 62. 3, 39. [Vgl. oben 129 Anm. 2.]
[2]) Später heifsen solche Ausdrücke, die inzwischen völlig aus der gewöhnlichen Sprache verschwunden waren, γλῶσσαι, daher Dionysios über das γλωσσηματικόν der Rede des Thukydides klagt.
[3]) S. Kap. 27 am Schlusse.

Nomina ebenso zu konstruieren, wie die Verba [1]). Dies und anderes gewährt jene Schnelligkeit der Bezeichnung, wie die Alten sagen [2]), die den Nagel sogleich auf den Kopf trifft: auf der Thukydides Kürze weit mehr beruht, als auf der Auslassung irgend eines zur Sache dienlichen Umstands.

Auch in der Wortstellung nimmt Thukydides eine Freiheit in Anspruch, wie sie sonst nur den Dichtern zusteht, aber auch diese nur als ein Mittel den Gedanken in gröfserer Klarheit und Schärfe herauszustellen; indem er dadurch teils die Worte, auf denen der Nachdruck der Rede liegt, an die Spitze des Satzes zu bringen [3]), teils die Begriffe mehr nach ihrer innern Verwandtschaft oder auch nach dem zwischen ihnen stattfindenden Kontrast, als nach der grammatischen Konstruktion, zusammenzuordnen [4]) in den Stand gesetzt wird.

In der Zusammenfügung der Sätze führt Thukydides Bestreben nach Schärfe und Feinheit der Bezeichnung zu einer gewissen Ungleichförmigkeit und Rauhheit [5]), die von der Glätte des spätern Stils sehr weit entfernt ist. Indem nämlich Thukydides bei der Entfaltung des Gedankens in einzelne Teile jedem Teile sein eigentümliches Recht geben will, vermeidet er keineswegs, in entsprechenden Gliedern verschiedene grammatische Formen (Kasus, Modi) zu brauchen [6]) und einen schnellen Wechsel in den grammatischen Begriffen, z. B. dem Subjekt, eintreten zu

---

[1]) Darauf beruhen Redensarten, wie ἡ οὐ περιτείχισις, d. h. der Umstand, dafs eine feindliche Stadt nicht mit Belagerungsmauern eingeschlossen wird, τὸ αὐτὸ ὑπὸ ἁπάντων ἰδίᾳ δόξασμα, der Fall, wo alle jeder für sich dieselbe Meinung von einer Sache hegen, ἡ ἀκινδύνως δουλεία (nicht einerlei mit ἀκίνδυνος) eine Sklaverei, wobei es sich ganz bequem und sorglos lebt.

[2]) τάχος τῆς σημασίας. [Dionys. Halic. ep. ad. Amm. II, 2 vgl. mit de Thucyd. iudic. c. 24 a. E. τὸ τάχος τῆς ἀπαγγελίας.]

[3]) Wie 1, 93: τῆς γὰρ θαλάσσης πρῶτος ἐτόλμησεν εἰπεῖν ὡς ἀνθεκτέα ἐστίν.

[4]) Wie 3, 39: μετὰ τῶν πολεμιωτάτων ἡμᾶς στάντες διαφθεῖραι, wo die hervorgehobenen Worte wegen des Kontrasts zusammenstehen.

[5]) ἀνωμαλία, τραχυτής.

[6]) z. B. zwei verschiedene Kasus-Strukturen, etwa als Gründe einer Handlung, durch καί zu verbinden, oder nach derselben Absichts- oder Bedingungspartikel den Konjunktiv und dann den Optativ zu setzen, wobei immer ein bestimmter Unterschied nachweisbar ist.

lassen, der oft auch nicht ausdrücklich angezeigt wird, sondern stillschweigend geschieht, indem aus einem Ausdruck ein anderer, für die Stelle erforderlicher, suppliert wird [1]).

Thukydides Periodenbau steht eben so, wie der des Antiphon, in der Mitte zwischen der lockeren Satzfügung der Ionier und der periodischen Schreibart, die sich erst später in Athen entwickelte. Die gröfsere Kraft und Energie in der Gedanken-Kombination, die besonders in der Motivierung von Entschlüssen und Thaten hervortritt, gibt sich auch durch gröfsere Satz-Kombination kund: aber diese Massen erscheinen noch nicht als wohlgegliederte, leicht bewegliche, schnell und gewandt einhertretende Körper, sondern mehr als Konglomerate, in denen die Anziehungskraft eines Hauptgedankens eine Menge Nebengedanken herangezogen und neben sich aufgeschichtet hat. Und zwar hat Thukydides zwei Gattungen dieser motivierenden Sätze, die beide gleich charakteristisch für seinen Stil sind. In der einen, die man die absteigende nennen kann, setzt er die Handlung, das Resultat, voran und läfst unmittelbar in Kausalsätzen oder Partizipien die nächsten Ursachen oder Motive folgen, die er dann wieder durch ähnliche Satzformen begründet und so, gleichsam die Rede zerfasernd, in den Zusammenhang der Dinge eingreifen läfst, ähnlich wie ein Baumstamm mit seinen Wurzelfasern in die mütterliche Erde eingreift [2]). Die andere Form, die ansteigende Periode, beginnt mit den begründenden Umständen, entwickelt daraus allerlei Folgen oder darauf bezügliche Überlegungen, und schliefst — oft nach einer langen Kette von Folgerungen — mit dem Resultat, einem Entschlufs oder der Handlung selbst [3]). Beide Arten von Perioden haben etwas An-

---

[1]) Das σχῆμα πρὸς τὸ σημαινόμενον so wie ἀπὸ κοινοῦ, ist bei Thukydides sehr gebräuchlich.

[2]) 1, 1. (Θουκυδίδης ξυνέγραψε 1, 25, (Κορίνθιοι δὲ κατὰ τὸ δίκαιον — ἤρχοντο πολεμεῖν) und überall.

[3]) Beispiele 1, 2, (τῆς γὰρ ἐμπορίας), 1, 58, (Ποτιδαιᾶται δὲ πέμψαντες) 4, 73, 74, (οἱ γὰρ Μεγαρῆς — ἔρχονται). Interessant ist es, wie Dionysios de Thucyd. iudic. p. 872 eine solche ansteigende Periode seiner Kritik unterzieht und in eine leichter fafsliche, gefälligere, aber minder strenge und präzise Form auflöst, indem er einen Teil der Motive mitten herausnimmt und nachträglich beibringt. Auch hierin hat Antiphon viel Ähnliches, wie z. B. in dem Satze Tetral. I, α, § 6: ἐκ παλαιοῦ γάρ κ. τ. λ.

strengendes und verlangen zweimal gelesen zu werden, um in ihrer ganzen Zusammenfügung dem Geiste klar zu werden; man kann sie durch Auflösungen, welche bestimmte Ruhepunkte gewähren, übersichtlicher, bequemer, gefälliger machen, aber man wird dann auch gestehen müssen, dafs in Thukydides Form, wenn man ihre Schwierigkeiten einmal überwunden, das Zusammenwirken aller Glieder zu einem Ergebnis, die Einheit des Gedankens, am schärfsten ausgesprochen ist.

Diese Art des Satzbaues gehört dem historischen Stil des Thukydides eigentümlicher an; gemeinsam dagegen mit dem ganzen Zeitalter ist ihm die in den Reden herrschende symmetrische Architektonik der Rede, dies Spalten und Gegenüberstellen der Begriffe, dies Vergleichen und Unterscheiden, dies Herüber- und Hinüberblicken, wodurch eine eigene wiegende Bewegung in Geist und Rede kommt. Wie wir schon bei Antiphon gesagt haben, ist diese antithetische Redeweise von Haus aus keine leere Manier, sie ist ein Produkt des attischen Scharfsinnes und Witzes, aber sie ist unleugbar, unter dem Einflusse der sophistischen Redekunst, in Manier ausgeartet; und Thukydides selbst ist voll von Künstlichkeiten der Art, bei denen man oft nicht weifs, ob man die Feinheit der Gedanken-Spaltung bewundern, oder sich über die altertümlich affektierte Zierlichkeit mehr verwundern soll — besonders wenn zu den inneren Verhältnissen der Gedanken und Begriffe auch die äufseren Zierden der Isokola, Homöoteleuta, Parechesen u. dergl. hinzukommen[1]).

Dagegen sind dem Thukydides, wie dem Antiphon, und noch mehr als diesem, alle jene Unregelmäfsigkeiten der Rede fremd, die aus Leidenschaft oder Verstellung hervorgehen; es herrscht in ihm eine Geradheit und Ruhe, die man wohl mit nichts besser vergleichen kann als mit der erhabenen Seelen-Stille und Klarheit, die alle Gesichtszüge von Göttern und Heroen

---

[1]) Wie wenn Thukyd. 4, 61 sagt: οἵ τ' ἐπίκλητοι εὐπρεπῶς ἄδικοι ἐλθόντες εὐλόγως ἄπρακτοι ἀπίασιν, d. h.: »So werden die, welche mit gutem Scheine ungerechter Weise herbeigerufen sind, aus gutem Grunde unverrichteter Weise wieder fortgehen«. Andere Beispiele 1, 77, 144. 3, 38, 57, 82. 4, 108. Die alten Schriftsteller der Rhetorik sprechen oft von diesen σχήματα τῆς λέξεως im Thukydides: Dionysios findet sie μειρακιώδη, puerilia. Vgl. Gellius N. A. 18, 8.

aus der Phidiasischen Schule der Skulptur ausfprechen. Es ist nicht Unvollkommenheit der Rede, es ist ein Gesetz der Würde, das über jeder Äufserung waltet, und selbst in den gefährlichsten Lagen, welche alle Leidenschaften und Affekte, Furcht und Angst, Zorn und Hafs, hervorrufen mufsten, dem Redenden den Ton der Mäfsigung und Besonnenheit, und vor allem der eindringenden Erörterung der Sache selbst, zu behaupten gebietet. Welche leidenschaftliche Deklamationen würde ein späterer Rhetor den Thebanern und Plataern in den Mund gelegt haben, wo diese von jenen vor dem spartanischen Gerichte auf Tod und Leben angeklagt werden; bei Thukydides kommt keine leidenschaftlichere Wendung vor als einmal: »Wie solltet ihr da nicht schrecklich gehandelt haben« [1])!

Man kann sich wohl denken, wenn man mit diesen Reden etwa die des Lysias vergleicht, wie fremdartig schon in der Zeit, in der Thukydides Werk zuerst bekannt wurde, dieser Stil und diese Eloquenz mit ihrer Gedankenfülle, scharfen und kunstreichen Ausprägung aller Gedanken und mit ihren nur mit grofser Aufmerksamkeit richtig zu fassenden Satzgefügen den Athenern erscheinen mufsten, die damals schon nicht mehr gewohnt waren, auf die öffentlichen Leistungen in Poesie und Prosa eine so angestrengte Aufmerksamkeit zu wenden. In Beziehung auf die Reden mag wohl Kratippos — ein Fortsetzer des Thukydides — ganz Recht haben, wenn er als Grund angibt, warum das achte Buch keine Reden enthalte, Thukydides habe gefunden, dafs sie dem damaligen Geschmacke nicht mehr gefielen [2]). Sie mufsten in der That schon damals auf den attischen Geschmack den Eindruck machen, den Cicero später den Römern durch die Vergleichung mit sehr altem, herben und schwer auf die Zunge

---

[1]) Πῶς οὐ δεινὰ εἴργασθε; Thuk. 3, 66. Etwas mehr Lebhaftigkeit und Munterkeit findet sich, gewifs zur Charakteristik des Sprechenden, in der Rede des Athenagoras, des Führers der demokratischen Partei in Syrakus, Thuk. 6, 38, 39.

[2]) Kratippos bei Dionys. de Thucyd. iud. c. 16, p. 847: τοῖς ἀκούουσιν ὀχληρὰς εἶναι. [Kratippos, nach dem Zeugnisse des Marcellinus § 33, war jünger als der Rhetor Zopyros von Klazomenä, der um das Jahr 270 v. Chr. blühte. Über ihn ist zu vergleichen C. Müller Fragm. hist. gr. t. 2, p. 75 ss.]

fallenden Falerner deutlich zu machen sucht¹). Auch war Thukydides den Griechen und Römern der Zeit um nichts leichter, als er es den Kennern des Griechischen heut zu Tage ist; ja wenn man findet, daſs schon Cicero die Reden in seinem Werke kaum verständlich nennt²): so darf die Philologie unserer Tage stolz darauf sein, daſs ihr kaum irgend etwas unverständlich geblieben ist.

Fünfunddreiſsigstes Kapitel.

Die neue Ausbildung der Redekunst durch Lysias.

Mit dem Ende des peloponnesischen Krieges tritt, nach der ungeheuren Anstrengung der Kriegführung und dem furchtbaren Falle der Macht Athens, ein Zustand der Erschöpfung und Erschlaffung ein. Freiheit und Demokratie wurden zwar durch Thrasybul und seine Freunde hergestellt, aber Athen hatte aufgehört Hauptstadt eines groſsen Reiches, Beherrscherin des Meers und der Küstenländer zu sein und bekam erst durch Konons kluges Benehmen bei den Persern einen geringen Teil der früheren Herrschaft wieder. Die bildenden Künste, die unter Perikles durch Phidias sich aufs herrlichste entfaltet hatten, konnten bei dem Mangel an Vermögen und Unternehmungslust keine neuen Blüten treiben; erst ein Menschenalter später, von Olymp. 102 (372) an, finden wir einen neuen Aufschwung in der jüngeren attischen Schule des Praxiteles. Die Poesie entartet in der späteren Tragödie und dem Dithyramb immer mehr in sinnliche Spielerei und spitzfindige Rhetorik. Der groſsartige Schwung,

---

¹) Cicero Brutus 83, 288.
²) Cicero Orat. 9, 30: Ipsae illae (Thucydidis) conciones ita multas habent obscuras abditasque sententias, vix ut intelligantur. [Vgl. auſserdem Brutus c. 7, 29 und Dionys. de Thucyd. iud. c. 51. Das Urteil O. Müllers, dem sich Classen anschlieſst, hält Steinberg im o. a. Programme für etwas allzu optimistisch, ohne Zweifel mit Recht.]

das edle Bewufstsein innerer Gröfse, die energische Anspannung in jeder Bestrebung schien aus den Künsten wie aus dem Leben gewichen zu sein.

Und doch war es gerade diese Zeit, in welcher die prosaische Rede, von Fesseln, die sie bis dahin noch immer umstrickt hatten, gelöst, einen neueren freieren Anlauf nahm, der zu ihrer schönsten Entwickelung führte. Lysias und Isokrates, die beiden Jünglinge, die Sokrates in Platons Phädrus einander gegenüber stellt, den ersten bitter tadelnd, auf den zweiten grofse Hoffnungen gründend, gaben auf verschiedenen Wegen durch glückliche Veränderungen, die sie mit der bisherigen Redeweise vornahmen, der Redekunst eine ganz neue Gestalt.

Lysias stammte aus Syrakus, von einer angesehenen Familie [1]). Sein Vater Kephalos war auf Perikles Zureden nach Athen gezogen und lebte dort dreifsig Jahre [2]); er tritt in Platons Dialogen vom Staate um das Jahr 92, 2 (411) [3]) in höchstem Alter als ein allgemein verehrter, würdevoller Greis auf. Lysias war bei der Gründung der grofsen Kolonie Thurii, zu der sich ziemlich ganz Griechenland vereinigte, Ol. 84, 1 (444), mit seinem ältesten Bruder Polemarchos eben dahin gegangen, um das der Familie zugeteilte Los in Besitz zu nehmen; er selbst war damals erst fünfzehn Jahr alt [4]). Hier in Thurii widmete er sich

---

[1]) [Dafs Athen Lysias Geburtsort war, betont ausdrücklich Cicero im Brutus 16, 63 gegenüber der von Timäus aufgestellten Behauptung.]

[2]) Nach dem Hauptzeugnis des Lysias g. Eratosthenes § 4.

[3]) Nach Böckhs in zwei Programmen der Berliner Universität von 1838 und 1839 erwiesener Fixierung der Zeit der Republik. [Abgedruckt mit einem dritten Progr. 1840 im 4. Bande der gesammelten kleinen Schriften S. 437 bis 492.]

[4]) [Gegen die Annahme des Jahres 459 als Geburtsjahr des Lysias sind vielfache Bedenken geltend gemacht worden. Nach Vater, rerum Andocidearum part. II, in Jahns Jahrb. Suppl. B. 9. S. 165 ff. und Westermann, Lysiae orat. praef. p. V wäre Kephalos erst Ol. 83, 1 (448) nach Athen gezogen, wo sein Sohn Lysias Ol. 87, 1 (432) geboren wurde. Derselbe wäre erst als 16jähriger Jüngling nach Thurii übergesiedelt, wo er bis Ol. 92, 1 (412) blieb. C. Fr. Hermann ges. Abh. S. 15 setzt 444 als Geburtsjahr des Lysias, indem er als die Zeit in welcher die den Inhalt der Republik bildenden Unterredungen stattgefunden auf 430 festsetzt. Die Frage ist kaum mit Sicherheit zu entscheiden. Ein Zeugnis dafür, dafs Lysias gleich zur Zeit der Gründung der Kolonie in Thurii dorthin übergesiedelt sei, gibt es nicht.]

der Rhetorik, wie sie in den Schulen der sicilischen Sophisten gelehrt wurde; der bekannte Tisias und ein anderer Syrakusier Nikias ¹) waren seine Lehrmeister. Erst in reiferen männlichen Jahren Ol. 92, 1 (412), kam Lysias nach Athen und lebte hier noch einige wenige Jahre im Hause seines Vaters Kephalos, dann auf eigene Hand, dem Geschäfte eines Sophisten obliegend ²). Obgleich nicht zur Bürgerschaft von Athen gehörig, sondern nur ein Schutzgenosse ³), hatte er mit seiner ganzen Familie eine lebhafte Anhänglichkeit an die Demokratie. Polemarchos wurde deswegen unter den Dreifsigen genötigt, den Giftbecher zu trinken; Lysias selbst entrann der Verfolgung der Tyrannen mit Mühe, indem er nach Megara flüchtete. Um so bereiter war er, Thrasybul und die andern Freiheitshelden von Phyle mit den Resten seines Vermögens zu unterstützen und die Herstellung der Demokratie nach Kräften zu fördern ⁴).

Nun lebte er wieder als Inhaber einer Schildfabrik und Lehrer der Redekunst, nach Art der Sophisten, in Athen als ein ihm nahe angehendes Ereignis ihn in eine neue Laufbahn warf. Eratosthenes, einer der Dreifsigmänner, wollte sich die Amnestie zu Nutze machen, welche das Volk selbst den dreifsig Tyrannen angedeihen liefs, im Falle sie sich durch öffentliche Rechenschaft von aller Schuld reinigen könnten. Eratosthenes stützte sich darauf, dafs er unter den Dreifsig zu der milderen Partei des Theramenes gehört habe, der eben deswegen von dem strengen und gewaltsamen Kritias vernichtet worden war. Und doch hatte

---

¹) [Von diesem Nikias, den Pseudoplutarch, Photios und Suidas, wohl auf Grund desselben Zeugnifses, als Lehrer des Lysias bezeichnen, geschieht sonst nirgends Erwähnung. Spengel Συναγωγή p. 38 vermutet, es sei der Name aus einer Verwechslung mit dem des Tisias entstanden.]

²) Λυσίας ὁ σοφιστής heisst es in der Rede gegen die Neära p. 1352 Reiske, und es ist nicht zu zweifeln, dafs der Redner gemeint ist.

³) μέτοικος. Nach Thrasybuls Willen sollte er Bürger werden: aber durch Ungunst der Umstände blieb er ἰσοτελής, eine bevorrechtete Klasse unter den Schutzgenossen. Als Isotelen hatte die Familie schon vor den Dreifsig Chöre ausgerüstet, wie die Bürger.

⁴) Mit einem offenbar persönlichen Interesse gedenkt Lysias im Epitaph., § 66, der Fremden, d. h. der Schutzgenossen, die an der Seite der Befreier Athens im Piräeus gefallen waren. [Vgl. S. 170. Anm. 4.]

eben dieser Eratosthenes den Polemarchos nach einem Beschlusse der Dreifsig auf der Strafse aufgegriffen, ins Gefängnis geschleppt und dadurch seinen Justizmord herbeigeführt. Daher bei seiner Rechenschaft [1]) Lysias persönlich als Ankläger gegen ihn auftrat, wiewohl er, nach seiner eigenen Aussage, bis dahin **weder eigene noch fremde Geschäfte jemals im Gerichte betrieben hatte** [2]). Er greift ihn zunächst wegen der von ihm verschuldeten Ermordung des Polemarchos und der übrigen Leiden an, die er seiner Familie zugefügt habe: und verbreitet sich alsdann über die ganze Laufbahn und Amtsthätigkeit des Eratosthenes, der auch zu den Vierhundert und zu den fünf Ephoren gehört hatte, welche auf Betrieb der Hetäricen oder geheimen Verbindungen nach der Schlacht von Ägospotamos gewählt worden waren: wobei er die Behauptung durchführt, dafs gerade Theramenes, der angeblich Milde und Gemäfsigte, durch seine Ränke dem Staate am allermeisten geschadet habe. Durch die ganze Rede geht der Ausdruck wahrster Überzeugung und einer unerkünstelten Wärme, wie sie bei einer den Sprecher so nahe berührenden Angelegenheit sich von selbst einstellen mufste. Er schliefst nach den kräftigsten Mahnungen an die Richter: »Ich will aufhören anzuklagen. Ihr habt gehört, gesehen, erfahren; ihr wifsts, richtet« [3]).

Diese Rede macht eine grofse Epoche im Leben des Lysias, seinen Beschäftigungen und Studien, dem Stile seiner Beredsamkeit, und man darf sagen — in der ganzen Geschichte der attischen Prosa. — Lysias hatte die Beredsamkeit bis dahin allein schulmäfsig, durch Unterricht jüngerer Leute und Verfertigung von Übungsreden, betrieben, als ein Sophist aus der sicilischen Schule. Die Einseitigkeit und Manier, welche einem solchen Betriebe der Eloquenz der Natur der Sache nach droht, konnte von Lysias um so weniger vermieden werden, da er ganz unter dem Einflusse derselben Schule stand, aus der Gorgias hervor-

---

[1]) εὐθύνη.
[2]) οὔτ' ἐμαυτοῦ πώποτε οὔτε ἀλλότρια πράγματα πράξας, gegen Eratosth. § 3.
[3]) [παύσομαι κατηγορῶν. Ἀκηκόατε, ἑωράκατε, πεπόνθατε, ἔχετε· δικάζετε. Ähnlich lautet der Schlufs der 6ten in Bezug auf Echtheit zweifelhaften Rede gegen Andokides.]

gegangen war. Das Bestreben, die Gewalt der Rede gerade dadurch zu beweisen, dafs das Unwahrscheinliche wahrscheinlich, das Widersinnige glaublich gemacht wird, daher Paradoxensucht und Geschraubtheit in der Wahl und Anlage des Stoffes, übertriebene Zierlichkeit und Künstlichkeit in der Ausführung und dabei ein entschiedener Mangel an natürlicher Bewegung des Geistes, wie sie eben nur aus innerer Überzeugung und dem Gefühl der Wahrheit hervorgehen kann — war dem Lysias mit Gorgias gemein. Der Unterschied dieser Lehrer der Redekunst lag nur darin, dafs Gorgias, einem natürlichen Hange zum Glänzenden und Prunkenden folgend, weit mehr darauf ausging den Ohren durch Wohlklang, der Phantasie durch Pracht der Rede zu schmeicheln und den Geist durch einen gewissen Zauber der Rede zu blenden; Lysias aber, von Haus aus verständiger und nüchterner und durch das Zusammenleben mit Athenern, zu deren Partei er sich auch in Thurii hielt [1]), mit dem Scharfsinn und der Feinheit des attischen Geistes vertraut, der sophistischen Redekunst mehr Eigentümlichkeit und spitzfindige Neuheit in den Gedanken und scharfe Ausprägung des Ausdrucks verlieh [2]).

Diese Vorstellung von Lysias früherer Redekunst schöpfen wir besonders aus Platons Phädrus, einem der ersten Werke des grofsen Philosophen [3]), dessen Tendenz allein die ist, die echte, begeisterte Liebe zur Wahrheit hoch zu erheben über das sophistische Spiel mit Gedanken und Worten. Ein junger Freund des Sokrates, Phädrus, erscheint in diesem Dialoge ganz begeistert und entzückt von einem Produkte des Lysias, welches er dem Sokrates auf dringendes Verlangen vorliest, von welchem er alsdann durch Ernst und Scherz allmählich zu der Erkenntnis geführt wird, wie nichtig diese Art von Redekunst sei. Das Thema

---

[1]) Lysias verliefs Thurii, als nach dem Untergange der sicilischen Expedition die lakedämonische Partei in der Kolonie die Oberhand gewann und die athenische unterdrückte.

[2]) [Als weiteres Moment, wodurch diese Überlegenheit bedingt wurde, dürfte wohl auch noch der grofse Unterschied zwischen einer blofsen Prunkrede und einer Rede, die den wichtigsten persönlichen Interessen zu dienen bestimmt war, betont werden.]

[3]) Welches nach alter Überlieferung noch vor Sokrates Tode (Ol. 95, 1, 399 v. Chr.) geschrieben war.

dieser Rede, die Platon wohl nicht unmittelbar von Lysias genommen, sondern selbst komponiert hat, um alle Eigenheiten und Verkehrtheiten dieser Manier in einem klaren Beispiel zu zeigen [1]) — ist, einen schönen Knaben zu überreden, dafs er sich mehr einem nicht Liebenden anschliefsen und gefällig erweisen solle, als dem Liebenden. Wie dieses Thema ganz sophistisch erfunden ist, so ist auch die Ausführung ohne alle Wärme und Lebendigkeit, ein blofses Spiel eines erfindungsreichen Scharfsinns. Die Gründe werden dem Knaben einzeln zugezählt und jeder für sich sorgfältig erörtert, aber im ganzen herrscht keine Bewegung des Geistes, wodurch die Gedanken in gröfsere Massen zusammengefasst würden, kein notwendiger Fortschritt, wodurch die Teile sich wie Glieder eines Körpers aneinanderfügten; daher auch die ermüdende Monotonie, mit der die Sätze einer an den andern gehängt werden [2]). In der Bildung der Sätze herrscht noch ganz das Gefallen an antithetischen Gliederungen mit allem altertümlichen Putze von Isokolen, Homöoteleuten u. dgl.[3]). Der Ausdruck ist von dem poetischen Prunke des Gorgias frei, aber so sorgfältig ausgebildet, so zierlich und gedrechselt, dafs man leicht die grofse Mühe gewahr wird, welche eine solche sophistische Schularbeit ihrem Meister kostete.

In der erhaltenen Sammlung von Lysias Werken haben wir keine solche Schularbeit (μελέτη) und überhaupt keine Rede, welche in die Zeit vor der Anklage des Eratosthenes fiele; wir

---

[1]) [Die entgegengesetzte Ansicht mufs nach dem was L. Schmidt in den Verhandl. der 18. Versamml. deutscher Philologen, Wien 1858, gesagt hat als die einzig richtige betrachtet werden. Vgl. Blass, die attische Beredsamkeit von Gorgias bis auf Lysias, S. 417. Ebenso überzeugend sind die Gründe von E. Egger in einem Aufsatze im Annuaire de l'association pour l'encouragement des études grecques en France, 5me année 1871, S. 17 ff., der Schmidts Abhandlung nicht gekannt hat. In jedem Falle liegt die Frage anders als für die Rede des Agathon z. B. im Symposion.]

[2]) Vier Sätze fangen in der kurzen Rede mit ἔτι δέ, vier mit καὶ μὲν δή an.

[3]) In dem Satze p. 233: ἐκεῖνοι γάρ καὶ (a) ἀγαπήσουσι, καὶ (b) ἀκολουθήσουσι, καὶ (c) ἐπὶ τὰς θύρας ἥξουσι, καὶ (α) μάλιστα ἡσθήσονται, καὶ (β) οὐκ ἐλαχίστην χάριν εἴσονται, καὶ (γ) πολλὰ ἀγαθὰ αὐτοῖς εὔξονται, sind offenbar α, β, γ, blofs um des Gleichgewichts der Homöoteleuta Willen zur Dreizahl ausgebildet.

haben nur Werke, die dem späteren Mannesalter und dem gereifteren Geschmacke des Lysias angehören [1]). Jedoch ist unter diesen Werken eins, welches sehr viel von Lysias älterer Schönrednerei hat; wovon der Grund offenbar in dem abweichenden Gegenstande liegt. Die Leichenrede für die im korinthischen Kriege gefallenen Athener, von Lysias nach Ol. 96, 3 (394 v. Chr.) geschrieben, aber schwerlich öffentlich gehalten, gehört einer Gattung der Beredsamkeit an, welche sich von der beratenden in der Volksversammlung [2]) und der streitenden in den Gerichten [3]) dadurch wesentlich unterscheidet, dafs sie nichts Bestimmtes erreichen und durchsetzen will, keinen praktischen Zweck hat. Eben dadurch befand sich diese Gattung, die man die Prunkberedsamkeit nennen kann [4]), aufser dem Spielraume der Impulse, welche in den anderen Gattungen eine freiere und natürlichere Bewegung herbrachten; wie sie von den Sophisten, die alles loben und tadeln zu können sich vermafsen, besonders kultiviert wurde, so behielt sie auch nach den Zeiten der Dreifsig noch lange das sophistische Gepräge; und ein solches Werk ist uns in Lysias Epitaphios erhalten. Die Rede geht ganz nach der Art solcher Prunkreden die fabelhaften und historischen Zeiten durch, indem sie an einem chronologischen Faden eine Grofsthat der Athener an die andere reiht, sie verweilt lange bei den mythischen Beweisen der Tapferkeit und Humanität der Athener im Kriege mit den Amazonen, bei der Bestattung der gegen Theben gefallenen Helden, der Aufnahme der Herakliden; dann erzählt sie die Thaten der Athener im Perserkriege, geht aber über den peloponnesichen Krieg ziemlich schnell hinweg — im entschiedenen Widerspruche mit dem Mafsstabe, den Thukydides an diese Dinge anlegt, und überall nur das hervorhebend, was

---

[1]) Mit Ausnahme, wie es scheint, der sonderbaren kleinen Rede πρὸς τοὺς συνουσιαστὰς κακολογιῶν, die keine Gerichtsrede, aber auch keine blofse μελέτη ist, sondern eine, allem Anscheine nach, aus wirklichen Umständen des Lebens hervorgegangene, aber sophistisch ausgearbeitete Schrift, in welcher Lysias seinen Kameraden und bisherigen guten Freunden die Freundschaft aufkündigt.
[2]) συμβουλευτικὸν γένος, deliberativum genus.
[3]) δικανικόν, iudiciale.
[4]) ἐπιδεικτικόν, πανηγυρικὸν γένος.

sich zum deklamatorischen Vortrage zu eignen schien [1]). Die Ausführung dieser Gedanken ist so künstlich und geschraubt, dafs man sich über die Gelehrten nicht wundern darf, die in dieser Rede nicht denselben Lysias wiederkennen konnten, den man in seinen Gerichtsreden findet; ein regelmäfsig abgemessener, eintöniger Parallelismus der Sätze, dessen Antithesen oft mehr in den Worten als im Gedanken liegen [2]), geht durch die ganze Rede; kaum kann Polos oder sonst ein Schüler des Gorgias in Gleichlaute [3]) und andern Klingklang verliebter gewesen sein [4]).

Von dieser künstlichen und geschraubten Redeweise würde sich wahrscheinlich Lysias nie frei gemacht haben, wenn nicht ein wahrer Schmerz, ein wirklich empfundener Zorn, wie er ihn bei der Frechheit des Dreifsigmanns Eratosthenes ergriff, mit seinem Gemüte auch seine Rede in einen lebendigeren und natürlicheren Flufs gebracht hätte. Es soll nicht gesagt werden, dafs man nicht auch in der Rede gegen Eratosthenes die Schule deren Luft Lysias bis dahin geatmet, erkennen könnte und die Gewohnheit einzuteilen, zu vergleichen und entgegenzusetzen mitten in der lebhaftesten Bewegung hindurchblickte. Aber diese Gewohnheit fügt sich hier vollkommen den Forderungen des ernsten und hitzigen Bestrebens, mit welchem Lysias die Schlechtigkeit seines Gegners enthüllt, und aller der leere Flitterstaat ist wie mit einem Schlage abgethan.

Dadurch kam Lysias offenbar zum Bewufstsein, welche Art zu reden teils ihm selbst die natürlichste sei, teils ihre Wirkung

---

[1]) Nur in den Lobeserhebungen der Befreier von der Herrschaft der Dreifsig und der Fremden, welche dabei dem Demos beigestanden und darum auch im Tode gleiche Ehre mit den Bürgern empfangen (§ 66), zeigt sich etwas von eigenem Interesse für die Sache.

[2]) Wie wenn Lysias § 25 sagt: den Körper aufopfernd, für die Tugend aber das Leben nicht achtend, wo Körper und Leben (ψυχή) keinen wirklichen Gegensatz, sondern eine ψευδής ἀντίθεσις (nach Aristoteles Rhetor. 3, 9 treffendem Ausdrucke) bildet.

[3]) παρηχήσεις, wie μνήμην παρὰ τῆς φήμης λαβών, Epitaph. § 3.

[4]) [Vgl. Blass a. a. O. S. 329 ff., wo die Gründe gegen die Echtheit des Epitaphios entwickelt sind. Wie schablonenhaft derartige Reden gearbeitet waren, dies zeigt die Verweisung auf die Parallelstellen in der Ausgabe Pseudolysiae oratio funebris ed. Mart. Erdmann, Lipsiae 1881.]

auf die Richter am wenigsten verfehlen könne. Er begann nun, bereits in den fünfzigen seines Lebens, in der Art, wie Antiphon, Reden für solche Privatleute zu schreiben, die ihrer eigenen Fertigkeit im Gerichte nicht hinlänglich vertrauten [1]). Gerade für diesen Zweck war eine schlichte, kunstlose Weise die allgemein angemessene, da eben nur solche Bürger, die in der Redekunst nicht geübt waren, die Hilfe der Redeschreiber in Anspruch nahmen [2]): und so mufste Lysias sich immer mehr in diesem Stile befestigen. Der Erfolg war, dafs Lysias für seine Zeitgenossen und für alle Zeiten als das erste, und in mancher Beziehung auch als das vollkommenste, Muster des schlichten Stils da steht [3]).

Lysias unterschied eben so genau, wie ein dramatischer Dichter, welche Personen er sprechen lassen sollte, und gab einem jeden, der Jugend und dem Alter, der Armut und dem Reichtum, der geringern und höhern Bildung, den ihr zukommenden Ton der Rede; was die Kritiker des Altertums unter dem Namen seiner Ethopoiia rühmen [4]). Dabei mufste aber immer der Ton, wie er sich für den gemeinen Mann eignete, der vorherrschende bleiben. Lysias blieb daher in der Bildung der Sätze bei der lockeren Verknüpfung stehen [5]), wie sie im gemeinen Leben herrscht, und bemühte sich nicht um die damals eben beginnende Kunst des Periodenbaus: wiewohl er dabei doch merken läfst, dafs er die Sätze auch enger zu verbinden und kräftiger zusammenzufassen verstehe, wo es ihm darauf ankommt eine Kombination von Gedanken in ihrer Einheit dem Hörer

---

[1]) [Vgl. Aristoteles bei Cicero im Brutus 12 § 48: nam Lysiam primo profiteri solitum artem esse dicendi, deinde quod Theodorus esset in arte subtilior in orationibus autem ieiunior, orationes cum scribere aliis coepisse, artem removisse.]

[2]) S. Quinctil. Inst. 3, 8.

[3]) ὁ ἰσχνός, ἀφελὴς χαρακτήρ, tenue dicendi genus. [Wahrscheinlich beruht die Unterscheidung der drei verschiedenen Stilgattungen auf der Erörterung Theophrasts in seiner Schrift περὶ λέξεως.]

[4]) Dionys. Hal. de Lysia iud. c. 8. 9, p. 467. Reiske. Vgl. de Isaeo c. 3, p. 589.

[5]) λέξις διαλελυμένη ziemlich so viel wie εἰρομένη. [Gleichbedeutend ist noch διηρημένη. Vgl. Volkmann a. a. O. S. 433.]

anschaulich zu machen ¹). Die sogenannten Figuren des Gedankens, die wir oben als Störungen der natürlichen Gedankenentwickelung beschrieben haben, sind von Lysias noch sehr wenig gebraucht worden, aber eben so verschwinden die Figuren der Rede, in welchen die alte Zierlichkeit der Eloquenz bestand, und zwar um so mehr, je schlichter der Ton ist, den er durchführt. In den einzelnen Worten und Redensarten hält sich Lysias streng an die gewöhnliche Rede des gemeinen Lebens und entsagt allem Schmucke poetischer Ausdrücke, Wortzusammensetzungen und Metaphern. Sein Ziel ist, den Richtern für seine Partei so viel Überzeugendes und Gewinnendes zu sagen, als nur die kurze Zeit, welche die Wasseruhr dem Kläger und Angeklagten gestattete, fassen konnte. Die Proömien sind ganz geeignet, die Richter für die Sache günstig zu stimmen; die Erzählungen, welche das Altertum besonders an Lysias bewunderte, sind natürlich, anziehend, lebhaft und oft mit solchen kleineren Zügen ausgestattet, die der Sache eine gewisse mimische Anschaulichkeit geben; in den Beweisen und Widerlegungen herrscht eine klare Gedankenverbindung und ein kräftiger Fortschritt, der dem Zweifel keinen Raum zu lassen scheint: kurz, die Reden des Lysias sind so, wie sie sein mufsten, um ihren Zweck, einen günstigen Richterspruch, zu erreichen; auch sollen diesen nur sehr wenige verfehlt haben ²). Man denke sich, anstatt des Schutzgenossen und Redenschreibers Lysias, einen Bürger, einen tiefblickenden und von den grofsen Angelegenheiten des Vaterlands erfüllten Staatsmann, mit denselben Gaben der Rede ausgestattet: und die volle Macht und Grofsartigkeit der attischen Beredsamkeit ist da.

Auch unter den Reden des Lysias sind diejenigen die vorzüglichsten, welche die Unbilden zu ahnden bestimmt sind, die

---

¹) Ἡ ἀναστρέφουσα τὰ νοήματα καὶ στρογγύλως ἐκφέρουσα λέξις, nennt es Dionys. Hal. de Lysia iud. 6, p. 464. Die Begründungssätze und Partizipien pflegt er dabei, anders wie Thukydides, dem Hauptsatze teils voraus teils nachzuschicken, z. B. die äufseren Umstände voran, die subjektiven Gründe nach.

²) [Nach der Angabe bei Pseudoplutarch und Photius V. X. Orat. sollen nur zwei seiner für andere geschriebenen Reden ohne den beabsichtigten Erfolg geblieben sein.

Athen und seine einzelnen Bürger in der Zeit des Sturzes der
Macht teils schon durch die oligarchischen Umtriebe vor den
Dreifsig, teils durch die Dreifsig erlitten und Lysias selbst in
seinem Familienkreise schwer empfunden hatte: wie die Rede
gegen **Agoratos**, die unter den erhaltenen zunächst an die
gegen Eratosthenes angrenzt [1]) und — wiewohl nicht in eigenem
Namen geschrieben — viel Verwandtschaft mit ihr zeigt. Das
Proömium setzt, indem es den Gedanken ausführt, dafs der Angeklagte ein gemeinschaftlicher Feind des Richters und des Klä-
gers sei, die Richter in die günstigste Stimmung für den Redenden. Es kündigt auf eine spannende Weise eine Erzählung an,
in welcher der Sturz der Demokratie mit dem Untergange des
Dionysodoros, verbunden wird, den der Kläger zu rächen hat.
Diese Erzählung, die zugleich den Stand der Sache entwickelt
und als Hauptsache vorangestellt wird [2]), beginnt mit der Schlacht
bei Ägospotamos und erzählt alle die abscheulichen Ränke, durch
welche Theramenes seine Vaterstadt den Spartanern wehrlos
in die Hände zu liefern suchte. Theramenes Furcht, dafs die
Befehlshaber des Heers seine Pläne aufdecken und zerstören
würden, führt zu Agoratos Schuld; Agoratos gab sich nämlich,
dem Redner zufolge, willig dazu her, die Befehlshaber als Feinde
des Friedens anzuzeigen, worauf sie festgenommen und zu einem
Justizmorde aufbewahrt werden, den der Rat unter den Dreifsigen
an ihnen vollzog. Diese Erzählung, die mit der gröfsten Anschaulichkeit vorgetragen und in den Hauptpunkten durch Zeugnisse bekräftigt wird, schliefst mit derselben kunstvollen und
wohlberechneten Simplicität, die durch das Ganze waltet, mit
einer Scene, wo Dionysodoros im Kerker, nachdem er über seine

---

[1]) Sie ist Olymp. 94, 4, v. Chr. 401, gehalten und ist eine Klage ἀπα-
γωγῆς, d. h. gerichtet auf unmittelbare Exekution der Strafe, weil der Kläger
den Agoratos als einen Mörder ansieht, der gegen die allgemeinen Gesetze
über die Mörder die Tempel und Volksversammlungen besuche.

[2]) So dient bei Lysias auch sonst die διήγησις als κατάστασις (Bestimmung des status causae) und folgt unmittelbar auf das Proömium, anders als
bei Antiphon, der auf das Proömium gleich, ohne κατάστασις, einen Teil der
Beweise, z. B. die direkten Beweise oder formellen Nichtigkeitsgründe, beibringt und dann erst die διήγησις folgen läfst, um andere Beweise, z. B. Wahr-
scheinlichkeitsgründe, daraus zu entnehmen.

Güter verfügt, seinem Bruder und seinem Schwager, dem Kläger und allen Freunden, ja dem Kinde, welches sein trauerndes Weib im Mutterleibe trägt, die heilige Pflicht auferlegt, seinen Mord am Agoratos, der nach athenischen Grundsätzen als der Haupturheber angesehen wurde, zu rächen. Der Kläger führt nun mit wenigen Zügen den Richtern das Unheil vor die Augen, das die Dreifsig angerichtet, welche ohne jene Ränke nicht zur Herrschaft gelangt wären; widerlegt einige Entschuldigungen, die Agoratos anführen könnte, durch genaues Eingehen auf alle Umstände seiner Denunciation; verbreitet sich dann über Agoratos ganzes Leben, die Schlechtigkeit seiner Familie, sein angemafstes Bürgerrecht, sein Verhältnis zu den Befreiern Athens in Phyle, an die er sich anzuschliefsen suchte [1]), von denen er aber als Mörder zurückgewiesen wurde; rechtfertigt die alte Form des Exekutiv-Verfahrens (Apagoge), welches der Kläger gegen Agoratos anzuwenden für gut gefunden, und zeigt zuletzt, dafs die Amnestie zwischen den Parteien in Athen und im Peiräeus auf Agoratos keine Anwendung habe. Der Epilogus stellt mit grofsem Nachdruck den Richtern das Dilemma, dafs sie entweder den Agoratos verurteilen oder die Männer, die durch ihn ins Unglück gekommen wären, für rechtmäfsig hingerichtet erklären müfsten. — Man wird die Trefflichkeit dieser in grofser Kürze sehr inhaltreichen Rede schon aus dieser nur das Hauptsächlichste berührenden Übersicht abnehmen können; einer Rede, an der höchstens ein Vorwurf haften könnte, den die alten Rhetoren Lysias überhaupt machen, dafs die Beweise der Anklage, die auf die Erzählung folgen, zu locker an einander gereiht und nicht durch einen zusammenhängenden Gedankengang, der sich wohl hätte auffinden lassen, zu einem gröfseren Ganzen verbunden sind [2]).

Lysias war in diesen und den folgenden Jahren aufserordentlich fruchtbar als Redner; die Alten erkannten von 425 Reden,

---

[1]) Hier bleibt ein dunkler Punkt: wie kam Agoratos dazu, sich an die in Phyle anzuschliefsen? Der Redner gibt keinen Grund davon an, sondern beweist nur seine Unverschämtheit dadurch, § 77. [Vgl. Frohberger, der auf 28, 12 verweist.]

[2]) [Vgl. Dionys. de Lysiae iud. c. 15 a. E.]

die unter seinem Namen gingen, 250 als echt an, wir haben davon 35, welche durch die Ordnung, in der sie überliefert sind, sich als zwei verschiedenen Sammlungen angehörig darthun [1]). Die eine Sammlung begriff ursprünglich die sämtlichen Reden des Lysias, geordnet nach den Gattungen der Prozesse, auf die Art, wie wir es schon bei Antiphon gefunden haben; von dieser Sammlung haben wir nur ein Bruchstück, welches die letzten Reden über Totschlag, die Reden über Gottlosigkeit und die ersten Reden über Injurien enthielt [2]); unter diese ist durch Zufall oder Grille auch die Leichenrede gesetzt worden. Die zweite Sammlung beginnt mit der wichtigen Rede gegen den Dreifsigmann Eratosthenes; diese enthält keine ganze Klasse mehr; sondern offenbar eine Auswahl, eine Art Chrestomathie aus Lysias ganzem Vorrat, bei deren Veranstaltung die Rücksicht auf das geschichtliche Interesse geleitet hat. Daher gerade unter diesen Reden eine bedeutende Zahl ist, welche tief in die Geschichte der Zeit nach der Herrschaft der Dreifsig einführen und zu den wichtigsten historischen Quellen dieser sonst nicht hinlänglich bekannten Periode gehören. Natürlich geht keine von diesen über die Rede gegen Eratosthenes in der Zeitfolge hinauf [3]); auch kann man von keiner mit Sicherheit nachweisen, dafs sie über Ol. 98, 2 (v. Chr. 387), der Zeit nach hinabgeht [4]), wiewohl Lysias bis Ol. 100, 2 oder 3 (v. Chr. 378)

---

[1]) Nach der Entdeckung eines jüngern Freundes des Verfassers, welche wahrscheinlich bald in vollständiger Entwickelung bekannt gemacht werden wird. [Vgl. Sauppe, epistola critica ad G. Hermannum, Lips. 1841.]

[2]) Die Rede für Eratosthenes ist eine ἀπολογία φόνου, daran schliefsen sich die Reden gegen Simon und die folgenden περὶ τραύματος an, die auch zu den φονικοῖς gehören; hierauf drei Reden περὶ ἀσεβείας für Kallias, gegen Andokides, und über die Olive; dann folgen die Reden κακολογιῶν an die Kameraden, für den Krieger und gegen Theomnestos. Die Rede von der Olive citiert Harpokration v. σηκός als enthalten ἐν τοῖς τῆς ἀσεβείας, sowie auch seine τῶν συμβολαίων λόγοι, ἐπιτροπικοί λόγοι angeführt werden.

[3]) Die Rede für Polystratos gehört nicht in die Zeit der Vierhundert, sondern ist bei der Prüfung, δοκιμασία, gehalten, der Polystratos, als Beamter seiner Phyle sich unterziehen mufste und bei welcher ihm vorgeworfen wurde einst unter den Vierhundert gewesen zu sein. In einem ähnlichen Falle ist die Rede δήμου καταλύσεως ἀπολογία gehalten.

[4]) In dieses Jahr fällt wahrscheinlich die Rede über Aristophanes Vermögen.

gelebt haben soll ¹). Die Anordnung folgt weder der Zeitfolge, noch auch den Gattungen der Prozesse ausschliefslich, sondern ist ein ziemlich willkürliches Gemisch aus beiden Verfahrungsweisen.

Sechsunddreifsigstes Kapitel.

Isokrates.

Von Isokrates, Theodoros Sohn, von Athen, ist es sehr zweifelhaft, ob ihm Platon die Lobeserhebungen, die er ihm als jungen Manne erteilt hatte ²), auch noch in reiferen Jahren zuerkannt und ihn namentlich dem Lysias so unbedingt vorgezogen haben wird. Isokrates, geboren Ol. 86, 1, 436 v. Chr., also an 24 Jahr jünger als Lysias ³) war ohne Zweifel ein wifsbegieriger Jüngling von angenehmen Sitten, der, um echte Bildung zu erwerben, aufser den Sophisten Gorgias und Tisias auch den Sokrates hörte und im Kreise von dessen Freunden die Meinung erweckte, dafs er »nicht blofs in der Beredsamkeit alle Redner vor ihm, wie Knaben, hinter sich zurücklassen, sondern ein göttlicherer Aufschwung ihn auch noch zu gröfserem führen werde. Denn von Natur ist eine gewisse Weisheitsliebe in dem Geiste des Mannes«: wie Platon den Sokrates selbst von ihm prophetisch reden läfst. Indessen scheint Isokrates den edlen Weisen nur so weit benutzt zu haben, um eine oberflächliche Kenntnis sittlicher Begriffe sich anzueignen und seinem ganzen Streben den Anstrich zu geben, als sei es auf die Weisheit gerichtet: die Hauptsache blieb für ihn die Redekunst, und kein Alter hat bis auf ihn dem Formellen dieser Kunst so viel Fleifs und Sorgfalt zugewandt, wie er. Isokrates schliefst sich demnach wesentlich an die Sophisten an und unterscheidet sich von ihnen nur dadurch, dafs er der Sokratischen Philosophie gegen-

---

¹) Auch ist eine Rede der ersten Reihe, gegen Theonmestos, später geschrieben, Ol. 98, 4 oder 99, 1, v. Chr. 384.
²) [Im Phädrus. Vgl. oben Kap. 35 S. 167.]
³) [Vgl. jedoch die Anm. 4 S. 164.]

über, welche den Menschen auf die Wahrheitsstimme seines Innern verwiesen, nicht mehr mit der frechen Behauptung hervortreten konnte, durch Rede alles gleich wahr machen zu können[1]), sondern die Rede nur als Mittel betrachtete eine an sich ganz löbliche, aber nicht eben tief geschöpfte Gesinnung und Überzeugung auf eine möglichst gefällige und glänzende Weise auszustatten. Da es ihm aber dabei offenbar weit weniger am Herzen liegt, seine Ideen zu erweitern, seine Kenntnis der Wirklichkeit zu vertiefen, überhaupt die Wahrheit klarer und schärfer aufzufassen, als die äufsere Form und Ausstattung der Rede immer mehr zu vervollkommnen; so hätte Platon, konsequenter Weise, ihn doch auch zu den Scheinkünstlern der Weisheit im Gegensatze der wahrhaft Weisen rechnen müssen, wenn er eben nicht den aufstrebenden Jüngling, sondern den gereiften Mann beurteilt hätte.

Isokrates hatte eine entschiedene Neigung der kunstgemäfsen Eloquenz, welche aufser der panegyrischen Gattung bisher hauptsächlich für Gerichtsstreite[2]) kultiviert worden war, eine Richtung auf das Staatsleben zu geben; aber Körperschwäche und eine gewisse Blödigkeit hielten ihn ab, die Rednerbühne auf der Pnyx selbst zu besteigen. Er errichtete daher eine Schule, in welcher er insbesondere die politische Beredsamkeit lehrte, und widmete der Bildung von Jünglingen zur Redekunst einen Fleifs, der auch von seinen Zeitgenossen so anerkannt wurde, dafs seine Schule die erste und blühendste in Griechenland wurde[3]).

---

[1]) S. die Rede περὶ ἀντιδόσεως § 30, wo er mit Recht den Vorwurf von sich abweist, er verderbe die Jugend, indem er sie lehre im Gericht Unrecht zum Recht zu machen. Vgl. § 15.

[2]) τὸ δικανικὸν γένος. Isokrates in der Rede gegen die Sophisten, § 19, tadelt die früheren Rhetoren, weil sie das δικάζεσθαι zur Hauptsache gemacht und gerade die unangenehmste Seite der Redekunst hervorgehoben hätten.

[3]) Er hatte bald gegen 100 Zuhörer, von denen jeder 1000 Drachmen ($^1/_6$ Talent) Honorar zahlte. [Die betreffende Angabe, wie die ebenfalls bei Pseudoplut. V. X. Orat. p. 837, 6 sich findende, wonach Isokrates in Chios neun Schüler zählte, scheint dem Abschnitte entnommen, welchen Hermippos von Smyrna den Schülern des Isokrates gewidmet hatte. Unklar bleibt ob die Gesamtzahl der Schüler, oder die zu gewisser Zeit um ihn versammelten bezeichnet werden soll. Der Lehrkurs erstreckte sich übrigens auf mehrere Jahre. Vgl. de ant. § 87: καὶ μαθητὰς πολλοὺς ἔλαβον, ὧν οὐδεὶς ἂν παρέμεινεν,

Cicero vergleicht seine Schule mit dem hölzernen Pferde des trojanischen Krieges, weil eben so viel Helden der Beredsamkeit daraus hervorgingen [1]). Besonders waren es Staatsredner und Historiker, die Isokrates Unterricht gefördert hatte; wovon der Grund offenbar darin liegt, dafs Isokrates für seine Übungen durchaus praktische Gegenstände erwählte, die ihm zugleich nützlich und grofsartig erschienen, und insbesondere die politischen Angelegenheiten der Gegenwart seinen Zuhörern zum Studium machte — worin er selbst seinen Unterschied von den Sophisten hauptsächlich setzt [2]). Die Reden, welche Isokrates machte, sind gröfstenteils für die Schulen bestimmt; die Gerichtsreden, die er für wirklichen praktischen Gebrauch ausarbeitete, waren ihm nur Nebensache. Seit indessen Isokrates Name berühmt geworden war und der Kreis seiner Schüler und Freunde sich über die meisten von Griechen bewohnten Gegenden erstreckte, rechnete Isokrates auch bei vielen seiner Kompositionen, besonders bei denen, welche die allgemeinen Angelegenheiten von Hellas betrafen, auf ein ausgedehnteres Publikum als seine Schule, und die litterarische Verbreitung durch Abschriften und Vorlesungen verschaffte ihm, mehr als es die Rednerbühne und Öffentlichkeit imstande war, einen weit hinausreichenden Wirkungskreis. Isokrates hätte auf diese Weise aus dem Schatten seiner Schule auf sein Vaterland, das dem furchtbaren Makedonier gegenüber sich noch immer in inneren Zwisten abarbeitete oder in Trägheit erschlaffte, sehr heilsam wirken können; und in der That ist in seinen litterarischen Produktionen, die er bald an die gesamten Hellenen, bald an die Athener, bald an Philipp, bald an noch entferntere Potentaten [3]) richtete, ein Streben nach

---

εἰ μὴ τοιοῦτον ὄντα με κατέλαβον οἷόν περ προσεδόκησαν· νῦν δὲ τοσούτων γεγενημένων, καὶ τῶν μὲν ἔτη τρία τῶν δὲ τέτταρα συνδιαιτηθέντων, οὐδεὶς οὐδὲν φανήσεται τῶν παρ᾽ ἐμοὶ μεμψάμενος, ἀλλ᾽ ἐπὶ τελευτῆς, ὅτ᾽ ἤδη μέλλοιεν ἀποπλεῖν ὡς τοὺς γονέας καὶ τοὺς φίλους τοὺς ἑαυτῶν, οὕτως ἠγάπων τὴν διατριβὴν ὥστε μετὰ πόθου καὶ δακρύων ποιεῖσθαι τὴν ἀπαλλαγήν.]

[1])* de orat. 2, 22.
[2]) S. besonders die Lobrede auf Helena § 5, 6.
[3]) So suchte Isokrates bis Kypern hinzuwirken, wo damals der griechische Staat von Salamis sich sehr gehoben hatte. Sein Euagoras ist eine Lobschrift auf diesen trefflichen Regenten, an dessen Sohn und Nachfolger Nikokles ge-

diesem grofsen Ziele nicht zu verkennen; auch vermifst man
einen gewifsen Freimut nicht[1]); aber offenbar fehlte es dem
Isokrates selbst vor allem an dem politischen Tiefblicke, der
seinen Mahnungen allein Nachdruck und Einfluſs verschaffen
konnte. Er zeigt die wohlwollendste Gesinnung, rät überall
zur Eintracht und zum Frieden, lebt der Hoffnung, daſs jeder
Staat seine übermäſsigen Ansprüche aufgeben, seine unterwürfigen
Bundesgenossen frei lassen, sich ihnen völlig gleichstellen werde
und daſs doch aus diesem aufgelösten Zustande groſse Unternehmungen gegen die Barbaren hervorgehen würden. Nirgends
zeigt sich bei Isokrates eine klare und genau begründete Vorstellung von den Maſsregeln, durch welche Griechenland diesem
goldenen Zeitalter von Einigkeit und Harmonie zugeführt werden
könne, namentlich von den Rechten der Staaten, die dabei re-
spektiert, und den Ansprüchen, welche dagegen entschieden ab-

richtet; die Schrift »Nikokles« eine Ermahnung an die Salaminier, dem neuen
Herrscher zu gehorchen, und die »an Nikokles« eine an den jungen Regenten
gerichtete Belehrung über die Pflichten und Tugenden eines Herrschers.
[Derartige Ermahnungsreden, die übrigens zuweilen reichlich belohnt wurden,
wenn es anders richtig ist, daſs Nikokles dem Isokrates nicht weniger als 20
Talente gab, scheinen in der Zeit des Isokrates beliebt gewesen zu sein. Auch
Aristoteles hatte deren mehrere verfaſst.]

[1]) Ich bin gewohnt, meine Reden mit Freimut zu schreiben, sagt er in
dem Briefe an Archidamos (9) § 12. Dieser Brief ist gewiſs echt, so deutlich
auch der darauf folgende an Dionysios (10) das Werk eines späteren Rhetors
der asianischen Schule ist. [Wenn der 10. Brief, durch seine unerträgliche
Schwülstigkeit, sich als eine ganz ungeschickte Fälschung zu erkennen gibt,
so genügt doch der mit mehr Talent der Schreibart des Isokrates nachgebil-
dete Stil der übrigen keineswegs, um sie als echte Werke desselben zu betrachten, obgleich dies auch neuerdings Blass im 2. Bande seiner Geschichte
der attischen Beredsamkeit thut. Der Verfasser dieser Briefe gibt sich alle
Mühe, sich in die jeweilige Lage des Isokrates hineinzudenken: er besitzt historische Kenntnisse, aber schlieſslich operiert er doch nur mit einer beschränkten Anzahl von Gemeinplätzen und solchen Dingen, die jeder, der sich etwas
eingehender mit Isokrates Person beschäftigt hatte, wissen muſste. Dahin sind
auch die häufig wiederkehrenden Hinweisungen auf das hohe Alter des Isokrates, über sein sich Fernhalten von jeder praktischen politischen Thätigkeit
zu rechnen. Mit dem oben angeführten § 12 des 9. Briefes läſst sich füglich
§ 6 des 4. zusammenstellen. Es sind ganz geschickte Schulübungen, aber
weiter auch nichts.]

gewiesen werden müfsten. In der Rede vom Frieden¹), welche in den Bundesgenossenkrieg der Athener hineinfällt, rät er den Athenern im ersten Teile, die rebellischen Inselstaaten freizulassen, im zweiten die Herrschaft des Meeres aufzugeben: sehr verständige und sittliche Vorschläge, mit denen nur die Gröfse Athens und zugleich der Antrieb zu der edelsten männlichen Thätigkeit verschwand²). Im Areopagitikos³) erklärt er, dafs er keinen Weg des Heils für Athen sähe, als die Herstellung derjenigen Demokratie, wie sie Solon gegründet und Kleisthenes erneuert habe; als wenn es möglich wäre, eine im Laufe der Zeit so vielfach veränderte Verfassung und mit ihr zugleich die alte Einfachheit der Sitten ohne weiteres herzustellen. Im Panegyrikos fordert er alle Hellenen auf, ihre Feindschaften aufzugeben und ihre Vergröfserungssucht gegen die Barbaren zu richten; die beiden Hauptstaaten, Sparta und Athen, aber sich so zu vertragen, dafs sie die Hegemonie untereinander teilten: eine Ansicht, die in damaliger Zeit allerdings verständig und nicht unausführbar war, aber anders begründet werden mufste, als es Isokrates that, welcher einen starken Widerspruch von Seiten der Lakedämonier voraussetzend ihnen aus den Mythen und der früheren Geschichte beweist, dafs Athen die Hegemonie mehr als sie verdient habe⁴). Nur die Darstellung des zerrütteten Zustands von Hellas und der Leichtigkeit, mit welcher das vereinte Griechenland in Asien Eroberungen machen konnte, ist

¹) [Συμμαχικός bei Aristoteles Rhet. 3, 17 genannt. Über den Zeitpunkt der Veröffentlichung derselben handelt ausführlich Oncken, Isokrates und Athen, S. 111 ff. Er setzt sie 356 oder 355.]
²) Die Art, wie Isokrates dabei den Athenern ihre alte Herrlichkeit während der Zeit der Hegemonie und jene Gröfse, die Thukydides ganzes Herz erfüllt, schlecht und niederträchtig macht, erinnert sehr an das Sprichwort in der Fabel »die Trauben sind sauer«.
³) [Aus dem Jahre 355 oder 354.]
⁴) Was Isokrates in dieser gegen Olymp. 100, 1 (380 v. Chr.) geschriebenen Rede § 18 sagt: τὴν μὲν οὖν ἡμετέραν πόλιν ῥᾷδιον ἐπὶ ταῦτα προαγαγεῖν, stimmt wenigstens nicht mit dem Ergebnis der Unterhandlungen, die Xenophon Hell. 6, 5, 34. 7, 1, 8 erzählt (Olymp. 102, 4, 369), wo Athen die allein praktische Art der Teilung in Hegemonie zu Land und zu Wasser, welche Lakedämon angetragen hatte, verwirft. [Über die Zeit der Abfassung und Veröffentlichung des Panegyrikos vgl. Blass a. a. O. S. 230.]

wahr und richtig empfunden. Endlich im Philippos, einer Schrift, die Isokrates an den makedonischen König richtet, als dieser eben durch den Frieden, über welchen Äschines mit ihm unterhandelt hatte, Athen in eine schlimme Falle gelockt [1]), fordert er den makedonischen König auf, als Vermittler unter den entzweiten Staaten von Griechenland aufzutreten — den Wolf als Vermittler in den Zwistigkeiten der Schafe — und hernach einträchtiglich mit ihnen gegen alle Perser zu ziehen — was allerdings Philippos auch auszuführen vorhatte, aber auf die Weise, wie es sich allein ausführen liefs, als Anführer und unter der Form der Anführung der Beherrscher freier Republiken von Hellas.

Wie sonderbar mufs die Empfindung des Isokrates gewesen sein, als er die Nachricht von der Niederlage der athenischen Macht und griechischen Freiheit bei Chäroneia erhielt! Seine gutmütigen Hoffnungen müssen durch diesen einen Schlag so zu Boden geworfen worden sein, dafs diese Enttäuschung leicht eben so viel zu dem Entschlusse beigetragen haben mag, sich selbst den Tod zu geben, als seine patriotische Trauer um den Untergang der Freiheit.

Wie wenig aber die Gegenstände, welche Isokrates in diesen Reden behandelt, seine Seele erfüllen und für ihn die Hauptsache sind, erhellt aus der Art, wie er selbst davon spricht. In der Schrift an Philippos erinnert er daran, dafs er dasselbe Thema, die Mahnung an die Hellenen sich gegen die Barbaren zu vereinigen, schon im Panegyrikos behandelt habe, und erwägt die Schwierigkeit, dasselbe Thema in zwei Reden zu behandeln, »besonders wenn die früher ausgegebene so geschrieben ist, dafs auch unsere Neider sie mehr nachahmen und (im Stillen) bewundern, als diejenigen, welche sie über die Mafsen loben« [2]). Im Panathenaikos, einer Lobrede auf Athen, die Isokrates im höchsten Alter geschrieben[3]), sagt er, dafs er alle

---

[1]) [Vgl. A. Schäfer, Demosthenes und seine Zeit B. 2 S. 221.]

[2]) Isokrat. Philipp. § 11. Ähnliches verspricht sich Isokrates schon im Panegyrikos selbst § 4.

[3]) [Nach der eigenen Angabe des Redners zählte er zur Zeit der Veröffentlichung dieser Rede nicht weniger als 94 Jahre. Demnach fällt sie Ol. 309, 3, 342 v. Chr.]

früheren Gattungen der Redekunst aufgegeben und sich nur auf
solche Reden gelegt, welche das Heil der Stadt und der übrigen
Griechen betreffen, und darnach Reden verfertigt habe, »voll
Gedanken und nicht mit ewigen Antithesen und Parisosen und
andern Figuren geschmückt, die in den rhetorischen Schulen
hervorleuchten und die Hörer ihren Beifall durch Gesten und
Geräusch auszudrücken nötigen«: jetzt, bei seinen 94 Jahren,
glaube er nicht, dafs eine solche Redeweise für ihn sich noch
zieme, er wolle darum sprechen, wie alle meinten reden zu
können, aber doch keiner es vermöge, der nicht den gehörigen
Fleifs und Eifer auf die Redekunst gewandt hätte [1]). Man sieht
wohl, dafs während Isokrates sich stellt, als wenn er seine Blicke
auf ganz Hellas und Asien würfe und seine Seele von der Sorge
für das Vaterland erfüllt sei, er eigentlich doch zunächst den
Beifall in den Rhetorschulen und den Triumph seiner Kunst über
alle seine Rivalen im Auge hat. So dafs am Ende diese grossen
panegyrischen Reden nicht weniger in die Klasse der sophistischen Schulberedsamkeit gehören, als das Lob der Helena und
des Busiris, welche Isokrates ganz nach dem Muster der Sophisten verfafst hat, die für ihre Lob- und Tadelreden gern mythische Personen zum Gegenstande nahmen. In dem Enkomion
der Helena tadelt er einen andern Rhetor, dafs er bei dem Vorsatze, eine Lobrede zu schreiben, blofs eine Apologie der viel-
bescholtenen Heroine verfafst habe; im Busiris zeigt er dem
Sophisten Polykrates, wie er eine Lobrede auf diesen barbarischen Tyrannen anzulegen gehabt habe, und weist ihn dabei
gelegentlich auch über die von ihm geschriebene Anklage des
Sokrates zurecht. Der ehemalige Zögling des Sokrates weifs an
diesem sophistischen Angriffe auf den edlen Freund seiner Jugend nichts zu tadeln, als dafs Polykrates dem Sokrates den
Alkibiades zum Zögling gegeben habe, von dessen Erziehung
durch Sokrates niemand etwas bemerkt habe; dies würde nämlich nach Isokrates Meinung mehr zur Erhebung als Herab-
setzung des Sokrates beitragen, da sich Alkibiades doch so sehr
hervorgethan habe [2]). Wir wollen hier Isokrates Ansicht der

---

[1]) Isokrates Panathen. §. 2. [Vgl. A. Schäfer a. a. O. B. 3, S. 6.]
[2]) Isokrat. Busir. 5.

Sache, die sehr von der Oberfläche geschöpft ist, nicht rügen: aber wenn er nicht etwa unter Erziehen ein ganz schulmäfsiges Einüben verstanden hat, so mufs er im Punkte des Faktums offenbar gegen Xenophons und Platons einstimmiges Zeugnis den Kürzeren ziehen; und man kann daraus abnehmen, wie fremd Isokrates als Lehrer der Beredsamkeit dem Kreise der Sokratiker geworden ist. Überhaupt gibt Isokrates zwar seine eigenen rhetorischen Studien beständig für Philosophie aus[1]), war aber indessen von den wirklich philosophischen Bestrebungen seines Jahrhunderts sehr weit abgekommen. Wie könnte er auch sonst die Eleaten Zenon und Melissos, deren Bestreben entschieden darauf hinausging, die Wahrheit zu finden, mit Protagoras und Gorgias ganz und gar in eine Klasse der »streitenden Philosophen« werfen[2]).

So wenig wir nach allen diesen Bemerkungen den Isokrates für einen grofsen Staatsmann oder Philosophen halten können: so ausgezeichnet und Epoche machend ist er als Redekünstler. Im Isokrates war, bei der gröfsten Sorgfalt in der technischen Ausbildung des Ausdrucks, ein entschiedenes Genie für die Kunst der menschlichen Rede, und wir mögen ihm gern glauben, wenn wir seine Perioden lesen, dafs diese bei dem für solche Schönheiten höchst empfänglichen athenischen Publikum eine wahre Begeisterung erregten und Freunde und Feinde sich gleich angestrengt bemühten, ihren Zauber sich anzueignen. Wenn man Isokrates panegyrische Reden laut recitiert, fühlt man sich — auch bei allen Schwächen des Inhalts — von einer Gewalt ergriffen, mit der kein früheres Werk der Rede auf Ohr und Geist wirkt; man wird von einem vollen Strom der wohllautendsten Rede fortgetragen, der von Thukydides rauhem Satzbau und Lysias dünnem Redetone unendlich weit entfernt ist. Isokrates Verdienst reicht in dieser Beziehung weit über die Grenzen seiner

---

[1]) Z. B. in der Rede an Demonikos § 3, Nikokles § 1, vom Frieden § 5, Busiris § 7, gegen die Sophisten § 14, Panathenaikos § 263. Er setzt die περὶ τὰς δίκας καλινδούμενοι den περὶ τὴν φιλοσοφίαν διατρίψαντες entgegen, περὶ ἀντιδόσεως § 30.

[2]) Enkomion der Helena § 2—6 ἡ περὶ τὰς ἔριδας φιλοσοφία. Ebenso wirft Isokrates περὶ ἀντιδόσεως § 268 die Spekulationen der Eleaten und Pythagoreer über die Natur mit Gorgias Sophismen ganz in einen Topf.

Schule, ohne seine Umgestaltung des attischen Redestils wäre kein Demosthenes, kein Cicero möglich gewesen, durch welche Isokrates Schule ihren Einfluſs bis auf die Beredsamkeit unserer Tage erstreckt.

Isokrates ging auch von der Form der Rede aus, welche bis dahin am meisten ausgebildet war, der Gegenüberstellung entsprechender Satzglieder[1]); er selbst wandte in früheren Arbeiten auf diese symmetrische Architektonik der Rede einen so künstlichen Fleiſs, wie irgend ein Sophist[2]): aber er wuſste in der Blütezeit seiner Kunst die vorher starren Massen in Fluſs zu bringen, indem er die Gegensätze nicht einzeln und nach verschiedenen Seiten hin sich verbreiten läſst, sondern in längere Reihen vereinigt und wie in einem Zuge hintereinander einhertreten läſst.

Isokrates hat immer einen verhältnismäſsig groſsen, fruchtbaren, mit dem Verstande auch das Gefühl ansprechenden Hauptgedanken (daher seine Liebe zu den Angelegenheiten der allgemeinen Politik, die ihm solche Gedanken gewährten): nun faſst er in diesem Hauptgedanken gewisse einander entgegenstehende Punkte auf, wie die alte und neue Zeit, die Kräfte der Hellenen und Barbaren, und indem er den Hauptgedanken in einem klaren Fortschritt von Folgerungen und Schlüssen durchführt, läſst er auf jeder Stufe dieser Gedankenentwickelung jene Gegensätze, die wieder ihre Unterabteilungen zu haben pflegen, anklingen und entfaltet auf diese Weise einen Reichtum von Variationen, worin immer derselbe Grundton wiederkehrt und worin auf diese Weise, bei groſser Mannigfaltigkeit, doch eine eben so groſse Klarheit und Leichtigkeit des Überblicks herrscht. Dabei sorgt Isokrates auch für ein äuſseres in das Gehör fallendes Entsprechen der im Gedanken sich entsprechenden Satzglieder, nach Art der älteren sophistischen Rhetoren; aber teils sucht er dies nicht mit solcher Kleinlichkeit im Klange der einzelnen Worte, sondern

---

[1]) ἀντικειμένη λέξις.

[2]) Am meisten steife Regelmäſsigkeit herrscht in der Rede an Demonikos, einer Ermahnung an einen den Studien sich widmenden Jüngling, voll salbungsvoller Phraseologie und fast aus lauter Isokolen, Homöoteleuten u. s. w. bestehend. Auch fehlen die falschen Antithesen nicht, wie § 9 τῶν παρόντων — τῶν ὑπαρχόντων.

mehr im Numerus der ganzen Sätze; teils unterbricht er die sich genauer entsprechenden Satzglieder auf eine ungezwungene Weise durch freiere, weniger regelmäfsige Stücke; teils endlich weifs er bei längeren Reihen antithetischer Glieder durch eine gröfsere Ausdehnung der Sätze, die besonders gern im dritten Gliede und am Schlusse eintritt [1]), ein gewisses Ansteigen und Anschwellen, des Redestroms hervorzubringen, wodurch eine ganz neue kräftige, lebhafte Bewegung in diesen antithetischen Satzbau gebracht wird.

Isokrates wird von den Alten als derjenige anerkannt, der, um den alten Ausdruck beizubehalten, den Kreis der Rede [2]) eingeführt, wiewohl schon dem Sophisten Thrasymachos, einem Zeitgenossen des Antiphon die Kunst beigelegt wird, die Gedanken zusammenzuflechten und abzurunden [3]): demselben Thrasymachos, der besonders sein Studium darauf wandte, die Zuhörer, z. B. die Richter, bald in Zorn setzen, bald besänftigen und also wohl überhaupt Affekte nach Belieben aufregen und beruhigen zu können. Man hatte eine eigene Schrift von ihm die Mitleidsreden, ἔλεοι, genannt, und es ist wohl zu begreifen, dafs es ihm bei dieser Richtung seiner Eloquenz daran liegen mußte, auch den Sätzen eine leichtere und kräftigere Bewegung zu geben. Isokrates war es indes hauptsächlich, der durch die Wahl von Gegenständen, welche die Brust des Redners gleichsam mit einem vollen Atem erfüllen, auch in die Rede einen Schwung brachte, womit jener sogenannte Kreis der Rede eng verbunden ist. Man versteht darunter eine solche Bildung und Anlage der Perioden, dafs die Teile derselben sich wie notwendige Stücke eines Ganzen aneinanderschliefsen und der Abschlufs des Ganzen an der Stelle,

---

[1]) In den zusammengesetzten Perioden mufs das letzte Glied länger sein sagt Demetrius de elocut. § 18.

[2]) κύκλος, orbis orationis.

[3]) ἡ συστρέφουσα τὰ διανοήματα καὶ στρογγύλως ἐκφέρουσα λέξις. S. Theophrast bei Dionysios de Lysia iudic. p. 464 (der diese Kunst auch dem Lysias zu vindicieren sucht, wovon oben). Was die Alten das στρογγύλον nannten, zeigt deutlich das Beispiel des Hermogenes (bei Walz, Rhetores t. 3, p. 704), aus Demosthenes: ὥσπερ γάρ, εἴ τις ἐκείνων ἑάλω, σὺ τάδε οὐκ ἂν ἔγραψας, οὕτως, ἂν σὺ νῦν ἁλῷς. ἄλλος οὐ γράψει. Ein solcher Satz ist wie ein Kreis, der notwendig in sich selbst zurückgeht.

wo er eintritt, gefordert und von dem Gehör der Zuhörer gleichsam schon vorher empfunden wird, ehe er wirklich eintritt [1]). Dieser Eindruck wird teils durch die Vereinigung der einzelnen Satzglieder in gröfsere Massen, teils durch das Verhältnis dieser Massen bewirkt, von dem es sich weniger messen und zählen als beim Vortrage fühlen läfst, dafs eine Harmonie darin liegt, welche durch ein geringes Mehr oder Weniger gestört wird. Auch gilt diese nicht blofs von Vorder- und Nachsätzen im eigentlichen Sinn, welche sich aus der logischen Subordinierung eines Gedankens gegen den andern entwickeln [2]), sondern es gilt auch von den einander koordinierten Massen der gegenüberstellenden Rede [3]) (welcher Isokrates gröfsere Perioden der Mehrzahl nach angehören), wenn in diese ein periodischer Fall gebracht werden soll.

Die Alten selbst vergleichen eine Periode, in welcher das richtige Gleichgewicht aller Teile herrscht, mit einem Gewölbe [4]), in welchem auch alle Steine mit gleicher Wucht nach dem Mittelpunkte streben: Vorder- und Nachsatz sind wie zwei einander balancierende Massen, von denen jeder, was ihm gegen den andern an äufserem Umfange abgeht, an Nachdruck und innerer Kraft ersetzen mufs. Klar ist, dafs es dabei besonders auf die rhetorischen Accente ankommt, die für die Redekunst dasselbe sind, was die grammatischen Accente für die Sprache und die Arsen für die Rhythmik, diese Accente müssen sich in gewissen regelmäfsigen Verhältnissen entsprechen und jeder seine Stelle vollkommen ausfüllen; ein Nachlassen an unrechter Stelle, besonders ein Ausbleiben des volleren Tons gegen das Ende der Periode, verletzt ein feines und richtiges Gehör auf das Empfindlichste. Die Alten haben indes (wie die Neueren) diesen Hauptpunkt immer mehr dem Gefühl überlassen und bestimmte Regeln mehr für untergeordnete Punkte aufgestellt, auf welche auch Isokrates in seinen panegyrischen Reden einen unglaublichen Fleifs gewandt

---

[1]) Vgl. die vortrefflichen Bemerkungen von Cicero Orator. 53, 177, 178.
[2]) Als da sind temporale, causale, konditionale, koncessive Vordersätze mit ihrem Hauptsatze.
[3]) ἀντικειμένη λέξις.
[4]) περιφερὴς στέγη, Demetr. de elocut. § 13.

hat. Wohlklingende Lautverbindungen, die Vermeidung des Hiatus, gewisse rhythmische Füfse, besonders am Anfange und Schlusse der Sätze, sind mit einer Sorgfalt erstrebt, wovon die Mühe weit gröfser ist als die Wirkung auf den Hörer. Darin hat diese Art Prosa grofse Ähnlichkeit mit der tragischen Poesie, die auch den Hiatus mehr vermeidet als irgend eine andere Gattung der Dichtkunst [1]), mit der sie überhaupt grofse Verwandtschaft hat, dadurch dafs sie bestimmt ist, vor grofsen Zuhörerkreisen ohne unmittelbar praktische Zwecke recitiert zu werden; daher der von Isokrates ausgebildete Stil auch von den Alten der glatte und theatermäfsige genannt wird [2]).

Isokrates hatte ein sehr richtiges Gefühl, wie notwendig für die Entwickelung dieses Stils auch eine bestimmte Gattung von Gegenständen der Rede sei. Er pflegt selbst, auf eine für unser Gefühl auffallende Art, Inhalt und Form seiner Redekunst zu verbinden, wie wenn er sich zu denen rechnet, »welche keine Reden über Privathändel, sondern hellenische, politische und panegyrische schreiben, von denen alle eingestehen, dafs sie der musikalischen und gebundenen Dichtersprache näher ständen, als den Reden, die man in den Gerichten höre« [3]). Der volle Strom der Isokratischen Rede fordert durchaus gewisse durchgehende Hauptgedanken, die im einzelnen auf das Mannigfachste aufgezeigt und mit immer steigender Kraft der Überzeugung erwiesen werden können; die Gedanken müssen von selbst in natürlicher Übereinstimmung zusammenstreben und sich in grofse einander

---

[1]) Die Alten äufsern öfter die gewifs wohlbegründete Ansicht, dafs das Zusammentreffen von Vokalen in den Wörtern sowie an den Wortgrenzen der Sprache etwas melodisches (μέλος sagt Demetrios) und weiches (molle quiddam, Cicero) gebe, wie es der epischen Poesie und der alten ionischen Prosa gemäfs war. Durch das Zusammenziehen und Ausstofsen von Vokalen wird die Sprache schlichter und bündiger und erlangt, wenn es ihr gelingt alle Begegnungen von Vokalen an den Wortgrenzen zu entfernen, eine gewisse Glätte und scharfe Vollendung, wie sie die dramatische Poesie und hernach die panegyrische Beredsamkeit verlangt. Von Isokrates Areopagitikos war nach Dionysios, jeder Hiatus entfernt: zu welchem Behufe indes noch mehr attische Zusammenziehungen von Worten (Krases) anzuwenden sein werden, als man bis jetzt in den Text aufgenommen hat.

[2]) τὸ γλαφυρὸν καὶ θεατρικὸν εἶδος, nach Dionysios Ausdruck.

[3]) Isokrates περὶ ἀντιδόσεως § 46.

ähnliche Massen zu leichter Übersicht vereinigen. Daher verschwindet mit der Herrschaft von Isokrates Redekunst aus dem Stile der Attiker immer mehr jene Feinheit und Schärfe, welche jeden Begriff teils für sich, teils in seiner Struktur und Satzverbindung, auf das genauste zu bestimmen sucht und darüber gern die Übereinstimmung der Ausdrücke, grammatischer Formen und Satzverknüpfungen aufopfert, woraus jene sinnvolle Ungleichheit, jene gedankenreiche Inconcinnität der Rede hervorging, durch die Sophokles und Thukydides sich auszeichnen. Isokrates strömende Rede und viel umspannender Periodenbau würde durch diese Inconcinnität jene Leichtigkeit des Verständnisses verlieren, ohne welche es bei ihm nicht möglich wäre, dafs der Hörer schon das, was kommen wird, voraussieht und sich durch die Erfüllung der Erwartung befriedigt fühlt, während er bei Thukydides kaum den schon vollendeten Satz recht zu fassen imstande ist. Daher bei Isokrates alle jene ferneren Unterscheidungen welche den grammatischen Ausdruck variieren, wegfallen; sein Bestreben ist sichtlich dieselbe Struktur, mit denselben Kasus, Modi, Tempora möglichst lange fortzusetzen. Auf der andern Seite ist Isokrates Sprache zwar immer von einer gewissen Wärme des Gefühls geschwellt, aber noch gänzlich frei von dem Einflusse jener erschütternden Leidenschaften, welche, verbunden mit einer Schlauigkeit und raffinierten List, die dem redlichen Isokrates auch noch nicht zur Last gelegt werden kann, die sogenannten Figuren des Gedankens [1]) erzeugen. Daher in seinen Reden zwar lebhafte Fragen, Ausrufungen, Steigerungen gefunden werden, aber nichts von jenen stärkeren und unregelmäfsigen Veränderungen des Ausdrucks, wie sie durch jene Stimmungen erzeugt werden. Auch verlangt Isokrates rhythmischer Periodenbau, der nur selten ein durch Ungleichheit überraschendes Verhältnis der Satzglieder zuläfst [2]), eine gewisse Ruhe der Stimmung oder wenigstens eine Gleichheit des Affekts; tiefer aus dem Innern

---

[1]) σχήματα τῆς διανοίας, Kap. 33.
[2]) Wie in der schönen antithetischen Periode im Anfang des Panathenaikos, deren erster Teil mit μέν durch den Gegensatz von Negation und Position, und die Entwickelung besonders der Negation, mit eingeschobenen Koncessivsätzen, sehr kunstreich gegliedert ist, während der zweite ganz kurz abfällt. Wenn man das Schema der Periode sich so verdeutlicht:

aufbrausende und sich mannigfach durchkreuzende Gefühle müssen notwendig auch die Banden dieses regelmäfsigen Periodenbaus sprengen und die zerrissenen Glieder zu neuen, kühner geformten Organismen vereinigen. Daher die Alten dahin übereinstimmen, dafs dem Isokrates jene **Vehemenz der Beredsamkeit**, welche die Leidenschaft des Sprechenden auf die Hörenden einströmen läfst, welche δεινότης im engern Sinne heifst, noch völlig mangelt: nicht sowohl, weil der Fleifs der Ausfeilung im einzelnen diese Gewalt der Rede hemmt (wie Plutarch [1]) von Isokrates sagt: »Wie hätte der sich nicht vor dem Zusammenstofsen der Phalanx fürchten müssen, der sich scheute, Vokal auf Vokal stofsen zu lassen oder dem Isokolon eine Silbe zu wenig zu geben«), sondern weil die ganze Glätte und Ebenmäfsigkeit der Rede nur bei einer ruhigen, durch keine Perturbation aus ihrer Bahn gezogenen Bewegung der Gedanken bestehen kann.

Isokrates hat daher auch, in der wohlbegründeten Überzeugung, dafs der von ihm ausgebildete Stil ganz eigentlich für die panegyrische Eloquenz bestimmt sei, diesen Stil in Gerichtsreden nur in sehr beschränktem Mafse angewandt; er nähert sich in diesen bei weitem mehr dem Lysias. Auch war Isokrates nicht in dem Mafse Logographos, wie der eben genannte Redner; die Redenschreiber für Gerichtshändel erscheinen ihm im Vergleich mit seinen Studien wie Puppenverfertiger gegen Phidias[2]); er hat verhältnismäfsig nur wenig Reden für Privatleute zu bestimmten praktischen Zwecken geschrieben[3]. Die Sammlung, welche wir besitzen und die den gröfsten Teil der Reden umfafst, die man im Altertume für echte Werke des Isokrates hielt[4]),

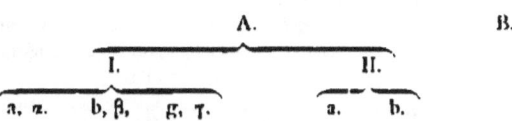

so besteht B. blofs in den Worten: νῦν δ' οὐδ' ὁπωσοῦν τοὺς τοιούτους. Darin könnte Isokrates schon den Demosthenes nachgeahmt haben.

[1]) Plutarch de gloria Athen. c. 8. Dafs die Anthiteta und Paromöa sich nicht mit der δεινότης vertragen, bemerkt einsichtig Demetrius de elocut. § 247.

[2]) περὶ ἀντιδόσεως § 2.

[3]) [Vgl. jedoch Aristoteles Äufserung bei Dionysius de Isocr. c. 18.]

[4]) Cäcilius erkannte 28 Reden als echt an; wir haben 21.

enthält fünfzehn paränetische und panegyrische Übungsreden, die alle nur für Leser, nicht für Volksversammlungen oder Gerichte, bestimmt waren, und dahinter sechs Gerichtsreden, von denen man keinen Grund hat zum zweifeln, dafs sie geschrieben worden sind, um wirklich im Gericht vor streitenden Parteien gehalten zu werden ¹). Auch hat Isokrates die Grundsätze, die er in seinem Unterricht befolgt und durch praktische Übung immer mehr ausgebildet hatte, später in einer sogenannten Techne theoretisch entwickelt, welche bei den alten Rhetoren grofses Ansehen erlangte und oft angeführt wird ²).

Ich habe die Geschichte der attischen Rede durch eine Reihe von Staatsmännern, Rednern, Rhetoren von Perikles bis auf Isokrates geführt — noch nicht bis zu ihrem Gipfel, aber schon zu einem in seiner Art bewundernswürdigen Höhepunkte. Jetzt wenden wir uns wieder um einige Jahre rückwärts, um in dem attischen Weisen Sokrates einen neuen Anfangspunkt für die Bildung nicht blofs Athens, sondern des Menschengeschlechts, zu erkennen und eine bedeutende sich daran anschliefsende Reihe von grofsen Erscheinungen in Betracht zu ziehen.

¹) Die Rede vom Austausch, περὶ ἀντιδόσεως, gehört nicht dazu; sie ist keine Prozefsrede, sondern erst geschrieben, als Isokrates bereits durch den Antrag des Vermögenstausches von seinen Gegnern genötigt worden war, eine kostspielige Leistung für den Staat, die Trierarchie zu übernehmen. Um die falschen Vorstellungen, die dabei über sein Gewerb und seine Vermögensumstände in Umlauf gebracht worden waren, niederzuschlagen, schrieb er diese Rede »wie ein Bild seines ganzen Lebens und des dabei befolgten Planes« § 7. [Charakteristisch für Isokrates ist die in der obigen Darstellung nur kurz erwähnte Rede über den Vermögenstausch περὶ ἀντιδόσεως oder ἀντίδοσις, wie sie Aristoteles Rhet. 3, 17 nennt. Isokrates selbst bezeichnet sie in der derselben vorangeschickten Vorrede als etwas völlig Neues und Ungewöhnliches. Sie ist im Gewande einer Gerichtsrede eine Verteidigung seiner gesamten Thätigkeit, die von Überschätzung nicht frei ist.]

²) Die wichtigste Anführung daraus ist bei einem Scholiasten des Hermogenes, s. Spengel Συναγωγὴ τεχνῶν p. 161.

Register.

A

Abanten in Euböa, I, 186.
Abaris, I, 389.
Abdera, I, 303.
Achäer, Dialekt derselben, I, 16. 17. in Kleinasien, I, 71. 127.
Achäos aus Eretria, I, 626.
Achill nach Homer, I, 77. 79-80, nach Arktinos, I, 106.
Adonis, I, 29. 292—293.
Äakiden, I, 49.
Ägialeia, I, 89.
Äneaden, I, 49.
Änos, I, 239, des Menenius Agrippa, I, 240.
Äolischer Stamm, I, 14. 15, Charakter und Sinnesart desselben, I, 17. 282. 302. Äolische Böoter, I, 15. 71. 127. 128. Äoler auf Lesbos, I, 15. 251. Äolische Tonart, I, 258.
Äpytos und dessen Nachkommen, I, 49.
Äschylos, I, 530—559. Sein Aufenthalt in Sicilien, I, 532. 537. 538. 558. Anzahl seiner Dramen (vita Aeschyli emend.), I, 532. Die politische Gesinnung des Dichters, I, 541; polit. Beziehungen in seinen Tragödien, I, 378. 568; seine Betrachtungsweise der Geschichte, I, 378; Bekanntschaft mit der Pythagoreischen Philosophie, I, 538; der Äschyleische Chor, I, 478. 502. 508; über einzelne Äschyleische Stücke: Prometheus (der gefesselte), I, 510. 511. 512. 515. 518. 545—549; Agamemnon, I, 513. 522. 523. 551. 552. 567; Choephoren, I, 523. 552. 570; Eumeniden, I, 509. 513. 515. 554—556; Perser, I, 511. 523. 533 —536. 538; Sieben gegen Theben, I, 511. 523. 524. 538—542; Schutzflehende, I, 511. 542. 543; Proteus, I, 556; Phineus, I, 536; Glaukos Pontios, I, 536. 537; Ätnäerinnen I, 538; Eleusinier, I, 540; Ödipus, I, 541; Danaiden, I, 543; Ägyptier, s. ebend.; Προμηθεὺς πυρφόρος und πυρκαεύς, I, 545; λυόμενος, I, 549 —551; der Äschyleische Trimeter, I, 226; die Darstellungsweise des Dichters, I, 556—559. 586.
Äschyleische Schule und Familie, I, 559. 630. 631.
Äsop, I, 240. 243. 244. 289.
Äthiopis, I, 107.
Ätna (die Stadt), I, 380. 538.
Agamemnon der Atride, I, 87. 89.
Agamemnon, König von Kyme, I, 71.
Agatharchos, I, 518.
Agathon, I, 591. 599. 627; II, I, 50; Ἄνθος, I, 591. 628.

Agias, I, 113; Nostoi, 113.
Agrigent, I, 206. 423.
Agrionien in Böotien, I, 482.
Aidoneus bei Empedokles, I, 426.
Ajax, der Telamonier, I, 73. 107.
Akarnanische Weissagerfamilien, I, 142.
Akusilaos, I, 436.
Aleuaden, I, 48. 305. 350. 366,
Alexandrinische Grammatiker, ihr Kanon der Epiker, I, 170; II, I, 95.
Alexandrinisches Zeitalter, I, 314.
Alexis, II, I, 66. 73.
Alkäos, I, 125. 279--288. 310. 317;
Alkäisches Metrum, I, 286. 287.
Alkibiades, I, 612; II, I, 45. 53; als Redner, II, I, 107.
Alkidamas, II, I, 121; dessen Μουσεῖον, I, 223. 332; II, I, 121.
Alkmäonis, I, 117. 388.
Amasis, I, 289.
'Αμβολά, I, 52; Anabole der Dithyrambiker, II, I, 89.
Ameinias, I, 530 (Bruder des Äschylos?).
Ameipsias, II, I, 11.
Amelesagoras von Chalkedon, I, 410.
Amphiaraos nach Äschylos, I, 542.
Amphidamas von Chalkis, I, 49.
Amphis, I, 291; II, I, 72.
Amyntas von Makedonien, I, 366.
Anakreon, I, 302—312. 315. 177. 192. 211. 256. 278. 293. 464; Sprache und Verskunst des Anakreon, I, 309. 311. 312; ἀνάκλασις, I, 312; Anakreontika, I, 312—315.
Anaktoria (älterer Name Milets), I, 296.
Ananios, I, 238.
Anapästische Systeme in der Tragödie, I, 526; anapäst. Tetrameter in der Komödie, II, I, 21.
Anaxagoras, I, 411—416. 458. 517; sein Verhältnis zu Perikles, I, 470; zu Thukydides, II, I, 157.
Anaxandridas, II, I, 72.
Anaxilaos, II, I, 72.
Anaximandros, I, 405. 406.

Anaximenes, I, 406. 407.
Andokides, II, I, 135--137; über die Unechtheit der Rede gegen Alkibiades, II, I, 136.
Andrämon von Pylos, Gründer von Kolophon, I, 192.
Antenor, Meister im Erzguss, I, 466.
Antepirrhema, II, I, 17.
Anthesterien zu Athen, I, 126. 481. 482.
Antimachos von Kolophon, I, 68; II, I, 95; Lyde s. ebenda; Thebais, II, I, 98.
Antimenidas (Bruder d. Alkäos), I, 279. 282.
Antiochus von Alexandrien, II, I, 71.
Antiochus von Syrakus, II, I, 151.
Antiphanes, I, 291; II, I, 73. 86.
Antiphon, II, I, 122—135; τέχνη II, I, 124; Reden, II, I, 124--131; Eigentümlichkeit seiner Darstellungsweise, II, I, 129 -135. 140. 158. 160. 173.
Antiphon τερατοσκόπος, II, I, 125.
Antissa, Grabstätte des Orpheushauptes, I, 252.
Antisthenes, Schüler des Gorgias, II, I, 121; über Theognis, I, 198.
Aphareus (Rhetor und Tragiker), I, 634.
Aphepsion, Archont, I, 561.
Aphrodite, I, 22; ihre Trauer um Adonis, I, 293.
'Απολελυμένα, I, 525.
Apollon, I, 22; als Kitharöde, I, 44; νυμήνιος, I, 97.
Apollodienst zu Kreta, I, 268.
Apotome, I, 255.
Araros (Aristophanes Sohn), II, I, 55. 72.
Archelaos von Milet, I, 416.
Archelaos von Makedonien, I, 619. 627.
Archilochos, I, 177. 309. 312. 322 190; II, I, 3. 7; als elegischer Dichter, I, 186. 187. 208; als Epigrammatist, I, 211; als Jamben-

dichter, I, 220—233; die metrische Einrichtung seiner Poesieen, I, 224 —230; musikalischer Vortrag bei Archil., I, 230—231; Sprache des Dichters, I, 231–233; Pindars Urteil über ihn, I, 377.
Archytas, I, 429.
Ardys, I, 178.
Areopag, I, 551. 554. 555.
Argos, I, 13. 542; älterer Bund mit Athen, I, 544; späterer, 421 v. Chr. I, 608; Linosgrab daselbst, I, 27.
Arignote, I, 392.
Arion, I, 321. 341—343, 484.
Ariphron, Päan auf die Gesundheit, II, I, 93.
Aristagoras von Milet, I, 436.
Aristarchos der Tragiker, I, 567. 625; Achill, nachgebildet durch Ennius, s. ebend.
Aristarchos der Kritiker, I, 66. 73. 98.
Aristeas, Dichter der Arimaspee, I, 390.
Aristias, dessen Satyrdramen, I, 495.
Aristeides der Gerechte, I, 541; II, I, 102.
Aristophanes der Dichter, II, I, 3. 11. 14. 15. 18. 21—55. 69. 71. 82. 83. 149; Acharner, II, I, 17. 21. 26—33. 42; Ekklesiazusen, II, I, 18. 53. 54; Friede, II, I, 18. 44; Frösche, I, 581. 615; II, I, 51—53; Chor und Parabase in dens., I, 622— II, I, 17; Lysistrata, II, I, 18. 49; Ritter, II, I, 14. 18. 33—36; Thesmophoriazusen, I, 615. 627; II, I, 49. 50; Wespen, II, I, 14. 15. 42. 43 Wolken, I, 605; II, I, 18 (die ersten Wolken, Anm. ebend.), 37—41; Plutos, II, I, 18. 54. 55. 86; Γῆρας. II, I, 15; Daitaleis, II, I, 24; Babylonier, II, I, 25; Kokalos und Äolosikon, II, I, 55. 70. 72. 83; Aristoph. Urteil über Euripides, II, I, 27. 30. 51. 52, als Weiberhasser, I, 593; II, I, 50; über dessen Monodieen, I, 600; über die Sprache in dessen Tragödien, I, 600. 601; über Äschylos, II, I, 52; über Jophon, I, 631; über Eupolis, II, I, 59.
Aristophanes aus Byzanz, der Kritiker, I, 98.
Aristoteles, sein Päan auf die Tugend, II, I, 93; seine Definition der Tragödie, I, 529; über die tragische ἁμαρτία nach Aristot., I, 548; sein Urteil über Euripides, I, 604; sein Verhältnis zu Theodektes, I, 635; Politica übersetzt VII. 15, I, 219; Poët. 15. (18 bei Herm.), gedeutet I, 613; seine Beispiele in der Rhetorik, II, I, 137; seine Ermahnungsreden, II, I, 179; über Isokrates Reden, II, I, 189.
Aristoxenos, sicilischer Komiker, II I, 21. 64.
Arkadien, I, 49. 90.
Arkesilaos von Kyrene, I, 366. 367. 379.
Arktinos von Milet, I, 105—113; Titanomachie (?), I, 167; Äthiopis und Zerstörung Trojas, 107.
Ἁρμάτιος νόμος, I, 334.
Artemis Leukophryne, I, 311.
Artemisia, I, 444; Leichenfest des Mausolus, I, 634.
Asios von Samos, I, 168. 187.
Asklepieen zu Epidauros, I, 50.
Askra, I, 131.
Aspasia, I, 470.
Ἀσσύριοι λόγοι von Herodot, I, 446, Astydamas, I, 630.
Asynarteten bei Archilochos, I, 228; in der griechischen Komödie, II, I, 20.
Atellanen, II, I, 61.
Athen, seine geistige und politische Bedeutung, I, 457—477; Einkünfte, I, 468. 469; Marine, I, 472; Bundesgenossen, I, 472; politische Lage Athens zur Zeit Solons, I, 235; beim Beginn der sicilischen Expedition, II,

I, 45; nach Beendigung des peloponnes. Krieges, II, I, 70; zur Zeit Lykurgs, II, I, 76; zur Zeit des Demetrios, des Sohnes des Antigonos, I, 288.
Athener, ihre geistige und sittliche Eigentümlichkeit, I, 473—477; II, I, 3. 76. 77. 134. 155—160.
Athenäus, B. 14, 638 emend. I, 628.
Athene, I, 22. 23.
Atlas, I, 150.
Attisches Klima, I, 461.
Attische Komödie, I, 476.
Attische Staatsweisheit, II, I, 102. 103.
Attische Tragiker, I, 143.
Attius, I, 599; Nyktegersie, I, 623.
Autokabdaloi, II, I, 6.

B

Babrius, I, 244.
Bakchiaden, I, 48. 168.
Bakchisches Leben der Orphiker, I, 386.
Bakchusdienst in Makedonien, I, 43.
Βακχεῖος ῥυθμός, I, 265.
Bakchylides, I, 321. 345. 348. 357—360.
Barbiton, I, 256.
Bathyllos, I, 306. 313.
Batrachomyomachie, I, 218. 246.
Baukunst zu Athen im Perikleischen Zeitalter, I, 469—471.
Berosos, I, 432.
Bildende Kunst in Argos, I, 465; in Athen, I, 465. 466. 469. 476; in Lakedämon, I, 465; des Orients, annalistischer Charakter derselben, I, 431.
Bion, Tragiker, I, 430.
Bŏŏ (delphische Dichterin), I, 38.
Böotien, Heimat des Musendienstes und der thrakischen Hymnenpoesie, I, 251.
Böotische Aöden, I, 53. 131.
Böotischer Stamm, I, 89. 127. 128.

Bormos (Klagelied bei den Mariandynern), I, 29.
Briareos, I, 151.
Brontinos (Pythagoreer), I, 392.
Bubrostis, I, 72.
Buch Esther, I, 432.
Buch Hiob, I, 480.
Bukolische Dichtungen des Stesichoros, I, 339.
Bularchos, sein Gemälde: Magnetum excidium, I, 176.
Bupalos und Athenis, I, 236.
Butaden, Stammbaum derselben im Tempel Minerva Polias zu Athen, I, 440.

C

Cäcilius Statius, II, I, 76.
Cäcilius von Kalakte, II, I, 133.
Catull als Nachahmer der Sappho, I, 298. 299; Atys, I, 264.
Chäremon, I, 632—634; Kentauros, I, 632.
Chaldäer, I, 403.
Chalkis, Linosgrab daselbst, I, 27.
Chaos bei Hesiod, I, 146.
Charaxos (Bruder der Sappho), I, 289.
Charon aus Lampsakos, I, 439.
Chersias (Böotischer Epiker), I, 132. 168.
Chersiphron (Architekt), II, I, 117.
Chier, I, 67. 473; II, I, 157.
Chilon, I, 317.
Chionides, II, I, 10.
Chios, I, 51. 66. 67.
Chörileischer Vers, I, 493.
Chörilos der Tragiker, I, 493. 532.
Chörilos der epische Dichter, II, I, 96. 97.
Choen zu Athen, I, 581, II, I, 32.
Choliamben, I, 237.
Chor: als Tanzplatz, I, 34; Chortänze der ältesten Zeit, I, 34—36; Chor der Tragödie, seine innere Notwendigkeit und Bedeutung, I, 479. 518. 519. 526. 598. 599; (nach

Aristoteles), sein ursprünglicher Charakter, I, 484; die Tänze desselben, I, 490; Kostüm, I, 497; Einrichtung und Aufstellung, I, 501—503. 506; der Chor im Gespräch mit den Bühnenpersonen, I, 527; der Chor bei Phrynichos, I, 491; der Chor der Komödie, I, 502; II, I, 15. 16; des Dithyrambs, I, 501. 502; der dorischen Lyrik, I, 275. 326; der äolischen Lyrik, I, 276. 277. 302.

Choregen, I, 497. 531.

Chorführer, I, 527.

Chorgesänge der dorischen Lyrik, I, 275. 276. 277. 320. 321. 324; der Spartaner, I, 322.

Chorizonten, I, 99.

Chorlehrer, I, 59. 322. 323. 326. 349. 370. 496. 531; II, I, 23. 24.

Chrysothemis, I, 38. 250. 267. (Sohn des mythischen Sühnpriesters Karmanos zu Tharra in Kreta.)

Chthonische Götter, I, 385. 584.

Cicero über Perikles, II, I, 106. 107; über Alkibiades und Thukydides, Kritias, Theramenes und Lysias als Redner, II, I, 107.

D

Damophila (Freundin der Sappho), I, 301. 302.

Daktylen, epische, I, 56. 225; äolische, I, 56. 286.

Damon der Musiker, I, 470.

Danais, I, 165.

Daphnis, I, 340.

Daulis, I, 13.

Deikelikten, II; I, 63.

Deinolochos (Sohn des Epicharm) II. I, 64.

Deiochos vom Prokonnesos (Historiker), I, 440.

Demeter, I, 21. 22. 24. 26. Spottreden bei ihren Festen, I, 219. 220.

Demetrios der Phalereer, II, I, 81.

Demodokos, I, 35. 48. 97. 197;

Demokles von Phigalia (Historiker), I, 410.

Demokritos, I, 517; II, I, 115.

Demokritos von Chios, II, I, 85.

Demophilos, II, I, 74.

Demos, I, 74.

Demosthenes, I, 634; II, I, 124. 129.

Deus ex machina der Tragödie; bei Sophokles, I, 579; bei Euripides, I, 595—597;

Deuteragonist, I, 510—512. 567;

Diagoras von Melos, II, I, 89.

Dialekt der epischen Poesie in seiner höheren Geltung, I, 134. 278. 329; Entstehung desselben, I, 71; äolischer, I, 14. 278. 329; dorischer, I, 16. 329; ionischer, I, 16.

Diapason, I, 254.

Diaskeuasten, I, 97.

Diatessaron, I, 254.

Didaktisches Epos, I, 141.

Didaskalieen, I, 496.

Diesis, I, 255.

Digamma aeolicum, I, 61.

Dike bei Parmenides, I, 421.

Diogenes von Apollonia, I, 415. 416.

Diognet (Pythagoreer), I, 392.

Diokles, II, I, 11.

Diomedes, I, 84. 85.

Dione, I, 21.

Dionysos, I, 22. 25. 26. 51. 481. 482; der Dionysos der Orphiker, I, 386. 395. 396; Zagreus, I, 40; Dionysos-Jakchos, II, I, 7; Leiden des Dionysos, I, 485; Lied der elischen Frauen auf ihn, I, 321.

Dionysien, I, 51. 472. 481; kleine oder ländliche, 482. 487. 496; II, I, 5—7. grofse oder städtische ebend., I, 342. 488. 496. 561; II, I, 23. 26.

Dionysios der Erste, Tyrann von Syrakus, als Tragiker, I, 629; gegen Platos Ideen vom Staat, I, 629.

Dionysios von Milet, I, 442.

Dionysios von Samos, I s.
Dionysios von Skytobrachion, {ebend.
Dionysios der Athener, elegischer Dichter, II, I, 93.
Dionysios von Halikarnass, I, 440, II, I, 109, 143, 148, 154, 158. 161.
Dioskuren, als Retter des Simonides, I, 350; als erste Pyrrhichisten, I, 270.
Diphilos, I, 291.
Dipodie, iambische und trochäische, I, 226.
Dithyrambos, I, 341. 342. 484; verschiedene Arten desselben, 484. 485; die Dithyramben des Simonides, I, 352; des Arion, I, 341; des Lasos, II, I, 85; Pindars, I, 369, II, I, 85; des Xenokritos, I, 272; der neuere attische Dihyrambos, II, I, 81—88; die Art der Aufführung, II, I, 89; und der mimetische Charakter desselben, II, I, 90.
Διχορία, I, 524.
Διχοστασιαστικά, I, 281.
Dochmien, ihr Charakter und ihre Bestimmung in der Tragödie, I, 526.
Dorier, ihre Sitten Grundsätze und Eigentümlichkeiten, I, 35. 203. 281. 352. 424. 428; als Erfinder des Dramas bei den Griechen, I, 486; II, I, 63; Gebrauch des Päansingens im Kriege bei den Völkern dorischen Stammes, I, 30.
Dorische Tonart, I, 255—257; in den Stasima der Tragödie, I, 525.
Dramatische Poesie in ihrem Verhältnisse zum Epos, I, 92. 478, zur Beredsamkeit, I, 633, ihr Ursprung in der menschlichen Natur, I, 479. 484, ihre Entstehung in Griechenland, I, 480—485, das Drama der Indier, I, 480.

E

Echekratides (thessalischer Fürst), I, 305.
Echembrotos der Arkadier, I,176. 273.
Ehrenstatuen in Athen, I, 631; für Wettkämpfer, I, 353.
Εἱμαρμένη bei Heraklit, I, 409, 410.
Ekkyklema, I, 517.
Ekphantides, II, I, 10.
Elea, I, 417.
Eleatische Philosophie, I, 417—422; II, I, 113. 119.
Elegie, I, 171—178, 180. 205. 208. 210. 213. 227. 478; II, I, 93. 95; Elegisches Versmafs, I, 177. 180.
Eleusinische Mysterien, I, 40. 139. 481.
Ἐμβατήρια, I, 328.
Embolima, I, 599.
Emmeleia, I, 503.
Empedokles, I, 423—425, καθαρμοί, Erfinder der Rhetorik, II, I, 113.
Enkomien, Pindars, I, 370.
Ennius, I, 626; II, I, 67.
Ἐνόπλιος ῥυθμός, I, 271.
Epaminondas, I, 128.
Epeer, I, 13.
Epeisodien der Tragödie, I, 520, 521.
Ephesos, I, 69.
Ephippos (Komödiendichter), I, 291.
Ephoros, I, 68.
Epicharmos, I, 134; II, I, 9. 64—69. 120; dessen Komödie Plutos, II, I, 54, 55.
Epigenes aus Sikyon, I, 485.
Epigonen, I, 117.
Epigramm, I, 209; Grund der elegischen Form desselben, I, 210; Epigramme des Simonides, I, 211; einige davon in trochäischen Rhythmen, I, 213; angebliche des Homer, I, 211.
Epikur, II, I, 80, 81.
Epimenides, I, 389.
Epimetheus, I, 150.
Epinikien des Simonides, I, 352—354.

Pindars, I, 354. 368; dorische, I, 381; lydische, 382.
Epirrhema, II, I, 17.
Epische Poesie der Griechen, I, 53. 171. 245. 478, über die ersten Anfänge derselben, I, 45—65, über den poetischen Ton und Charakter des alten Epos, I, 56—59. 62. 231, das Unwandelbare desselben, I, 57, über den Dialekt des Epos, I, 17, die komischen Elemente in der epischen Poesie, II, I, 2. 3; Epischer, Homerischer Grundton in den verschiedensten Gattungen der griechischen Poesie, I, 104, 247.
Epithalamien des Stesichoros, I, 340, der Sappho, I, 298—300.
Epode (als Strophe), eingeführt durch Stesichoros, I, 333; in den Chorgesängen der Tragödie, I, 520; Bedeutung derselben, I, 276.
Epodos (als Vers), Erfindung des Archilochos, I, 229.
Eratosthenes, einer der Dreifsigmänner, II, I, 165. 166.
Erde, ihre Entstehung nach Hesiod, I, 146.
Erinna, I, 302; Ἠλακάτη, s. ebend.
Erinnyen, I, 554. 555, bei Heraklit, I, 409, als Eumeniden, I, 556; Σεμναί, I, 583.
Eriphanis (Dichterin), I, 340.
Eros als kosmogonisches Wesen bei den Orphikern, I, 394, bei Hesiod, I, 147, bei Pherekydes, I, 401. 402, bei Anakreon, I, 314.
Eroten der Anakreontika, I, 313. 314.
Erotische Gedichte: Lokrische, I, 272, des Stesichoros, I, 339, des Ibykos, I, 344—348, des Alkäos, I, 283, der Sappho, I, 293. 294, des Anakreon, I, 293. 306—309, des Mimnermos, I, 191, des Archilochos, I, 229.
Erziehung der Griechen, II, I, 38. 39.

Eubulos, II, I, 70, dessen Dionysios, II, I, 72. 73.
Eudemos von Paros (Historiker), I, 440.
Euenos von Paros, II, I, 93.
Eugammon von Kyrene, I, 115, 388, Telegonie, 115.
Eugeon von Samos (Historiker), I, 440.
Eumelos, I, 166, 335. (Νόστοι? Corinthiaca, Europia, Titanomachie?)
Eumolpiden von Eleusis, I, 39. 251.
Eunapius über die griechische Komödie, II, I, 4.
Euniden zu Athen, I, 251.
Euphorion (Sohn des Äschylos), I, 532. 559. 630.
Eupolis, II, I, 11. 41. 59. 66, Marikas, 59, Baptä, 59, Demoi s. ebend., Poleis, 61.
Euripides, I, 543. 559, 564. 566. 579. 588—623; II, I, 12; seine geistige u. sittliche Eigentümlichkeit, I, 588—595; seine philosophischen Überzeugungen und sein Verhältnis zum Volksglauben, I, 589—593; sein politisches Glaubensbekenntnis, I, 593. 594; politische Beziehungen in seinen Tragödien, I, 607. 610. 612. 617; seine poetische Kritik über seine Vorgänger, I, 594. 595; überwunden von Euphorion, I, 630; Euripides in Makedonien, I, 619. 620; Anzahl seiner Stücke, I, 595; über die Zeitfolge derselben, I, 597. 598. 610. 616. 618; Prologe derselben, I, 595. 596; Deus ex machina, I, 597; der Euripideische Chor, I, 502. 598—600; Monodieen des Euripides, I, 525; II, I, 92; die metrische Form der Lyrik desselben, I, 600; die Sprache des Euripides, I, 601. 602; II, I, 83; Alkestis, I, 507. 596. 602; Andromache, I, 611; Bakchen, I, 619. 620; Elektra, I, 570. 571—573. 595. 614. 615; Hekabe, I, 604—606;

Helena, I, 598. 615; Herakliden, I, 607. 608; der rasende Herakles, I, 610. 611; Hiketiden, I, 608. 609; Hippolytos, I, 604. 605 (der bekränzte); Jon, I, 609. 610; Iphigeneia in Taurien, I, 616—617; von Aulis, I, 621. 622; Medea, I, 596. 598. 603. 604; Orest, I, 598. 615. 617. 618 (über den Harmatios Nomos desselben, I, 263); Phönissen, I, 584. 595. 599. 618. 619; Troaden, I, 596. 612. 613; Kyklops, I, 623; Rhesos (?) I, 622. 623; Philoktet, I, 579; Protesilaos, I, 599; Alexandros und Palamedes, I, 612; Archelaos, I, 635; Andromeda, I, 615. 622; II, I, 49. 51; 'Αλκμαίων διὰ Κορίνθου und διὰ Ψωφίδος, I, 619; Melanippe, I, 622; Telephos, I, 622; der verhüllte Hippolytos, I, 622; Chrysipp und Peirithoos (?) I, 622; Sisyphos (?) s. ebend.; dessen Reden, I, 590.
Euripides, der jüngere, I, 619. 621. 631. 632.
Eurytanier, I, 96.
Exodos, I, 520.
Exostra, I, 517.

F

Fest der brauronischen Artemis, I, 50.
Fest der Chariten zu Orchomenos, I, 51.
Flötenbläser aus Phrygien, I, 266, in Sparta, Erblichkeit ihrer Kunst, I, 251.
Flötenspiel in Phrygien und der Nachbarschaft einheimisch, I, 41. 175. 177. 262, verpflanzt nach Böotien, I, 365, nach Athen, I, 365, bei dem Gottesdienste des Bakchus, I, 365, dem κῶμος zugehörig, I, 35. 205, die Pyrrhiche begleitend, I, 270, Gegner desselben, I, 263, zu höherer Geltung erhoben durch Olympos s. ebend., in der Tragödie, I, 526; bei lesbischen Päanen, I, 259, bei der elegischen Poesie der Griechen, I, 175—177.
Fürstenherrschaft in Griechenland, I, 172.

G

Galliamben, I, 264.
Γένος διπλάσιον, I, 225. 265, ἴσον, I, 56. 265, ἡμιόλιον, I, 265,
Gesänge in der Tragödie, verschiedene Arten derselben, I, 522—527.
Glaukos, der lykische Held, I, 73, seine Abkömmlinge Herrscher in Jonien, I, 49.
Glaukos von Rhegium, I, 111.
Gnesippos, I, 628.
Gnomische Dichter der Griechen, I, 197. 208. 209.
Gnomon des Anaximander, I, 405.
Götter der Griechen, gewordene Wesen, I, 143. 144. 547.
Götterdienst der Griechen, seine Bedeutung für das gesamte höhere Geistesleben, I, 25.
Goldbergwerke am Strymon, I, 464.
Gorgias, I, 224; II, I, 111. 112. 113 —115. 117—125. 132, als Lehrer des Agathon, I, 627.
Gottesdienst des Bakchus, I, 481—484; II, I, 4.
Griechische Nationallitteratur, Begriff derselben, I, 457. 458.
Griechische Sprache, I, 4, die Sprachenfamilie, der sie angehört, I, 4—6, die frühe Ausbildung gerade der abstraktesten Teile der Sprache, I, 7, über den Formenreichtum des Griechischen, I, 8, das glückliche Mittelmafs, welches es in Betreff seiner Laute auszeichnet, I, 8. 9, der Grund der Mannigfaltigkeit seiner Mundarten, I, 11. 12.
Griechische Religion, I, 18—25, des

Register. 199

pelasgischen und des Homerischen Zeitalters, I, 18--21, Vorzüge des griechischen Naturdienstes vor dem der phrygischen, lydischen und syrischen Stämme, I, 21.
Griechischer Volkscharakter, berechnende Schlauheit, I, 140, Mäfsigung und Bescheidenheit desselben, I, 560, das Gemüt der Alten aus festerem Stoffe gebildet als das der Neuern I, 617.
Gurla, I, 52.
Gyges, I, 70, 190.
Gymnopädieen, I, 270.

H

Hadrian, sein Urteil über Antimachos in seiner Schrift Catachenae, II, I, 98.
Halikarnafs, I, 442.
Halyattes, I, 179.
Harmatios Nomos, I, 263.
Harmodios und Aristogeiton, I, 319, 466.
Hegesias, I, 111.
Hegesinos, I, 111.
Hegias (Meister im Erzgufs), I, 466.
Hekatäos, I, 407. 436--438. 450. 457.
Hekatoncheiron nach Hesiod, I, 148, 151.
Helena bei Stasinos, I, 111, bei Stesichoros, I, 337, nach lakonischer Volkssage, I, 338, bei Herodot und Euripides s. ebend. und I, 591. 615.
Helikon, I, 43.
Hellanikos, I, 440. 441, dessen Priesterinnen der Hera zu Argos und Karneoniken, I, 440.
Hellanikos, der Chorizont, I, 99.
Ἡμιχύχλιον, I, 598.
Hephästos, I, 22, 23.
Heptachord Terpanders, I, 125. 253. 254.
Hera, I, 22, 23, bei Empedokles, I, 426.

Herakles, I, 168, auf der Bühne, I, 497, im Satyrdrama, I, 494, bei Peisandros und Stesichoros, I, 163. 170. 335, auf dem Kasten des Kypselos, I, 167. 168, ἆθλοι Ἡρακλέους, I, 170, Geburtstag des Herakles, I, 139, Epopöen über Herakles vor Homer, I, 64, Nachkommen des Herakles als Herrschergeschlechter in Griechenland, I, 48. 49.
Heraklides Ponticus, Stücke von ihm unter Thespis Namen, I, 490.
Heraklit, I, 407--410, II, I, 112.
Herakliteer, I, 410.
Hermes, I, 22, 23.
Hermippos, II, I, 11.
Hermodamas, I, 68.
Herodoros, Mythograph, I, 66.
Herodot, I, 437, 443--457, sein Verhältnis zu Sophokles, I, 562. 563; zu Thukydides, II, I, 141; Plan und Idee seines Werkes, I, 448--454, II, I, 141; Grund der Anlage seines Werkes, I, 378; sein schriftstellerischer Charakter, II, I, 130, I, 453. 454, II, I, 103. 104; Pseudo-Herodot, I, 120.
Heroisches Zeitalter der Griechen, I, 11. 19. 47--50.
Herondas, I, 238.
Hesiodos, I, 15. 49. 50. 127--164; verglichen mit Homer, I, 50. 128--129. 134. 135. 150; Sagen über die Verwandtschaft zwischen Homer und Hesiod, I, 133; Alter der Hesiodischen Poesie, I, 133; Böotische Sängersprache, I, 134; musikalische Begleitung der Hesiodischen Gesänge, I, 54; Hesiod als Rhapsode, I, 53. 54; beurteilt von Xenophanes, I, 419, von Heraklit, I, 407; seine Ansichten vom Leben nach dem Tode, I, 387; Tierfabel bei Hesiod, I, 239; die Schule Hesiods, I, 332. 333; über den satirischen Witz der Hesiodischen Poesie, I, 216. 217.

233; Zweck und Charakter seiner ethischen und theogonischen Poesie, I, 129. 135; Werke und Tage, I, 135—140. 172; Proömion derselben, I, 136; Epos der Hesiodischen Schule über die Mantik, I, 142; Lehren des Cheiron, I, 142; Theogonie, I, 63. 142—156, Proömion derselben, I, 130. 153. 155, ihre Bedeutung für die Geschichte des religiösen Glaubens der Griechen, I, 141—144; die künstlerische Komposition der Theogonie, I, 149. 150, Erweiterung derselben durch Rhapsoden, I, 152; ihr Verhältnis zu den Werken und Tagen, I, 156; Eöen, I, 156—160. 169; κατάλογοι γυναικῶν, I, 159. 160; Melampodie, I, 160, Aginios s. ebend. und I, 161; Hesiodische Epyllien: Hochzeit des Keyx, Epithalamion des Peleus und der Thetis, Fahrt des Theseus und Peirithoos in die Unterwelt, I, 161. 162; Schild des Herakles, I, 162—164 (v. 256—261. I, 33).
Hetären, I, 187. 309, II. I, 77. 80.
Hexameter, I, 55. 56. 164. 171. 265, in der Tragödie, I, 526. 527.
Hiatus, II, I, 187.
Hierax (Schüler des Olympos), I, 272.
Hieron von Syrakus, I, 351. 366. 373. 377. 380. 538.
Himera, Ursprung seiner Bevölkerung, I, 332.
Hipparch der Pisistratide, I, 304.
Hippias der Sophist, II, I, 111. 113. 114.
Hipponax, I, 224. 236—238. 246. 345.
Hippys von Rhegium, Logograph, I, 443, II, I, 151.
Homer, I, 65—103. 111. 175, über Homers Abstammung, I, 65—74; Melesigenes, I, 68, als Rhapsode, I, 53—55. 121; Geist seiner Zeit, I, 382; Homers Gedichte der Kern der epischen Poesie Griechenlands, I, 75. 104; die Objektivität Homers, I, 135; Reife des Kunstverstandes bei Homer, I, 77. 95; Bedeutung der Homerischen Gedichte für die Geschichte der griechischen Nation, I, 23; über den schalkhaften Zug in der Homerischen Poesie, I, 86. 87. 125. 216; Abteilung in Bücher, Erfindung der alexandrinischen Grammatiker, I, 94; bei welchen Gelegenheiten die Homerischen Gesänge abgesungen wurden, I, 101; Stücke aus Homers Gesängen von Terpander für den musikalischen Vortrag zur Kithara eingerichtet, I, 54. 258. 259, Homer anknüpfend an frühere Dichtungen, I, 63—65; seine Ansichten vom Schicksale der Gestorbenen, I, 383, Ilias, I, 77—93; Νεκυογέρεια und Δολωνεία, I, 86; über die Scene zwischen Diomedes und Glaukos, I, 85; Beschreibung des Schildes des Achilles, I, 162. 163; Böotische Helden in den Homerischen Gesängen, I, 128; Schiffskatalog, I, 82. 88—92; Odyssee, I, 93—101; Elemente des Satyrdramas in ihr, II, I, 3; Kyklische Ausgabe der homerischen Gedichte, I, 105; kleinere unter seinem Namen gehende Epopöen scherzhafter Art: Gedicht von den Kerkopen, Batrachomyomachie, die siebenmal geschorene Ziege, das Krammtsvogellied, der Töpferofen, I, 217—219; angebliche Epigramme, I, 211.
Homeriden auf Chios, I, 54. 66. 67. 104. 121; Einnahme von Öchalia, I, 169.
Homerische Hymnen, I, 118. XXVIII. Proömion des Terpander (?), I, 121. 260, bei welchen Festen sie vorgetragen worden, I, 119. 120; Hymnus auf den delischen Apollo, I, 37. 38. 50. 122, auf den pythischen

Apollo, I, 31. 123, auf Hermes, I, 124, auf Aphrodite, I, 125, auf Demeter, I, 126, auf Ares, I, 119. 120, auf Artemis, I, 120, an die Musen, I, 121, an Zeus, I, 122, an Selene, I, 122, der kleinere Hymnus auf Hermes, I, 413.
Homöomerieen des Anaxagoras, I, 413.
Horaz, I, 284. 285. 308; Carm. I, 14; I, 37 (nach Alkäos). I, 280; Carm. I, 9. I, 283; Carm. 3. 12. I, 288; Epode, 15 und 16 (nach Archilochos, I, 224. 228. 229. 232. (Epode 6.)
Hyagnis, I, 41. 262.
Hybrias, I, 318.
Hylas, I, 29.
Hymenäen, I, 33. 278. 320. 327, der Sappho, I, 278. 298—301.
Hymnen des Olen, I, 38, des Musäos (auf Demeter), des Orpheus, I, 39, des Thamyris, I, 45, Alkmans, I, 326. 327, des Stesichoros, I, 338, des Simonides, I, 351, Pindars, I, 369, der Orphiker, I, 391, des Alkäos, I, 285, der Sappho, I, 301.
Hyperbolos (der Demagog), II, I, 59.
Hyperion, I, 64.
Hyporchem, I, 37. 320. 352. 389. 494, der Tragödie, I, 524.
Hyposkenion, II, I, 51.

I

Ialemos, I, 28.
Iambe, I, 220.
Iamben (als Dichtungsart), I, 173. 185. 186, 213—221. 478; über den ursprünglichen Sinn des Wortes Iambos, I, 220.
Iambus (als Versfuſs), I, 225. II, I, 19.
Iambischer Trimeter, I, 226 (bei Archilochos), I, 528. 529 (in der Tragödie), I, 490, II, I, 19. 20 (in der Komödie).

Iambischer Tetrameter, II, I, 20.
Iambistae, II, I, 5.
Iambyke, I, 231.
Iapetos, sein Geschlecht nach Hesiod, I, 150.
Ibykos, I, 40. 303. 321. 343—347; der Chor des Ibykos, I, 316.
Ἱεροὶ λόγοι, des Kerkops, I, 392.
Ikarischer Demos, II, I, 8.
Ἰλίου πέρσις, I, 107. 335. Elegie, I, 192.
Ilische Tafel, I, 336. 337.
Iobakchen des Archilochos, I, 221.
Ion von Chios, I, 187. 470. 563. 625, II, I, 89. 93.
Ionier, ihre geistige Eigentümlichkeit, I, 16. 74. 128. 186. 187. 188. 302. 310. 400. 406. 425. 434. 435. 460, ihre sittliche Beurteilungsweise, I, 353; die Ionier Kleinasiens, I, 179. 237. 416. 417. 460; die Ionier Athens, I, 71. 460. 472.
Ionischer Dialekt zu Milet, I, 435.
Ionische Philosophie, I, 400. 401.
Ionische Tonart, I, 258.
Ionisches Versmaſs, I, 264. 288. 311. 312.
Iophon, I, 582. 631.
Ironie, künstlerische, bei Pindar, I, 376, bei Platon s. ebenda. bei Sophokles, I, 575. 587.
Isäos, II, I, 124.
Ischiorrhogische Iamben, I, 237. 238.
Isokrates, I, 634, II, I, 130, Areopagitikos, II, I, 180. 187, Panegyrikos, II, I, 180. 181, Philippos, II, I, 181, Panathenaikos, II, I, 181. 182, Rede vom Frieden, II, I, 180, Lob der Helena und des Busiris, I, 428, II, I, 182, Rede an Demonikos, als Redekünstler, II, I, 183—189, Techne des Isokrates, II, I, 190, Schülerzahl, II, I, 177.
Ithomäen (musische Wettkämpfe), I, 167.
Ithyphallikus, I, 228 229. 317.

Ithyphallische Lieder, II, I, 6. 7.
Itys, I, 44.
Ἰυγμός, I, 28.
Iuvenal, I, 215.

K

- Kadmeer, I, 128. 378.
Kadmos von Milet, I, 434. 435; κτίσις Μιλήτου s. ebenda.
Kalchas, I, 111.
Kallias, Archon, I, 411.
Kallias, der reiche, II, I, 66.
Kallias, dramatischer Dichter, II, I, 12; γραμματική τραγῳδία, s. ebend.
Kallikles, Schüler des Gorgias, II, I, 114.
Kallimachos, Archon, II, I, 87.
Kallinos, I, 116. 178. 180. 191. 193.
Kalliope, I, 49.
Kallistratos, Schauspieler des Aristophanes, II, I, 23—26.
Kalydon, I, 15.
Kalypso, I, 94.
Kampfspiele zu Chalkis, I, 50.
Karische Trauerlieder, I, 171.
Karkinos der ältere, I, 626?
Karkinos der jüngere aus Agrigent, I, 626.
Karkinos aus Naupaktos, I, 158.
Karneen, I, 259.
Καστόρειος νόμος, I, 329.
Keltische Sprachen, I, 5.
Keos, I, 348.
Kephalos, Vater des Lysias, II, I, 165.
Kepion, Schüler Terpanders, I, 256.
Kerkopen, I, 218.
Kerkops, I, 392.
Kimmerier, I, 178. 179. 190.
Kimon, I, 473, II, I, 76?
Kinäthon, I, 108. 166; Herakles und Ödipodee s. ebend.
Kinäthos der Homeride, I, 67. 122.
Kinesias, II, I, 86.
Kithara, I, 31. 33. 35. 36. 45. 51. 52. 125. 175. 253. 334. 343.

Kitharoden, I, 53. 259.
Klaros, I, 120.
Kleandros, Protagonist des Äschylos, I, 510.
Kleinasiatisches Äolien, I, 14. 15. 127. 132.
Kleinasiatische Religionen, I, 21. 22.
Kleinasiatische Volkslieder, I, 28. 29. 174. 175.
Kleisthenes, Tyrann von Sikyon, I, 485.
Kleoböa, Parische Priesterin, I, 221.
Kleomenes, König von Sparta, I, 319.
Kleomenes, der Dichter, I, 628.
Kleon, I, 587, II, I, 26. 27. 33—37. 153. 156.
Kleophon der Tragiker, I, 636.
Klepsiamben, I, 327.
Κλεψίαμβον, I, 231.
Klonas, Komponist aulodischer Nomen, I, 271; Elegoi s. ebend.
Klytämnestra, I, 61. 337. 552. 553. 570. 571.
Kolophon, I, 70. 133. 206.
Kommation, II, I, 16.
Kommos der Tragödie, I, 522. 523. 526.
Komödie der Griechen, ihre allgemeine Tendenz und Bedeutung, II, I, 1—5. 28; über die Ableitung des Worts, II, I, 5; Ursprung der Komödie, II, I, 4—9; technische Formen derselben, II, I, 12—15; die komische Bühne, II, I, 13; Kostüm der Schauspieler der alten und neuen Komödie, II, I, 14—15; Kostüm des Chors derselben, II, I, 14. 15; die Sprache der Komödie, II, I, 21; der iambische Vers der Komödie, I, 226; die mittlere Komödie, II, I, 69—72. 83; die neuere, II, I, 80—82; die ältere Komödie verglichen mit der mittlern und der neuern, II, I, 19. 81. 82; die römische Komödie in ihrem Verhältnisse zur griechischen, II, I, 74—76;

die Komödie als Chorgesang, I, 484.
Komododidaskalen, II, I, 23.
Κῶμος, I, 34. 177. 205. 370. 371, bei dionysischen Festen, I, 342, II, I, 5.
Konnis (Fabelerzähler aus Kilikien), I, 242.
Korax, II, I, 116, τέχνη ῥητορική, II, I, 117.
Kordax, II, I, 18. 19.
Korinna, I, 363. 364.
Korinth, Sitz des Dithyrambus, I, 341. 342. 487. 495.
Korybanten, I, 41.
Kothurn, I, 498. 515.
Κραδίης νόμος, I, 175.
Krater, Titel Orphischer Gedichte, I, 395.
Krates, der Lustspieldichter, II, I, 11. 57. 61. 66.
Kratinos, I, 228, II, I, 4. 11. 21. 55 58; Pytine, II, I, 57; Ὀδυσσεῖς, II, I, 58.
Kratinos der jüngere, Dionysalexandros, II, I, 70. 71.
Kratippos, II, I, 162.
Kreophylos von Samos (Einnahme von Oechalia), I, 67. 68. 169.
Kreta, I, 12. 11. 297.
Kretische Erziehung, I, 267.
Kretiker, I, 265. 269, II, I, 21.
Krexos (Dithyrambendichter), II, I, 89.
Kritias der ältere, I, 195. 304. 305.
Kritias der Tyrann, Peirithoos (?) und Sisyphos, I, 622. 629. 630, II, I, 93. 94. 115. 136. 165.
Kritias, Meister im Erzguſs, I, 466.
Kronos, I, 144. 150. 387.
Kronia, I, 144.
Kroton. I, 429.
Ktesias, I, 432.
Kunst der Alten, liebt bestimmte und sich immer gleichbleibende Formen, I, 508; strebt nach Regelmäſsigkeit und Symmetrie, I, 527.

Künstlergeschlechter bei den Griechen, I, 251.
Kureten als erste Pyrrhichisten, I, 270.
Kybissos (libyscher Fabelerzähler), I, 242.
Kybisteteren, I, 36.
Kykliker, I, 104.
Κόκλιοι χοροί, I, 342.
Kyklopen bei Hesiod, I, 148.
Kylonische Blutschuld. I, 389.
Kyme, I, 69. 71. 206.
Kynegeiros, I, 530.
Kyprien, I, 111 · 116.
Kypselos, I, 167. 168.
Kyrnos, Sohn des Polypais (Freund des Theognis), I, 202. 203.

L

Lakedämonier, Thukydides Urteil über sie, II, I, 157.
Lamachos, II, I, 32.
Λασίσματα, I, 360
Lasos, I, 321. 360. 365. 392. 464.
Lateinische Sprache, ihre Verwandtschaft mit dem äolischen Dialekte des Griechischen, I, 15.
Leibethrion, I, 42.
Leimma, I, 255.
Leleger, I, 12. 90.
Lenäen, I, 482. 487. 496. 561, II, I, 5. 23.
Lesbos, I, 251.
Leschs, I, 107–113; kleine Ilias, I, 108. 166. 347.
Leukadischer Sprung, I, 292. 293.
Leukon (Lustspieldichter), II, I, 11.
Likymnios, Dithyrambendichter, II, I, 89. 93.
Linos, I, 26. 27; Αἴλινος und Οἰτόλινος, I, 26.
Lityerses, I, 29.
Livius Andronicus, II, I, 74.
Logographen als älteste Historiker, I, 133. 165. 442. 443, II, I, 141.

Logographen als Redenschreiber, II, I, 123.
Lokrer, I, 13. 157.
Lokri, I, 206. 272.
Lokrische Tonart (Modifikation der äolischen), I, 272.
Lydien, I, 462; lydische Üppigkeit, I, 306; lydische Trauerlieder, I, 174; Nationalmelodien, I, 256; Tonart, I, 255. 256; kultiviert durch Olympos, I, 263. 264.
Lygdamis, I, 414.
Lykambes und dessen Töchter, I, 223.
Lykomeden, I, 59.
Lykurgos, der Verfolger des Dionysos, I, 482.
Lykurgos, der Gesetzgeber Spartas, I, 68. 267.
Lykurgos, der Redner, I, 559. 624 (Psephisma in Betreff der drei grofsen Tragiker).
Lyra, ihr Gebrauch bei der äolischen Lyrik, I, 276.
Lyrik der Griechen, I, 248. 249. 478. 480, der Dorier, I, 275. 276. 320, der Äolier, I, 275—278. 316, in Böotien, I, 363, in späterer Zeit, I, 632; über die Verschiedenheit des Vortrages der lyrischen Poesie von dem der epischen, I, 54. 55; das Verhältnis der antiken Lyrik zur modernen, I, 315.
Lyrische Behandlung der Mythen, ihre Verschiedenheit von der epischen, I, 378.
Lysias, II, I, 124, II, I, 163. 164—176. Ἐρωτικός, II, I, 167. 168, Ἐπιτάφιος, II, I, 169, Rede gegen Agorat, II, I, 173. 174, Rede gegen Eratosthenes II, I, 17, 175.

M

Maccus, II, I, 63.
Mäson (megarischer Komiker), II, I, 9. 62. 70.

Magnes von Smyrna, Rhapsode, I, 55.
Magnes, Lustspieldichter, II, I, 10.
Magnesia am Mäander, I, 69.
Maneros, I, 29. 30.
Manetho, I, 431.
Mantik, I, 47. 589, II, I, 36.
Marathonomachen, I, 530.
Margites, I, 217. 218. 233. 247. II, I, 3.
Marsyas, I, 41. 262.
Maschinenwesen in der Tragödie, I, 518.
Masken, I, 481. 483, linnene, eingeführt durch Thespis, I, 489, tragische, I, 498. 499, komische, II, I, 14. 15.
Matauros, I, 332.
Medon, I, 88.
Meges, Sohn des Phyleus, I, 88.
Megara, zur Zeit des Theognis, I, 199; die Spottlust seiner dorischen Bevölkerung, II, I, 9.
Megara in Sicilien, II, I, 9. 64. 65.
Megarische Possenspiele, II, I, 62.
Melampus, I, 160.
Melanchros, Tyrann von Lesbos, I, 279, 281.
Melanippides von Melos, II, I, 85; Dithyramben: Marsyas, Persephone, die Danaiden, II, I, 91.
Melanopos (kymäischer Hymnendichter), I, 72.
Meleager, Epigrammendichter, I, 314.
Μίκη, I, 526.
Meles (Vater des Kinesias), II, I, 87.
Meletos als Tragiker, I, 629.
Melissos, I, 422, II, I, 113. 183.
Menander, II, I, 71. 73. 77—84.
Menötios, I, 150.
Mermnaden, I, 462.
Mesembria in Thracien, I, 243.
Metagenes, Architekt, II, I, 117.
Metapont, I, 429.
Metis, I, 394.
Midas, Epigramm auf denselben, I, 209.

Miles gloriosus der Komödie, II, I, 79.
Milet nach seiner geistigen und politischen Bedeutung, I, 434. 435.
Mimen, I, 501.
Mimiamben, I, 238.
Mimnermos, I, 70. 175. 189—191. 302; Elegie Nanno, I, 191.
Minoa auf Amorgos, gegründet von Simonides, I, 233.
Minyas, I, 388.
Mitylenäer, I, 279, 473.
Mixolydische (hypodorische) Tonart, I, 258.
Mnemonik des Simonides, I, 349.
Molossischer Versfuß, I, 261.
Μολπή, I, 36.
Monodieen der Tragödie, I, 525, bei Euripides, I, 600.
Morsimos, I, 630. 631.
Musäos, I, 39.
Musen, I, 130; Verbreitung ihres Dienstes, I, 44.
Musikalische Noten Terpanders, I, 258.
Musische Wettkämpfe an dem Feste des Apollon Karneios zu Lakedämon, Zeit ihrer Gründung, I, 252; beim pythischen Heiligtum zu Delphi, s. ebenda.
Myllos, II, I, 10.
Myniskos (Deuteragonist des Äschylos), I, 510, 531.
Myrsilos in Mitylene, I, 279, 280.
Myrtis, I, 363.
Mystere des Mittelalters, I, 481.
Mysterien der Demeter, I, 21. 25. 385.

N

Naupaktos, I, 157.
Naupaktia, I, 111. 157.
Nävius, II, I, 80.
Nebukadnezar, Krieg mit Necho, I, 279.

Nekyia in den Nosten, I, 114, der Odyssee, I, 98.
Neliden, I, 73.
Nemeen Pindars, I, 369.
Neophron von Sikyon: Medea, I, 604. 624; der jüngere Neophron, I, 624.
Νηνία, I, 174.
Nestis des Empedokles, I, 426.
Nestor, I, 71.
Nestor von Laranda, I, 360.
Nomen, I, 256. 371, des Olen und Philammon, I, 38. 259. 261, des Chrysothemis, I, 38; phrygische, I, 41; Terpanders, I, 258—260; des Olympos (aulodische), I, 263; Trauermelodie auf den getöteten Python, I, 264.
Nomos auf Athene, I, 264.
Νόμος ὄρθιος bei Arion, I, 343, bei Terpander, I, 260; Polymnestos, I, 272.
Νόμος τριμερής, I, 273.
Nostoi, I, 113.
Nymphen, I, 483.

O

Odysseus, I, 100. 101; Orakel desselben bei dem äolischen Stamme der Eurytanier, I, 96.
Ödipus bei Sophokles, Maske desselben, I, 499; Auffassung der Ödipussage durch Äschylos, Sophokles und Euripides, I, 584.
Ὠγύγης, I, 93.
Oktachord, I, 254.
Olen, I, 38.
Olivenpflanzungen zu Athen, I, 464.
Ὀλολυγμός, I, 25, 342.
Olympos der jüngere, I, 261—266. 274. 312. 327. 334; Erfinder des enharmonischen Tongeschlechts, I, 255; das γένος ἡμιόλιον durch ihn zuerst kultiviert, I, 265; der ältere, mythische Olympos, I, 19. 41. 261.

Onkos des tragischen Schauspielers, I, 498.
Onomakritos, I, 97. 392. 464. 536.
Orakel des Bakis, I, 536, des Musäos s. ebenda.
Orakelpoesie, I, 37.
Orchestra, I, 501—503.
Orpheus, I, 40. 147. 251. 392. 393.
Orpheotelesten, I, 392. 393.
Orphiker, I, 386—388. 391—397. 429.
Orphische Kosmogonie, I, 392—395.

P

Päane, I, 30. 31. 320. 327, des Stesichoros, I, 339, des Simonides, I, 352, Pindars, I, 369, des Thaletas, I, 268. 269.
Päonen, I, 265. 269, II, I, 85.
Palinodie des Stesichoros, I, 338.
Pallas Athenäa, I, 73.
Pamphila, II, I, 137.
Pamphos, I, 39. 147.
Pan, I, 212. 262; Pane, I, 483.
Panathenäen, I, 464. 472.
Pandia, Fest zu Athen, I, 122.
Panyasis, I, 444, II, I, 96; Herakles, II, I, 96; Ionika, II, I, 97.
Pappus als stehende Maske der Atellanen, II, I, 63.
Parabasis der alten Komödie, II, I, 16—18. 54.
Parakataloge, I, 230.
Parasit der griechischen Komödie, II, I, 66. 70. 78. 79.
Παρασκήνιον, I, 593, II, I, 13.
Paraskenien, I, 504. 507.
Παραχορήγημα, I, 593. 603, II, I, 51.
Parodische Gedichte des Asios, I, 187. 245. 246, des Hipponax, I, 246.
Πάροδοι, der Orchestra, I, 504. 507.
Parodos, I, 519. 526, II, I, 16, kommatische, I, 524, dem Stasimon ähnliche s. ebenda.
Parönien, I, 316.
Parthenien, I, 326, Alkmans 326. 327,

des Simonides, I, 352, Pindars, I, 369.
Parthenios von Chios (Homeride), I, 67.
Pausanias, der spartanische Feldherr, I, 212.
Pausanias, der Schriftsteller, I, 143.
Peisandros, I, 170. (Herakles.)
Peisistratos, I, 86. 464, II, I, 7. 9.
Peisistratiden, I, 304. 350. 392. 464, II, I, 7. 9.
Pektis, I, 256.
Pelasger, I, 12. 13.
Pelopiden, I, 71.
Peloponnesischer Krieg, sein sittlicher Einfluss, II, I, 134.
Penthiliden, I, 49.
Peplos als Titel Orphischer Gedichte, I, 395.
Perideipnon, I, 188.
Periander aus Korinth, I, 183.
Perikleitos, letzter Sieger der Kitharödie aus Lesbos, I, 259.
Perikles, I, 291. 411. 467—471. 474. 476, II, I, 21. 22. 60. 103—110.
Peripetie, dramatische, I, 578, äufsere und innere, I, 581.
Perrhäber, I, 90.
Persephone, I, 22. 26. 384. 385.
Persinos von Milet (Orphischer Dichter), I, 392.
Persische Kriege, ihr geistiger Einflufs auf Athen, I, 466.
Persius (sat. 5. 161), II, I, 78.
Phäax, II, I, 136.
Phaëton, I, 292.
Phalaris, I, 240.
Phallikon Melos, II, I, 17.
Phallophoren, II, I, 6.
Phanes, I, 394.
Phaon, I, 292.
Phemios, I, 19. 48.
Phemonoë, I, 56.
Pherekrates, II, I, 11. 61. 62. 85.
Pherekydes, der Logograph, I, 73. 133. 438. 465.

Pherekydes, der Philosoph, I, 391. 401. 402.
Phidias, I, 170. 477.
Philaīden, II, I, 138.
Philammon, I, 38. 250. 259.
Philemon, II, I, 71. 73. 82.
Philippides, Lustspieldichter, II, I, 72.
Philippos, Sohn des Aristophanes, II, I, 72.
Philitien zu Megara, I, 203.
Philodemos, Schrift über Frömmigkeit, II, I, 89.
Philokles, I, 623. 630; Pandionis s. ebenda.
Philolaos, I, 430.
Philonides (Schauspieler des Aristophanes), II, I, 24.
Philosophie der Griechen, ihr ursprüngliches Verhältnis zur allgemeinen Bildung des Volkes, I, 398. zur Poesie, s. ebenda.
Philyllos, II, I, LL.
Phlius, Satyrdrama daselbst, I, 491.
Phönike als Beiname des kleinen Bären, I, 404.
Phokaïs, I, LLL.
Phokos von Samos, I, 404 (ναυτικὴ ἀστρολογία).
Phokylides, I, 197. 234.
Phorminx, I, 51.
Phoronis, I, 165.
Phratrien, I, 74.
Phryger, I, 41; orgiastischer Kultus derselben s. ebenda.
Phrygischer Dienst der grofsen Mutter, I, 41. 268.
Phrygische Harmonie, I, 255—257; Nationalmelodieen, I, 256.
Phrynichos, der Tragiker, I, 491—493. 532; Phönissen, I, 494; Eroberung von Milet, I, 492.
Phrynichos, der Lustspieldichter, II. I, LL.
Phrynis, II, I, 87.
Phrynon, athenischer Feldherr, I, 279.
Pierien, I, 42. 43.

Pierische Aöden, ihre Bedeutung für die Götterlehre der Griechen, I, 45.
Pigres von Halikarnass, I, 218. 246.
Pindar, I, 117. 128. 317. 321. 326. 342. 362—382; die Pindarische Lyrik in ihrem Verhältnisse zur dramatischen, I, 520; der Pindarische Chor, I, 316. 371. 372; Epinikien, I, 352. 354. 369—382; Threnen, I, 355. 369; Hyporcheme, I, 369; Feindschaft zwischen ihm und Simonides und Bakchylides, I, 361. 362; Pindar über Homers Vaterstadt, I, 67; seine Ansichten vom Schicksale der Gestorbenen, I, 383. 384, seine Betrachtungsweise der Geschichte, I, 544; Pindars Zeitalter im Verhältnisse zu dem Homerischen, I, 382. 383.
Pittakos, I, 279—281. 317. 353. 463.
Pittheus (König von Trözen), I, 134.
Plataier, I, 473.
Platon, der Philosoph, als Tragödiendichter, I, 629; Platons Dialogen, II, I, 152, Parmenides, I, 420, Phädrus, II, I, 167. 168, seine Schreibart, II, I, 129, sein Urteil über Perikles, I, 474. 475, II, I, 106. 107, über Lysias und Isokrates, II, I, 176, seine Schilderung des Agathon im Symposion, I, 627; Urteil des Gorgias über ihn, I, 224.
Platon, der Lustspieldichter, II, I, LL. 53. 57, gegen Antiphon, II, I, 124.
Plautus, II, I, 75. 76. 83.
Plutarch als Historiker, II, I, 149, gegen Herodot, I, 453, de malignitate Herodoti c. 43, I, 246, sein Urteil über Aristophanes, II, I, 19. 81, über Isokrates, II, I, 189.
Pnigos, II, I, 17.
Poesie der Griechen, ihr Wesen und ihre Aufgabe, I, 398, II, I, 99. 100, ihre allgemeine menschliche Gültigkeit, I, 433; die Übereinstimmung zwischen Inhalt und Form, die in

ihr herrscht, I, 173. 275; der objektive und plastische Charakter derselben, I, 183. 248, II, I, 15; ihre Abneigung gegen die unbedingte Verherrlichung eines Individuums, I, 79; welche Einwirkung die Musik auf sie übte, I, 250; doppelte Richtung derselben, I, 214—216, 247. 248; ihre drei Hauptzweige in ihrem Verhältnisse zu den Bildungsstufen des griechischen Volks, I, 478; die metrische Form als Einteilungsgrund, I, 173, die Poesie bei den Dichtern des Altertums, Geschäft und Studium des Lebens, I, 296. 530. 629.
Polemarchos, Bruder des Lysias, II, I, 165. 166.
Polos, II, I, 121. II, I, 170.
Polyeidos, der Dithyrambendichter, II, I, 88. 92.
Polyeidos, der Tragödiendichter, II, I, 88.
Polykrates, I, 303; der an seinem Hofe herrschende Geschmack, I, 341.
Polymnestos, Erfinder der hypolydischen Tonart, I, 258. 272.
Pontos, dessen Ursprung nach Hesiod, I, 148.
Poseidon, I, 22; Αἰγαίων, I, 151, als helikonischer Gott, I, 73.
Posidippus aus Kassandrea, II, I, 74.
Pratinas, I, 494, im Wettkampfe mit Äschylos, I, 532.
Praxilla aus Sikyon, I, 317.
Praxiteles, II, I, 163.
Prodikos, I, 349, II, I, 113. 115. 130.
Prokeleusmatikos, I, 271.
Proklos, I, 109. 115.
Prolog der Tragödie, I, 520.
Prometheen im Kerameikos, I, 546.
Prometheus, I, 150. 545. 546.
Proodos, I, 230.
Proömien des Terpander, I, 260, des Arion, I, 343.
Propyläen, I, 415. 469.
Prosa, ihr Ursprung, I, 399—402, II, I, 100. 101; über die späte Entstehung derselben bei den Griechen, I, 60, II, I, 99; ihre Bestimmung s. ebenda; verglichen mit der Poesie, II, I, 119.
Proskenion, I, 504. 505. 516
Prosodien, I, 327, Pindars, I, 369, des Eumelos, I, 167.
Protagonist, I, 510—512, II, I, 24.
Protagoras, I, 470, II, I, 111. 112. 114. 125.
Pyrrhiche, I, 270, in Kreta, I, 271.
Pyrrhichios, I, 271.
Pythagoras, I, 68. 258. 407. 427—431.
Pythagorischer Orden, I, 391.
Pythagorische Philosophie, I, 427—431; Teilnahme der Frauen an derselben, I, 291.
Πυθαγορίζοντες, I, 430.
Pythien zu Delphi, I, 54. 121. 176. 263. 273.
Pythium metrum, Name des epischen Hexameters, I, 56.
Pythokleides (Musiker), I, 470.

R

Rat der Fünfhundert zu Athen, II, I, 26.
Rhapsoden, I, 51. 54. 55. 102. 103; die Kykliker als Homerische Rhapsoden, I, 104 105; Agone derselben, I, 51.
Rhapsodischer Vortrag, I, 51—54. 230. 231. 249, bei Empedokles, Archilochos, Solon und Simonides, I, 53. 376, bei Xenophanes, I, 417.
Rhegion, Ursprung seiner Bevölkerung, I, 344, Dialekt, I, 344, Geschichte der Stadt, I, 354.
Rhodopis, I, 289.
Rhodos, Gottesdienst der Sonne daselbst, I, 170.
Rückkehr der Herakliden, I, 16.

S

Sänger der Griechen vor Homer, I, 47. 48.
Saïer (thrakisches Volk), I, 222.
Sakadas aus Argos, I, 176. 267. 272.
Salamis wiedererobert von den Athenern, I, 193
Sallust, II, I, 149.
Sannyrion (Lustspieldichter), II, I, 11.
Sappho, I, 288—301. 211. 256. 117, ihr Verhältnis zu Alkäos, I, 283. 288, ihr sittlicher Charakter, I, 289—294; Erfinderin der hypodorischen oder mixolydischen Tonart, I, 258; Sapphische Strophe, I, 287.
Satyren, I, 483, im Drama, I, 486.
Satyrspiel des Chörilos, I, 493, des Pratinas, I, 494, der allgemeine Charakter desselben, I, 493—495.
Scene, Konstruktion derselben, I, 504—507; Veränderungen der Scene I, 514; Scene in Sophokles Ajax I, 505. 515. 516, im Philoktet eben desselben, I, 505.
Schauspieler, erster, zweiter, dritter, eingeführt durch Thespis, Äschylos und Sophokles, I, 488. 489. 508. 509. 545. 567; vierter Schauspieler, I, 623, II, I, 13. 14; Kostüm der tragischen Schauspieler, I, 497; Stimme und Deklamation, I, 499. 500; vom Staate dem Dichter zugewiesen, I, 522; die Schauspieler der Komödie, II, I, 13; Kostüm derselben, II, I, 14. 15.
Schauspielkunst, Schwierigkeit derselben bei den Alten, I, 509.
Σχήματα τῆς λέξεως, II, I, 133. 134; τῆς διανοίας s. ebenda und II, I, 134. 188.
Schicksal, nach der Idee der Griechen zögernd, aber um so gewisser auf sein Ziel losgehend, I, 78. 95.
Schlacht bei Delium, I, 608.

Schrift, über den frühesten Gebrauch derselben bei den Griechen, I, 59—61. 92. 134.
Seelenreinigung durch Dionysos und Kora, I, 396, κάθαρσις der Pythagoreer, I, 30.
Selinus, I, 424, Komödie daselbst, II, I, 64.
Semitischer Sprachstamm, I, 5. 6.
Sicilische Griechen, ihre geistige Eigentümlichkeit, II, I, 115.
Sigeum, I, 279.
Sikyon, I, 13; Dithyramben daselbst, I, 487. 495.
Simonides von Keos, I, 321. 345, als Lyriker, I, 317. 348—357; Dithyrambendichter, I, 352. 485; Epinikien, I, 352—355, Threnen, I, 355; als elegischer Dichter, I, 207, als Epigrammatist, I, 211—213, angegriffen von Timokreon, I, 361, richtet ein Epigramm gegen diesen, I, 212.
Simonides von Amorgos, I, 233—234.
Simonides, der Genealog, I, 348.
Simus, II, I, 63.
Sinope, Kultus des Zeus Chthonios daselbst, II, I, 73. 74.
Skazonten, I, 237. 244.
Skazonten (Klagegesang zu Tegea) I, 29.
Sklaven zu Athen, II, I, 78 (ihr Einfluss in häuslichen Intriguen).
Skolien, I, 316—320, Pindars, I, 369; der sieben Weisen (?), I, 317, Rhythmen der Skolien, I, 316.
Skopaden, I, 350.
Skulptur der Griechen, steife Symmetrie in ihren älteren Werken, II, I, 132.
Smyrna, I, 66 (von Athen aus gegründet), 69. 74. 75. 189. 190. 191.
Sokrates, I, 420, II, I, 38. 40. 41, als Fabeldichter, I, 244.
Solon, seine Gesetzgebung und sein Charakter, I, 192. 193. 195—197.

O. Müllers gr. Litteratur. II. L. 4. Aufl.

234. 463, II, I, 102, als Dichter und Freund der Poesie, I, 192 197. 209. 234. 235. 280. 301. 458. 490; Elegie Salamis, I, 176. 193.
Sophisten, I, 473; II, I, 39. 110—121; sicilische und attische s. ebenda und II, I, 116—118. 134. 166.
Sophokles, I, 532. 543. 558—588. 589. 595, II, I, 12. 152; Tendenz der Sophokleischen Tragödie, I, 566—568. 586. 591; Kunststile derselben, I, 565. 588; die poet. Sprache des Sophokles, I, 586. 601; II, I, 188; Sophokl. Chor, I, 502. 576; Hyporcheme der Soph. Tragödie, I, 524; sein Verhältnis zu Perikles, I, 470. 477. 562; Soph. im Wettkampfe mit Äschylos, I, 561; sein Urteil über Euripides, I, 592. 623; überwunden von Euphorion und Philokles, I. 630; Klage Iophons gegen ihn, I, 582; Anzahl der Soph. Dramen, I, 563, Ajax, I, 515. 576 —578. 588; Antigone, I, 512. 561. 567. 568—570. 589; Elektra, I, 570—573; König Ödipus, I, 513. 574—576; Ödipus auf Kolonos, I, 510. 522. 524. 581—586; Philoktet, I, 521. 579—581. 588; Trachinierinnen, I, 573. 574. 589; Triptolemos, I, 561.
Sophokles der jüngere, I, 582. 631.
Sparta, seine geistige Bedeutung, I, 459. 463; Einfachheit des spartanischen Lebens, I, 184; Gemeinmahle, I, 203. 204; Verbindungen zwischen Männern und Knaben, I, 297; Liebe für die Künste, I, 166. 184. 252. 323. 324; lakonischer Dialekt, I, 329.
Sphäros des Empedokles, I, 427.
Spondeischer Versfuss, I, 261.
Spottlieder des griechischen Volkes, I, 219.
Stasimon, I, 519. 598, II, I, 16.
Stasinos, I, 111—113; Kyprien, I, 91. 105. 111. 112.

ichen Geschlechts 308. 309, II, I, m Kleinasiens, I, Äoliern s. ebenda, I, 295.
ier, I, 54.
. 163. 321. 331— 93.
hasos, I, 474.
Στιχῳδοί, I, 53. 54.
Stichomythieen der Tragödie, I, 528.
Strattis, II, I, 11.
Strophe bei Archilochos, I, 229.
Stryme. I, 222.
Susarion, II, I, 8.
Sybaris, I, 242.
Sybaritische Fabeln, I, 242. 243.
Sykophanten, II, I, 32.
Σομποττκά in Sparta, I, 186, des Alkäos (?), I, 283.

T

Τὰ ἀπὸ σκηνῆς, I, 525,
Tacitus Historien, II, I, 150.
Tanzkunst der Griechen, I, 249, zu Sparta, I, 269. 270.
Taras, I, 343.
Tartaros, nach Hesiod, I, 147. 149.
Telegonie, I, 115.
Telekleides, II, I, 11.
Telesikles (Vater des Archilochos), I, 221.
Telestes, der Tänzer, I, 524.
Telestes von Selinus, Dithyrambiker, II, I, 89.
Tempel des olympischen Zeus zu Athen, I, 464.
Teos, I, 302. 305.
Terenz, II, I, 76. 78.
Tereus, II, I, 46.
Terpandros, I, 54. 121. 176. 323. 331; Erfinder der Skolien, I, 316. 317; Schöpfer der griechischen Musik als Kunst, I, 250. 260; Nomen Terpanders, I, 258. 259; Hymnus auf Zeus, I, 260.

Tetrachord, I, 253.
Tetralogieen der Tragiker, I, 533. 566. 567. 625.
Tetrameter trochaicus, II, I, 21, bei Archilochos, I, 226, bei Solon, I, 235, im Dialog der Tragödie, I, 490. 528.
Thales, I, 317. 349. 402–405.
Thaletas, I, 266—271. 321. 325. 327; Päane, I, 268, Hyporcheme s. ebenda.
Thamyris, I, 45. 50.
Thargelien, I, 175.
Thasos, I, 221; mysterischer Dienst der Demeter daselbst, I, 220.
Theagenes (Tyrann von Megara), I, 199.
Theben, Linosgrab daselbst, I, 27.
Thebais, I, 116. 541.
Themistokles, als Staatsmann, I, 541. 542, II, I, 102—104, als Redner, I, 465, als Choreg, I, 492, II, I, 104, angegriffen von Timokreon, I, 361.
Theodektes, I, 634. 635; Mausolos Lynkeus und Orest s. ebenda.
Theodoros von Samos (Architekt), II, I, 117.
Theognis, I, 176. 198—205, II, I, 67.
Theokrit, II, I, 91. 92.
Theopompos, Lustspieldichter, II, I, 11
Theopompos, Historiker, I, 635.
Theophrastos, II, I, 79.
Thera, I, 160.
Theron von Agrigent. I, 351. 366.
Thersites bei Homer, I, 216.
Thesmophorien, I, 126.
Thespiä, I, 147.
Thespis, I, 488. 490; Pentheus, I, 489.
Thestorides (epischer Dichter), I, 67.
Thetes, I, 74.
Thraker, pierische, I, 41—44.
Thrasymachos von Chalkedon, II, I, 114. 185.
Thron des amykläischen Apollon, I, 97.
Thukydides der Geschichtschreiber, II, I, 21. 104. 105. 106. 109. 128—131.
134; Anlage und Anordnung seines Geschichtswerkes, II, I, 142—146; Behandlung des Stoffes, II, I, 146. 152; die Reden des Thukydides, II, I, 152—157; die Gesinnungen des Schriftstellers, II, I, 156—158; sein Ausdruck und sprachlicher Stil, II I, 157—163; über das erste Buch desselben, II, I, 157; über das VIII. Buch, 148; sein Urteil über die früheren Geschichtschreiber, I, 457.
Thukydides, Melesias Sohn, II, I, 140.
Thurii, I, 424. 444. 445, II, I, 164, 167.
Thymele, I, 501.
Tierfabel, I, 239—241, bei Hesiod, I, 239, bei Archilochos, I, 240, bei Stesichoros s. ebenda, bei Äsop s. ebenda, I, 243–244; libysche, I, 241; kyprische, kilikische und karische, I, 241—243.
Tierkämpfe der Helden, I, 169.
Timokles von Syrakus (Orphischer Dichter), I, 392.
Timokles, Lustspieldichter, I, 291, II, I, 72.
Timotheos der Milesier, II, I, 87—90; Wehen der Semele, II, I, 92.
Tisias, II, I, 117.
Titanen, I, 145. 148, ihr Ursprung, I, 394, ihre Entfesselung, I, 388. 549, als Mörder des Dionysos, I, 392. 396; titanisches Zeitalter, I, 547. 548.
Totenklagen, I, 32.
Tolynos (megarischer Komiker), II, I, 63.
Tonarten der griechischen Musik, I, 254, dorische, I, 255 - 257, phrygische, I, 255. 257, lydische siehe ebenda, ionische, I, 258, äolische, I, 258.
Tongeschlechter, diatonisches, I, 254. 255, chromatisches, I, 254. 255, enharmonisches s. ebenda und I, 263.

Τραγικός τρόπος des Arion, I, 142.
Tragödie, lyrische, I, 484. 522, mit dem Charakter des Satyrspiels, I, 486. 490; bakchische Färbung, I, 496, und idealisches Gepräge ders., I, 496. 591. 592, allgemeiner Inhalt und Tendenz ders., I, 511. 514. 547, ihr Verhältnis zum Epos, I, 92; die Sprache der Tragödie, II, I, 187; Kostüm der tragischen Personen, I, 497; tragische Gestikulation, I, 498; Akte der Tragödie, Verschiedenheit der Zahl ders., I, 521; tragische Katharsis, I, 550. 618; Eigentümlichkeiten der älteren Tragödie, I, 523. 526—528. 566—568.
Trerer, I, 178. 179.
Trilogieen, tragische, I, 533. 566. 612. 625; über die Mittelstücke der Äschyleischen Trilogieen, I, 542. 550.
Tritagonist, I, 510—512. 567.
Trochäus, I, 225, II, I, 19.
Trochäus semantus, I, 334.
Tryphiodoros, I, 360.
Tyrtäos, I, 177—182. 322. 328; Eunomia, I, 182. 183.
Ὑπόκρισις, I, 55. 56.
Ὑποκριτής, I, 488. 489.

U

Ursprung der Menschen nach Orphischer Sage, I, 395—397.

V

Virgil, I, 107.
Volksreligion, Kritik derselben nach Xenophanes, I, 419, durch Heraklit, I, 409. 410.

W

Weihelieder (τελεταί) des Orpheus, I, 40.
Weltalter nach Hesiod, I, 395.
Weltei der Orphiker, I, 393.
Weltschöpfung, nach der Lehre des Orients und der Orphiker, I, 145. 395.

Wettkämpfe der Dichter und Rhapsoden, I, 50. 51.
Φθόνος θεῶν bei Herodot, I, 452. 454.
Φρασιδορκος, Beiname der μνήμη bei Alkman, I, 331 (Etymol. Gud. emend.).

X

Xanthos der Lyder, I, 441.
Xenodamos von Kythera (Tonkünstler), I, 267. 272.
Xenokles (Tragödiendichter), I, 566 626.
Xenokritos, der Lokrer (Tonkünstler und Dithyrambendichter), I, 272, II, I, 91.
Xenon, der Chorizont, I, 100.
Xenophanes, I, 133. 177. 407, als Philosoph, I, 417—419, als elegischer Dichter, I, 206—209, als Epiker (κτίσις Κολοφῶνος, I, 133.

Z

Zagreus als Höchster der Götter, I, 388.
Zaleukos, die Gesetze desselben zuerst der Schrift anvertraut, I, 60.
Zenodotos, I, 96.
Zenon, der Eleat, I, 422. 426. 470, II, I, 113, 183.
Zeuxis nach Aristoteles Urteil (Poët. k. 6), I, 310.
Zeus Kronion, I, 144; die Bedeutung des Wortes, I, 21; bei Homer, I, 18. 23; der Zeus der Orphiker, I, 394. 395; nach Empedokles, I, 426; nach Pherekydes, I, 402; bei Äschylos, I, 546—548; Σωτήρ, I, 555; Vater des Dionysos mit Persephone, I, 395. 396; Zeusdienst zu Kreta, I, 268.
Zopyros von Herakleia oder Tarent, I, 392 (Orphischer Dichter).
Zopyros von Klazomenä, II, I, 162.
Ζοφοδορπίδας (Pittakos bei Alkäos), I, 281.

www.ingramcontent.com/pod-product-compliance
Lightning Source LLC
Chambersburg PA
CBHW020821230426
43666CB00007B/1051